4x 16(07)

W9-BZZ-530

201 DUTCH VERBS

FULLY CONJUGATED
IN ALL THE TENSES
Alphabetically arranged

Henry R. Stern

Department of Foreign Languages
University of North Carolina at Asheville

BARRON'S EDUCATIONAL SERIES, INC.

AURORA PUBLIC LIBRARY

voor Krisztina

© Copyright 1979 by Barron's Educational Series, Inc.

All rights reserved.
No part of this book may be reproduced in any form, by photostat, microfilm, xerography, or any other means, or incorporated into any information retrieval system, electronic or mechanical, without the written permission of the copyright owner.

All inquiries should be addressed to:
Barron's Educational Series, Inc.
250 Wireless Boulevard
Hauppauge, New York 11788
http:www.barronseduc.com

Library of Congress Catalog Card No. 78-18844

ISBN-13: 978-0-8120-0738-1
ISBN-10: 0-8120-0738-7

Library of Congress Cataloging-in-Publication Data
Stern, Henry R.
   201 Dutch Verbs fully conjugated in all the tenses.

   Bibliography: p.
   Includes index.
   1. Dutch language—Verb—Tables, lists, etc.
I. Title.
PF271.S7   439.3'1'82421   78-18844
ISBN 0-8120-0738-7

PRINTED IN THE UNITED STATES OF AMERICA
28 27 26 25 24 23 22

Contents

Preface

Dutch is the native language of more than 18 million people. It is the official language of the Netherlands and, along with French, one of the official languages of Belgium. Somewhat more than one-half of the population of Belgium speaks Dutch as its native language, the term *Flemish* being frequently applied to the Dutch language in Belgium. Belgian Dutch does differ in some respects from that of the Netherlands, but no more than any regional variation differs from a standard language, and is thus in its essentials the same language. There is perhaps a tendency to regard Dutch as a minor language. This is due partly to the location of the Dutch-speaking area. It is surrounded and dwarfed by three of the world's major languages: English, German, and French. Perhaps the principal reason that relatively few people study Dutch is that the Dutch themselves are among the world's best linguists, and this obviates the need for others to learn their language. The Low Countries have long been one of the world's major centers of commerce—Rotterdam, for example, is the world's busiest port—and Dutch-speaking businessmen and traders gladly learn the languages of their trading partners. It is rare that an educated Dutch person cannot speak either English, German, or French—usually he or she will manage quite well in all three! This, of course, does little to propagate the Dutch language in the world.

And yet Dutch is a language eminently worth learning. The Low Countries look back upon an unbroken literary tradition of 800 years, and for centuries they have been the meeting place of Western European culture. The literary masterpieces in the Dutch language are not inconsiderable, and the accomplishments of Dutch art are of world stature. In recent history we have come to regard the Low Countries as models of enlightened, tolerant, and humane government. And if we assign importance to a language by virtue of sheer numbers, we must bear in mind that there are several million more speakers of Dutch than there are of Danish or Swedish, of Czech or Bulgarian, or of Greek or Hungarian.

Students cannot fail to notice the similarities between English, Dutch, and German. The reason is quite simply that these languages, along with the Scandinavian languages, share a common source and, to a greater or lesser degree, a common development. The proximity of the English, Dutch, and German speech areas has fostered a particularly close relationship between these three languages. The geographical middle position of the Low Countries is reflected in the relationship of Dutch to the other two Germanic languages. It tends to occupy a middle position linguistically as well—Dutch is closer to English than is German and closer to German than is English. On the most basic level hundreds of examples from the word stock of each language could be adduced to demonstrate this kinship. To learn Dutch is to come a little closer to our past, for Dutch is not a foreign language but a cousin tongue with which we do well to reestablish ties.

Henry R. Stern
Asheville, North Carolina

How To Use This Book

To gain the most from *201 Dutch Verbs,* you should first read Part I on "Essentials of Grammar." By so doing, you will be able to understand the material in both Part II on "201 Dutch Conjugations" and Part III on "At-a-Glance Verb Tables."

Part I is not intended as a basic grammar—for that you should peruse the works by Shetter and Lagerwey listed in the Bibliography. Rather, it provides information pertinent to the spelling, forms, usage, and placement of the verbs. Having familiarized yourself with the material in this section, you will find the remainder of the text self-explanatory.

The sections "201 Dutch Conjugations" and "At-a-Glance Verb Tables" form the heart of this book. All the forms required for conjugating 201 of the most common Dutch verbs are contained in the former section; the "Glossary of 1500 Dutch Verbs" in Part III lists the principal parts, auxiliaries, and meanings of these and over a thousand additional verbs. Like all languages, Dutch is in a constant state of flux. Old forms die out, new forms replace them, and often both exist for a time side by side. Regionalisms and dialectal variants further complicate the situation. In compiling this work, the author has attempted to steer a judicious middle course between oversimplification and remorseless thoroughness.

Part I: ESSENTIALS OF GRAMMAR

Spelling and Pronunciation

At first glance Dutch spelling gives the impression of redundancy and irregularity. The frequent double letters—*antwoorden* 'to answer', *antwoordden* 'they answered'—and varying spellings within a word—*ik zeg* 'I say', *wij zeggen* 'we say'; *ik hoop* 'I hope', *wij hopen* 'we hope'—suggest inconsistency. Closer familiarity, however, reveals a remarkably consistent and reliable system. As in any language, Dutch, of course, has exceptions but they are infrequent.

The guiding principle of Dutch spelling is that it reflect pronunciation. Variations within words between single and double vowels and consonants are common because Dutch spelling requires that the length of a vowel always be indicated. The concept of open and closed syllables plays a key role in this regard; to understand its application is to come to terms with the Dutch spelling system.

RULES REGARDING VOWELS

Two primary rules govern the representation of vowel sounds in stressed syllables:

1. In closed syllables, (those ending in a consonant), a long vowel sound is represented by a double letter, i.e., *staan* 'to stand', *plaatsen* 'to place'.

2. In open syllables, (those ending in a vowel), a long vowel sound is represented by a single letter, i.e., *dromen* 'to dream', *vragen* 'to ask'.

These two rules explain apparent inconsistencies in many verbs. Thus, the long o-vowel sound of the infinitive *kopen* 'to buy' is written double in the first person singular of the present *ik koop* 'I buy' because the syllable is closed. Similarly, *nemen* 'to take' but *ik neem* 'I take', and *laten* 'to allow' but *ik laat* 'I allow'. Conversely, many long vowels in closed syllables of the present tense singular alter their spelling in the open syllables of the plural, as in *ik hoop* 'I hope' but *wij hopen* 'we hope', and *ik speel* 'I play' but *wij spelen* 'we play'. The apparently regular forms *komen* 'to come' and *ik kom* 'I come' actually indicate two different vowel sounds. The o-vowel of the infinitive is long, while it is short in the first person singular of the present.

Exempt from the two rules for vowels stated above are all vowels spelled with two different letters (*eu, ie,* and *oe*), all dipthongs (*ei, ij, ou, ui,* and *uw*) and *aai, eeu, ieu, ooi,* and *oei*. These sounds are always written the same whether in open or closed syllables.

1

RULES REGARDING CONSONANTS

To the two rules for spelling involving vowels, two should also be added for consonants:

1. No Dutch word may end on two identical consonants, i.e., *zeggen* 'to say' but *ik zeg* 'I say', and *hebben* 'to have' but *ik heb* 'I have'.

2. When the final consonant of the infinitive is either *v* or *z*, these are changed to *f* and *s* respectively to form the infinitive stem, i.e., *leven* 'to live' has the stem *leef-, lezen* 'to read' has the stem *lees-*.

Personal Pronouns

The following table supplies all the personal pronoun forms required for the proper inflection of the verb in Dutch.

	Nominative	Objective	Reflexive
Singular			
I	*ik ('k)*	*mij (me)*	*mij (me)*
you [familiar]	*jij (je)*	*jou (je)*	*jou (je)*
he	*hij (ie)*	*hem ('m)*	*zich*
she	*zij (ze)*	*haar (d'r/'r)*	*zich*
it	*het ('t)*	*het ('t)*	*zich*
you [polite]	*u*	*u*	*u/zich*
Plural			
we	*wij (we)*	*ons*	*ons*
you [familiar]	*jullie (je)*	*jullie (je)*	*je*
they	*zij (ze)*	*hun/hen (ze)*	*zich*
you [polite]	*u*	*u*	*u/zich*

The forms in parentheses are the unstressed forms of the personal pronouns. They reflect normal spoken usage when speakers do not wish to place any particular emphasis upon the pronoun, i.e., in most utterances. In the written language one often encounters *me, je, ze, 't,* and *we* for nonemphatic utterances; *'k, 'm, ie,* and *d'r/'r,* however, only occur in the written language when writers attempt to capture the tone of the spoken language.

There are three separate pronouns for the second person, two familiar or intimate forms and one polite form. The familiar forms are used for close friends, family, and children; the polite *u* is used with strangers, superficial acquaintances, and as a mark of respect or deference—in many Dutch families, for example, parents address their children with the familiar forms while the children use *u* in speaking to their parents. The polite *u* always takes a singular verb regardless of the number of people addressed; in the familiar form a distinction is made between singular (*jij*) and plural (*jullie*). In the southern part of the Netherlands and in Belgium an older polite form *gij (ge),* objective form *u,* still survives. It also occurs in the solemn language of prayers and in the Bible.

When referring to persons there is no difficulty in choosing the appropriate third person pronoun: *hij* for males and male animals, *zij* for females and female animals. In the case of inanimate objects, however, confusion may arise. If an inanimate object is neuter—*het huis* 'the house', *het boek* 'the book'—then the neuter form of the pronoun (*het*) is used. If an inanimate object is in the common gender, a category under which both older masculine and feminine nouns are subsumed, the general rule is to assign the masculine pronoun *hij*; *de tafel* 'the table' and *de stoel* 'the chair' are both referred to as *hij*. However, in formal writing any historically feminine noun can be, and frequently is, referred to with *zij*.

The third person plural objective forms require clarification. A somewhat artificial distinction is maintained between *hun* and *hen*, the former serving as indirect, the latter as direct object and object of prepositions. Spoken Dutch prefers *hun* for both cases. The unstressed pronoun *ze* frequently replaces both *hun* and *hen* and is required when referring to inanimate objects.

The reflexive pronouns coincide with the objective forms of the personal pronouns except in the third person, singular and plural, where *zich* is used. Both *u* and *zich* serve as the reflexive form for *u*. Reflexive pronouns indicate that the object of the verb is identical with its subject. Dutch makes far greater use of reflexives than does English, often requiring a reflexive object where English does not: *hij scheert zich* 'he shaves', *ik herinner me* 'I remember', *zij kleedt zich goed* 'she dresses well'. Some reflexive constructions have no structural equivalent in English: *hij vergist zich* 'he is mistaken', *hij stelt zich iets voor* 'he imagines something'.

Basic Verb Categories

Verbs are classified according to type as Weak or Strong. Those verbs which belong to neither class will be referred to as Irregular in this text. This category includes verbs whose principal parts follow no predictable pattern as well as those originally weak or strong verbs which now deviate from normal patterns. Irregular verbs are relatively few in number but are among the most commonly used verbs in the language.

In order to fully conjugate a Dutch verb you must know its three Principal Parts: infinitive, past, and past participle. From these you can derive all the forms of the verb.

THE INFINITIVE: The starting point for the conjugation of the verb is the present infinitive active, henceforth called simply the infinitive. It is the infinitive form which is found in dictionaries and vocabulary lists. The overwhelming majority of Dutch infinitives end in -en, as in *wachten* 'to wait', *praten* 'to speak'. A few verbs have an infinitive form in -n rather than -en, as in *zijn* 'to be', *gaan* 'to go', *slaan* 'to strike', *staan* 'to stand', *doen* 'to do', and *zien* 'to see'.

The stem of the infinitive is used to form the imperative; the singular of the present indicative active; and, for weak verbs, the singular of the past indicative active. To find the infinitive stem, simply take off the -en or -n ending. The stem for *bouwen* 'to build' is *bouw-*, for *zingen* 'to sing' it is *zing-*, and for *doen* 'to do' it is *doe-*.

When the root vowel of the infinitive is long and in an open syllable, it is necessary to double that vowel when removing the infinitive ending, as in *horen* 'to hear' which has the stem form *hoor-*, and *dragen* 'to carry' which has the stem form *draag-*. If a double consonant follows the short root vowel of the infinitive, one of the consonants is dropped in forming the stem. Thus, *leggen* 'to lay' has the stem *leg-*, for *missen* 'to miss' it is *mis-*. Note again that when the final consonant of the inifinitive is either *v* or *z*, these are changed to *f* and *s* respectively to form the infinitive stem. Thus, *leven* 'to live' has the stem *leef-*, *lezen* 'to read' has *lees-*.

PAST AND PAST PARTICIPLE: These parts will be discussed later on pages 6 and 7 under "The Past" and on pages 8 through 10 under "The Present Perfect."

The Dutch verb is conjugated according to the following:

- Mood: Indicative, Conditional, or Imperative
- Voice: Active or Passive
- Tense: Present, Past, Future, Present Perfect, Past Perfect, or Future Perfect. Within each tense, the forms of the verb vary according to <u>Person</u> (First, Second, or Third) and <u>Number</u> (Singular or Plural).

THE INDICATIVE ACTIVE: TENSES

The Present

To form the present tense of verbs in <u>all</u> classes, apply the appropriate personal endings to the stem of the verb. The first person singular has no ending; the second and third persons singular take *-t;* all plural forms take *-en.*

	nemen 'to take'	*werken* 'to work'	*zitten* 'to sit'	*houden* 'to hold'
ik	*neem*	*werk*	*zit*	*hou(d)*
jij	*neemt*	*werkt*	*zit*	*houdt*
hij	*neemt*	*werkt*	*zit*	*houdt*
u	*neemt*	*werkt*	*zit*	*houdt*
wij	*nemen*	*werken*	*zitten*	*houden*
jullie	*nemen*	*werken*	*zitten*	*houden*
zij	*nemen*	*werken*	*zitten*	*houden*

Note: 1. The polite *u*-form takes singular endings whether referring to one or more persons.
2. In the second person plural either *-en* or *-t* may be used. Thus, *jullie werken* and *jullie werkt* are both acceptable. Since the former is more common, only that has been included in the conjugation of *201 Dutch Verbs.*
3. In inversions, such as questions, the *-t* of the second person singular is dropped. For example, *jij neemt* but *neem je?*, *jij werkt* but *werk je?*
4. One does not add the *-t* ending in the second and third persons singular

if the stem of the verb ends in -*t*, since no Dutch word may end in two identical consonants. For example, *jij zit, hij zit.*

5. A few verbs with stems ending in -*d*—*houden* 'to hold', *rijden* 'to ride', and *snijden* 'to cut'—sometimes drop that -*d* in the first person singular and regularly drop -*dt* in the second person singular inversion. Thus, *ik hou(d)*, and *jij houdt* but *hou je?*

Verbs whose infinitives end in -*n* rather than -*en* likewise have only -*n* when conjugated in the plural. Those which have double vowels, such as *gaan* 'to go' and *staan* 'to stand', drop one of these vowels in the first person singular—*ik ga, ik sta*—and in the second person singular inversion—*jij gaat* but *ga je?, jij staat* but *sta je?*

The verbs *hebben* 'to have' and *zijn* 'to be' are irregular in the present tense.

	hebben 'to have'	*zijn* 'to be'
ik	*heb*	*ben*
jij	*hebt*	*bent*
hij	*heeft*	*is*
u	*hebt (heeft)*	*bent (is)*
wij	*hebben*	*zijn*
jullie	*hebben*	*zijn*
zij	*hebben*	*zijn*

Note: 1. *heb je?* and *ben je?* appear in the second person singular inversion.
2. The polite *u*-form may substitute *heeft* and *is* for *hebt* and *bent* respectively, although the latter are more common.

The present tense in Dutch functions much as it does in English. It should be noted, however, that Dutch has only one set of present tense forms and thus nothing to correspond to the English progressive 'he is sleeping now' or emphatic 'he does sleep here'. The Dutch *hij slaapt* may mean either 'he sleeps', 'he is sleeping', or 'he does sleep', depending upon the context.

If there is particular emphasis upon present action in progress, Dutch often employs one of two constructions. The first involves the inflected verb 'to be' and a prepositional phrase introduced by *aan*. The object of the preposition is an infinitive functioning much as the gerund does in English, that is, as a verbal noun.

Hij is aan 't lezen.
He is reading.

Zij zijn aan 't eten.
They are eating.

Ik ben een brief aan 't schrijven.
I am writing a letter.

The second construction for rendering progressive action combines an inflected verb indicating position—always *staan* 'to stand', *zitten* 'to sit', or *liggen* 'to lie'—with *te* + infinitive.

Hij staat op ons te wachten.
He is waiting for us.

Zij zitten in de woonkamer te praten.
They are chatting in the living room.

De hond ligt te slapen.
The dog is sleeping.

Both of these constructions may also be used to indicate progressive action in past time. In such cases the inflected verb would simply be put into the past tense.

The Past

Since weak and strong verbs form their past tense in a different manner, we shall discuss them separately.

WEAK VERBS

In the past tense weak verbs add a dental suffix, either *-t* or *-d,* to the stem of the infinitive and then the appropriate personal endings: *-e* for all persons of the singular and *-en* for all persons of the plural. The suffix *-t* is applied when the infinitive stem ends in *p, t, k, f, s,* or *ch;* in all other cases it is *-d.*

Infinitive	Past Singular	Past Plural
	(ik, jij, hij, u*)	*(wij, jullie, zij)*
hopen 'to hope'	*hoopte*	*hoopten*
maken 'to make'	*maakte*	*maakten*
eisen 'to demand'	*eiste*	*eisten*
spelen 'to play'	*speelde*	*speelden*
kauwen 'to chew'	*kauwde*	*kauwden*
horen 'to hear'	*hoorde*	*hoorden*
Note also: *leven* 'to live'	*leefde*	*leefden*
reizen 'to travel'	*reisde*	*reisden*

STRONG VERBS

Strong verbs form their past tense by a process of internal vowel change. The consonantal structure of the verb remains unchanged. The new stem resulting from the vowel change serves as the past tense for all the singular; the plural forms add the ending *-en.* Note the past tense for the following verbs:

Infinitive	Past Singular	Past Plural
	(ik, jij, hij, u*)	*(wij, jullie, zij)*
lopen 'to run'	*liep*	*liepen*
zingen 'to sing'	*zong*	*zongen*
werpen 'to throw'	*wierp*	*wierpen*
geven 'to give'	*gaf* (short *a*)	*gaven* (long *a*)

---

*The polite form for the second person, singular and plural. It always takes a singular verb.

The change in root vowels is not arbitrary, but follows predictable, if somewhat involved, patterns. This is a trait common to all the Germanic languages. In Dutch most strong verbs belong to one of seven classes, depending upon the sequence of vowel change in the past tense and past participle. It is suggested that you refer to the section "Strong Verbs" on pages 231 through 233 to familiarize yourself with strong verbs.

IRREGULAR VERBS

Irregular verbs may show one or more of several changes in forming the past tense: the dental suffix of a weak verb, the root vowel change of a strong verb, or a consonantal change within the stem. All, however, take the *-en* plural ending common to weak and strong verbs. Note the past tense forms of the following verbs:

Infinitive	Past Singular	Past Plural
	(ik, jij, hij, u*)	*(wij, jullie, zij)*
weten 'to know'	*wist*	*wisten*
kopen 'to buy'	*kocht*	*kochten*
brengen 'to bring'	*bracht*	*brachten*
wassen 'to wash'	*waste*	*wasten*
hebben 'to have'	*had*	*hadden*
zijn 'to be'	*was*	*waren*

As will be seen later, an apparently weak verb such as *wassen*, past tense *waste*, must be designated as irregular because in the past participle it has the markings of a strong verb. The essential factor here is that irregular verbs are neither consistently weak nor strong. A brief discussion and a complete list of irregular verbs with their principal parts can be found in the section "Irregular Verbs" on pages 234 through 236.

The Future

The future tense in Dutch is formed in the same manner as in English: an auxiliary verb inflected for person and number combines with an infinitive. The Dutch future auxiliary is *zullen*.

ik	*zal*
jij	*zult (zal)*
hij	*zal*
u	*zult*
wij	*zullen*
jullie	*zullen*
zij	*zullen*

Note: 1. *jij zal* is less frequent than *jij zult*.
2. In inversions, *jij zult* becomes *zul je?*
3. The forms *u zal* and *jullie zult* occur, but only infrequently, and for this reason have not been included in the conjugation tables.

---

*The polite form for the second person, singular and plural. It always takes a singular verb.

When *zullen* combines with the infinitive, the latter is generally placed at the end of the clause.

> *Ik zal morgen komen.*
> I will come tomorrow.
>
> *Hij zal ons niet helpen.*
> He will not help us.
>
> *Hoe lang zullen zij hier blijven?*
> How long will they stay here?

When future reference is clearly indicated in a sentence, as for example by an adverb of time, Dutch frequently substitutes the present tense for the future: *"Hij komt morgen"* (He will come [is coming] tomorrow).

As in English, the future tense sometimes indicates present probability. For example, *"Hij zal het antwoord wel weten"* (He'll probably know [probably knows] the answer). When attention is focused on the beginning of an action, Dutch often employs a construction with *gaan* 'to go', analogous to the English 'going to'. For example, *"Wij gaan zwemmen"* (We are going swimming), *"Hij gaat een brief schrijven"* (He is going to write a letter).

The Conditional

See the section on pages 15 and 16.

The Present Perfect

The present perfect, like the future, is a compound tense. Its components are an inflected auxiliary verb, either *hebben* or *zijn*, and the past participle. As was the case with the past tense, weak and strong verbs form the past participle in different ways:

PAST PARTICIPLE

For weak verbs add the prefix *ge-* to the stem of the verb and either *-t* or *-d* as a suffix (the same criteria hold here as in the past tense).

Infinitive	Past Participle
tonen 'to show'	*getoond*
huren 'to rent'	*gehuurd*
missen 'to miss'	*gemist*
praten 'to talk'	*gepraat*

For strong verbs the prefix *ge-* is also added. Unlike the weak verbs, however, strong verbs undergo a root vowel change and end in *-en*.

Infinitive	Past Participle
trekken 'to pull'	*getrokken*
drinken 'to drink'	*gedronken*
helpen 'to help'	*geholpen*
bidden 'to pray'	*gebeden*

Irregular verbs also take the *ge-* prefix in the past participle and undergo other changes similar to those of either weak or strong verbs. Consult the list of "Irregular Verbs" on pages 234 through 236 for the past participles of the most commonly used irregular verbs. The past participles of *hebben* and *zijn* are *gehad* and *geweest* respectively.

Exception: No verb, regardless of whether it is weak, strong, or irregular, adds *ge-* in the past participle if it is already preceded by one of the following unstressed (inseparable) prefixes: *be-, er-, ge-, her-, ont-,* or *ver-.*

Infinitive	Past Participle
beloven 'to promise'	*beloofd (weak)*
ontlopen 'to escape'	*ontlopen (strong)*
bedenken 'to consider'	*bedacht (irregular)*

Verb prefixes are later considered in the section "The Position of Stressed and Unstressed Prefixes" on pages 23 and 24.

AUXILIARY VERB

Most verbs take the auxiliary *hebben* in forming the present perfect tense. *Hebben* serves as auxiliary for:
1. all transitive verbs, that is, all verbs which take a direct object,
2. intransitive verbs when a change of state or location is not indicated.
Zijn serves as auxiliary for intransitive verbs which describe a change of location or state.

Hebben

Ik heb hem gezien. (Transitive)
I have seen him.

Wij hebben hem ontmoet. (Transitive)
We have met him.

Hij heeft lang geslapen. (Intransitive, no change)
He has slept long.

Ik heb een uur gelopen. (Intransitive, continued activity)
I have run for an hour.

Zijn

Zij is gestorven. (Intransitive, change of state)
She has died.

De trein is aangekomen. (Intransitive, change of location)
The train has arrived.

Hij is ingeslapen. (Intransitive, change of state)
He has fallen asleep.

Ik ben naar huis gelopen. (Intransitive, change of location)
I have run home.

There are a small number of exceptions to the rules for auxiliaries, and they will be noted in the "201 Dutch Conjugations" beginning on page 26 and in the "Glossary of 1500 Dutch Verbs" beginning on page 237. For now, note that *zijn* and *blijven* 'to remain' are both conjugated with *zijn*. For example, *"Hij is ziek geweest"* (He has been sick), *"Hij is thuis gebleven"* (He has remained at home).

Although English and Dutch have the same distribution of past tenses—a simple past, a present perfect, and a past perfect—these tenses do not always correspond in usage. The careful distinction that exists in English between the past and the present perfect—'I was' and 'I have been' are not interchangeable—does not obtain for Dutch. All of the sentences above, for example, could have been translated into English using the simple past tense. In Dutch the distinction between the past and present perfect tends to be more stylistic than semantic. In general, Dutch tends to use the present perfect as the normal indicator of past time, and reserves the simple past for narrating a series of events.

The Past Perfect

To form the past perfect in Dutch, take the past tense of either *hebben* or *zijn* and the past participle of the verb.

> *Ik had hem gezien.*
> I had seen him.
>
> *Zij was gestorven.*
> She had died.
>
> *Wij hadden hem ontmoet.*
> We had met him.
>
> *De trein was aangekomen.*
> The train had arrived.

There is no difference in usage between the Dutch and English past perfect tenses.

The Future Perfect

The future perfect tense, occurring infrequently in both languages, describes an action that will be completed at some time in the future. It is also a compound tense and consists of the inflected verb *zullen* + the past participle + *hebben* or *zijn*. Or to formulate it differently, the future perfect consists of *zullen* + the <u>past infinitive active</u> (the past infinitive active of a verb being formed from its past participle + the appropriate auxiliary *hebben* or *zijn*). The choice of *hebben* or *zijn* depends upon the same criteria discussed on pages 9 and 10 for the present perfect tense. Normally the past infinitive is placed at the end of the sentence.

> *Hij zal het gedaan hebben* (or *hebben gedaan*).
> He will have done it.
>
> *Wij zullen hem gezien hebben* (or *hebben gezien*).
> We will have seen him.
>
> *Zij zal gekomen zijn* (or *zijn gekomen*).
> She will have come.
>
> *Ik zal hier gebleven zijn* (or *zijn gebleven*).
> I will have remained here.

In the conjugation tables the past infinitive active (or perfect infinitive active, as it is sometimes called) is listed with its auxiliary first: *hebben gezien* 'to have seen', *zijn gegaan* 'to have gone', etc. It is customary to list the two elements in that order. The future perfect tense in the tables, however, has the past participle placed before the auxiliary. In modern Dutch most speakers generally place the past participle before *hebben* or *zijn*. The other arrangement is also possible, however, and frequently the native's feeling for sentence rhythm determines the relative placement of the two elements in a given sentence.

The second function of the future perfect, analogous to English usage, is to indicate past probability.

> *Het zal wel waar geweest zijn.*
> It was probably true.
>
> *U zult het wel gemerkt hebben.*
> You have probably noticed it.

The Conditional Perfect

See the section on pages 15 and 16.

THE INDICATIVE PASSIVE: TENSES

In the <u>active voice</u> the subject performs the action. If there is a recipient of the action—as is the case with transitive verbs, e.g., "I saw <u>him</u>"—it is labeled as the direct object. (A transitive verb, it should be noted, is any verb capable of governing a direct object; an intransitive verb limits a state or action to its doer and does not govern a direct object.) In the <u>passive voice</u> the recipient of the action serves as the subject of the sentence, while the <u>agent</u> generally becomes the object of a prepositional phrase, e.g., "He was seen <u>by me</u>."

In Dutch, as in English, there is a transformation in sentence construction from the active to the passive voice for most transitive verbs (most intransitive verbs cannot function passively):

Active Voice

doer	verb	receiver
(subject)	(active)	(object)

Passive Voice

receiver	verb	doer
(subject)	(passive)	(object of prepositional phrase)

Just as in the active voice, verbs in the passive voice may occur in any of the six tenses. In English, passive voice tenses are formed by an inflected form of the verb 'to be' and the past participle: 'I am seen', 'I was seen', etc. Dutch, however, employs one of three auxiliaries:

1. *worden* 'to become' for the present and past tense.
   The forms of *worden* in the present and past tenses are:

	Present	Past
ik	*word*	*werd*
jij, hij, u*	*wordt*	*werd*
wij, jullie, zij	*worden*	*werden*

   Note: In the inverted form of the second person singular -*t* is dropped—*jij wordt* but *word je?* There is, however, no difference in pronunciation.

2. *zijn* 'to be' for the present perfect and past perfect tense.
   The conjugation of the auxiliary *zijn* has already been presented on pages 9 and 10.

3. *zullen,* the future auxiliary, for the future and future perfect tense.
   The conjugation of the auxiliary *zullen* has already been presented on page 7.

The Present and Past

The present tense of the passive consists of the present tense of *worden* and the past participle; the past tense is formed from the past tense of *worden* and the past participle.

> *Het huis wordt (werd) verkocht.*
> The house is (was) being sold.
>
> *Zij worden (werden) door de honden gebeten.*
> They are (were) being bitten by the dogs.

---

*The polite form for the second person, singular and plural. It always takes a singular verb.

Het lied wordt (werd) gezongen.
The song is (was) being sung.

Note: In the passive voice the agent (the subject in an active voice construction) is expressed as the object of the preposition *door* 'through, by'.

In the present and past tenses of the passive, Dutch often uses an <u>impersonal</u> construction to denote activity carried on by a group or an indefinite/unidentified agent. The expletive *er*—analogous to the English 'there' in constructions of the type 'there is...', 'there are...'—generally occupies first position in the sentence.

> *Er wordt (werd) gezongen en gedanst.*
> There is (was) singing and dancing.

> *Er wordt (werd) gebeld.*
> There is (was) [someone] ringing at the door.

Even intransitive verbs, which normally cannot function passively, frequently form an impersonal passive to indicate generalized activity. The "201 Dutch Conjugations" beginning on page 26 provide examples of typical impersonal passive constructions involving intransitive verbs.

The Future

See the section on pages 7 and 8.

The Conditional

See the section on pages 15 and 16.

The Present Perfect and Past Perfect

The present perfect tense of the passive consists of the present tense of *zijn* and the past participle; the past perfect tense is formed from the past tense of *zijn* and the past participle.

> *Zij zijn (waren) geholpen.*
> They have (had) been helped.

> *Het huis is (was) door hem gebouwd.*
> The house has (had) been built by him.

> *Het brood is (was) door haar gebakken.*
> The bread has (had) been baked by her.

Identical in form with <u>real passive</u> constructions are those of the <u>apparent passive</u>. In the apparent passive the verb 'to be' indicates a state and the past participle functions adjectivally—note that "the window was broken" may mean either "the window was being broken by someone" or "the window was already broken." Depending upon the context, *de kamer is mooi versierd* may mean either "the room was (has been) nicely decorated" or "the room is decorated nicely." The former meaning stresses the <u>activity</u> of decorating, the latter the <u>state</u> of being decorated. Similarly, *het huis is verkocht* may mean "the house has been sold" or "the house is sold." For the latter case Dutch often adds the adverb *al* 'already'. If it is essential to avoid ambiguity while stressing passive activity, Dutch may use the simple past tense since there is no temporal difference between the simple past and the present perfect. For example, *de kamer werd mooi versierd* and *het huis werd verkocht* can only mean "the room was being decorated nicely" and "the house was being sold."

The Future and Future Perfect

The future tense of the passive consists of the inflected auxiliary *zullen* + the past participle + *worden*. Or to formulate it differently, the future passive is composed of *zullen* + the present infinitive passive (the present infinitive passive of a verb being formed from its past participle + *worden*).

The future perfect tense of the passive consists of the inflected auxiliary *zullen* followed by the past participle and *zijn*—the past participle and *zijn* forming the past (or perfect) infinitive passive.

> *Het zal gedaan worden (zijn).*
> It will be (have been) done.
>
> *Zij zullen geroepen worden (zijn).*
> They will be (have been) called.
>
> *Het boek zal gelezen worden (zijn).*
> The book will be (have been) read.

In the "201 Dutch Conjugations" beginning on page 26, the present and past infinitives passive are listed with the auxiliary first—*worden gedaan* 'to be done', *zijn gedaan* 'to have been done', etc. It is customary to list the two elements in that order. When part of future and future perfect constructions, however, the auxiliaries generally follow their past participles. One encounters sentences with sequences of the type *het zal worden gedaan* or *het zal zijn gedaan,* but they are less common.

Summary of Future Forms

All four future forms—future and future perfect, active and passive—take the auxiliary *zullen* and are followed by infinitives.

1. Future Active
   Hij zal schrijven (present infinitive active), "He will write."
2. Future Perfect Active
   Hij zal geschreven hebben (past infinitive active), "He will have written."
3. Future Passive
   Het zal geschreven worden (present infinitive passive), "It will be written."
4. Future Perfect Passive
   Het zal geschreven zijn (past infinitive passive), "It will have been written."

THE CONDITIONAL

The conditional mood in Dutch has replaced the subjunctive (of which only traces remain) as the mood of uncertainty, doubt, or unreality. The function of the Dutch conditional overlaps largely with that of the English conditional. Structurally, the conditional parallels the two future tenses, active and passive. Conditional clauses generally use the auxiliary *zou* (singular), *zouden* (plural) followed by the infinitive. There are only two time frames, the present/future and the past (sometimes referred to in texts as the conditional perfect). Since the two time frames occur in both the active and passive voices, there are four possible forms in the conditional. These forms are structurally analogous to those of the future and differ only in the auxiliary.

Summary of Conditional Forms

1. Present/Future Active
   Formed by *zou/zouden* + present infinitive active.

   e.g., *Ik zou het niet doen.*
   I would not do it.

   Hij zou later komen.
   He would come later.

2. Past Active
   Formed by *zou/zouden* + past infinitive active.

   e.g., *Ik zou het niet gedaan hebben.*
   I would not have done it.

   Hij zou later gekomen zijn.
   He would have come later.

3. Present/Future Passive
   Formed by *zou/zouden* + present infinitive passive.

   e.g., *Het zou niet gedaan worden.*
   It would not be done.

   Wij zouden door hem gezien worden.
   We would be seen by him.

4. Past Passive
   Formed by *zou/zouden* + past infinitive passive.

   e.g., *Het zou niet gedaan zijn.*
   It would not have been done.

   Wij zouden door hem gezien zijn.
   We would have been seen by him.

Note: 1. The previously discussed alternate arrangement of auxiliary followed by past participle—*worden gedaan, zijn gedaan*, etc.—also occurs in the conditional: *ik zou het niet hebben gedaan, wij zouden door hem worden gezien*, etc.
2. In the polite form, the auxiliary *zoudt* may occur in place of *zou*. This form is included in the "201 Dutch Conjugations" beginning on page 26.
3. Some examples of fixed expressions in which the subjunctive still occurs: *Leve de Koningin!* (Long live the Queen!), *Het ga je goed* (May it go well for you), *Men neme een liter melk* ...(Take one liter of milk...[in directions]).

The conditional often appears in the result clause of contrary-to-fact conditions, both in present and past time. The typical form in such sentences is as follows:

	If-Clause	**Result Clause**
1. <u>Present Time</u>	Past Tense Indicative	Conditional Present/Future

    e.g. *Als hij hier was, zou hij ons helpen.*
       If he were here, he would help us.

       Als ik tijd had, zou ik dit boek lezen.
       If I had time, I would read this book.

2. <u>Past Time</u>	Past Perfect Indicative	Conditional Past

    e.g. *Als hij hier geweest was, zou hij ons geholpen hebben.*
       If he had been here, he would have helped us.

       Als ik tijd gehad had, zou ik dit boek gelezen hebben.
       If I had had time, I would have read this book.

The word order employed in clauses of this type will be discussed in the section "Basic Word Order" on pages 21 through 23.

THE IMPERATIVE

The imperative mood expresses an order or command, and is directed toward the second person, either singular or plural, and in either the polite or familiar form. In the vast majority of cases, Dutch employs one of two forms: 1. the stem of the infinitive for intimate address, both singular and plural, as in *Blijf toch!* 'Do stay!', *Luister goed!* 'Listen carefully!', *Vertel me toch maar het verhaal!* 'Tell me the story!'; and 2. the stem of the infinitive + -t followed by u for polite address, both singular and plural, as in *Komt u binnen!* 'Come in!', *Leest u toch wat langzamer!* 'Read a little more slowly!', *Zingt u toch maar het lied!'*, 'Do sing the song!'. The addition of the pronoun *u* makes a command less abrupt and harsh, thus more polite.

Note: 1. Either *je* or *jullie* may be placed after the intimate imperative form for emphasis.

2. For the second person plural imperative, a simple inversion of the indicative form sometimes occurs: *Gaan jullie mee!* 'Go along!'

3. For commands issued hastily or impersonally, either the infinitive or past participle may be used: *Doorlopen!* 'Move along!', *Opgepast!* 'Watch it!'

4. The imperative of *zijn* is irregular, *Wees!* and *Weest u!* are derived from an alternate infinitive form of the verb 'to be' *wezen*.

Also found in the "201 Dutch Conjugations" is the imperative form consisting of the infinitive stem + -*t* but without the pronoun *u*. This form is restricted to the formal written language, but it is relatively common there.

Modal Verbs

The modals constitute a special category of verb and merit separate consideration. There are four modal verbs—*kunnen, moeten, mogen,* and *willen*—and their function is to distinguish a mood or to establish the condition of action of another verb. To illustrate this function: in the English sentence "I must go," the modal verb 'must' defines the circumstances surrounding the action of going. The forms of the modal verbs are irregular.

---

kunnen
'to be able to, can'

Principal Parts: *kunnen, kon/konden, gekund*

	Present	Past
ik	*kan*	*kon*
jij	*kunt (kan)*	*kon*
hij	*kan*	*kon*
u*	*kunt*	*kon*
wij	*kunnen*	*konden*
jullie	*kunnen*	*konden*
zij	*kunnen*	*konden*

Note: 1. In the inverted form *jij kunt* becomes *kun je?*
2. *jullie* is sometimes conjugated in the present with *kunt*.

---

*The polite form for the second person, singular and plural. It always takes a singular verb.

moeten
'to have to, must'

Principal Parts: *moeten, moest/moesten, gemoeten*

	Present	Past
ik	*moet*	*moest*
jij	*moet*	*moest*
hij	*moet*	*moest*
u*	*moet*	*moest*
wij	*moeten*	*moesten*
jullie	*moeten*	*moesten*
zij	*moeten*	*moesten*

Note: *jullie* is sometimes conjugated in the present with *moet*.

mogen
'may' (either permission or possibility)

Principal Parts: *mogen, mocht/mochten, gemoogd* (less often: *gemogen*)

	Present	Past
ik	*mag*	*mocht*
jij	*mag*	*mocht*
hij	*mag*	*mocht*
u*	*mag*	*mocht*
wij	*mogen*	*mochten*
jullie	*mogen*	*mochten*
zij	*mogen*	*mochten*

Note: *jullie* is sometimes conjugated in the present with *mag*.

willen
'to want'

Principal Parts: *willen, wilde (wou)/wilden, gewild*

	Present	Past
ik	*wil*	*wilde (wou)*
jij	*wilt (wil)*	*wilde (wou)*
hij	*wil*	*wilde (wou)*
u*	*wilt*	*wilde (wou)*
wij	*willen*	*wilden*
jullie	*willen*	*wilden*
zij	*willen*	*wilden*

Note: 1. In the inverted form *jij wilt* becomes *wil je?*
2. *jullie* is sometimes conjugated in the present with *wilt*.
3. *wou* frequently replaces *wilde* in the singular of the past tense; its plural form *wouden* is very uncommon.

---

*The polite form for the second person, singular and plural. It always takes a singular verb.

In the present and past tenses, the modal serves as the inflected verb and is ordinarily followed by an infinitive placed at the end of the clause.

> *Wij moeten hard werken.*
> We must work hard.
>
> *Hij kon niet komen.*
> He could not come.
>
> *Wil je hem bezoeken?*
> Do you want to visit him?
>
> *Het kan niet vermeden worden* (passive infinitive)
> It cannot be avoided.

Dutch often omits the infinitive when its meaning is unambiguous from the context of a sentence. This is particularly the case with verbs of motion such as *komen* and *gaan*.

> *Hij moet al morgen weg.*
> He must leave tomorrow already.
>
> *Waar wil je nou heen?*
> Where are you going (do you want to go) now?
>
> *Mag dat?*
> Is that allowed?
>
> *Dat wil hij niet.*
> He does not want that.

In all the examples of modals thus far, one basic meaning has been expressed. It should be noted, however, that just as in English, the modal verbs can take on any number of shades of meaning. Often the idiomatic quality of a given modal can be determined only from sentence context.

> *Dat kan (or mag) waar zijn.*
> That may be true.
>
> *Het wil me niet lukken.*
> It won't work for me.
>
> *Hij mag verstandig zijn maar...*
> He may be intelligent but...

The auxiliary for all the modals is *hebben.*

> *Hij heeft het nooit gekund.*
> He was never able to do it.
>
> *Ik had het altijd gewild.*
> I had always wanted it.

When modal verbs combine with infinitives in compound tenses, a *double infinitive* construction results.

Hij heeft het nooit gekund but
Hij heeft het nooit kunnen doen.
He was never able to do it.

Hij had moeten komen.
He had had to come.

Zij zal moeten komen.
She will have to come.

Ik heb hem niet kunnen vinden.
I was unable to find him.

Ik had hem willen helpen.
I had wanted to help him.

Het zal moeten gelezen worden. (passive infinitive)
It will have to be read.

In the present perfect and past perfect tenses, the auxiliary *zijn* may be, and is quite commonly, used when the other verb in the double infinitive construction would take this auxiliary.

Hij is niet kunnen komen.
He was unable to come.

Ik was moeten terugkeren.
I had had to return.

Constructions with three infinitives are also possible.

Hij zal hebben moeten komen.
He will have had to come.

Het zou hebben moeten gelezen worden.
It would have had to have been read.

The double infinitive construction is not limited to use with the modals. Verbs of perception—*zien* 'to see', *horen* 'to hear'—as well as verbs of motion and *laten* 'to have done' employ this construction as well.

Ik had haar horen zingen.
I had heard her singing.

Wij hebben hem zien komen.
We saw him coming.

Ik zal mijn fiets laten repareren.
I will have my bicycle repaired.

Hij is gaan zwemmen. (Note auxiliary.)
He went swimming.

Hij was komen lopen.
He had come running.

Here also the double infinitive may be extended, in this case by the addition of a modal verb.

> *Ik zal mijn fiets moeten laten repareren.*
> I will have to have my bicycle repaired.

> *Zij hadden willen gaan zwemmen.*
> They had wanted to go swimming.

Sentence Structure

BASIC WORD ORDER

In general, Dutch word order revolves around the position of the verb in the sentence.

PRINCIPLE 1

The first principle of word order is that the inflected verb normally occupies the second position in an independent clause. The subject either precedes or immediately follows the inflected verb; infinitives and participles completing the verb come at the end of the clause.

> *Hij drinkt liever warme melk.*
> He prefers to drink warm milk.

> *Morgen blijven ze thuis.*
> They are staying home tomorrow.

> *Wanneer komt hij terug?*
> When is he coming back?

> *Om half elf vertrekt de trein.*
> The train departs at 10:30.

> *Zij heeft deze mantel gekocht.*
> She has bought this coat.

> *Wij willen deze auto kopen.*
> We want to buy this car.

The one element preceding the verb may be the subject, an adverb, a prepositional phrase, an entire subordinate clause, or a noun followed by a relative clause.

> *Omdat het hard regende, bleven we thuis.*
> Since it was raining hard, we stayed home.

> *De man die je gezien hebt heet Smit.*
> The man you saw is called Smit.

> *Wie eens steelt, blijft altijd een dief.*
> He who steals once, is always a thief.

Exceptions to the verb-second principle occur in yes-and-no questions and in imperative sentences. Here the inflected verb begins the sentence.

> *Woont u nog in Haarlem?*
> Do you still live in Harlem?
>
> *Heb je hem gisteren gezien?*
> Did you see him yesterday?
>
> *Is de trein al vertrokken?*
> Has the train left already?
>
> *Geef me het boek!*
> Give me the book!
>
> *Komt u binnen!*
> Come in!

PRINCIPLE 2

The second principle of word order is that in subordinate clauses—relative clauses, indirect questions, and clauses introduced by a subordinating conjunction—the inflected verb is placed last, together with its infinitives and participles.

> *Weet u waar zijn broer woont?*
> Do you know where his brother lives?
>
> *Hij zegt dat hij hard werkt.*
> He says that he works hard.
>
> *Je weet niet met wie je te maken hebt.*
> You don't know with whom you are dealing.

In conditional clauses it is possible to omit the subordinating conjunction, while placing the inflected verb first in the clause. The result clause would then be introduced by *dan,* followed immediately by the inflected verb.

> *Als ze morgen gingen, konden wij ook meegan;* or
> *Gingen ze morgen, dan konden wij ook meegaan!*
> If they went tomorrow, we could also go along!

When the verb in a subordinate clause has two components, the inflected form and an infinitive or participle, there is generally a choice as to their relative positioning at the end of the clause. It is difficult to formulate rules for what is often determined by the native speaker's feeling for sentence rhythm. There seems to be a tendency, however, to place the inflected forms of *hebben, zijn,* and *worden* last in the clause, while *zullen* and the modals are likely to precede infinitives.

> *Columbus wist niet dat hij Amerika ontdekt had.*
> Columbus did not realize that he had discovered America.
>
> *Hij kon niet komen, omdat hij ziek geworden was.*
> He could not come because he had become ill.
>
> *Weet u dat de vrouw door ons geholpen werd?*
> Do you know that the woman was helped by us?

Ik weet niet hoe lang het nog zal duren.
I do not know how much longer it will last.

Ik vroeg wat wij nog moesten doen.
I asked what we still had to do.

If the verb has three or more components in a subordinate clause, the components are all placed at the end of the clause. Again, there is considerable latitude in their relative placement.

Ik hoop dat er over gesproken zal worden. ⎫
Ik hoop dat er over zal gesproken worden. ⎬ I hope that it will be
Ik hoop dat er over zal worden gesproken. ⎭ discussed.

Weet je of deze boeken ook gelezen moeten worden? ⎫ Do you know whether
Weet je of deze boeken ook moeten gelezen worden? ⎬ these books must also
Weet je of deze boeken ook moeten worden gelezen? ⎭ be read?

Of the three possibilities, the first in each group of sentences is the most common.

Where a double infinitive construction is involved, the inflected verb is placed before the infinitives at the end of the clause.

Hij zei dat hij ons had willen helpen.
He said that he had wanted to help us.

THE POSITION OF STRESSED AND UNSTRESSED PREFIXES

In addition to a number of unstressed (inseparable) prefixes—*be-, er-, ge-, her-, ont-,* and *ver-* being the most important—Dutch also possesses numerous stressed (separable) prefixes. Whereas the unstressed prefix is never separated from its verb, stressed prefixes may occupy any of several positions in a sentence. When the verb appears in its infinitive form or as a past participle, or when as the inflected verb it occurs last in a subordinate clause, the separable prefix is attached to it. When the verb is inflected and appears in sentences with normal word order, the prefix generally takes last position in the sentence.

Hij zal zijn broer meebrengen.
He will bring his brother along.

Hij heeft zijn broer meegebracht.
He has brought his brother along.

Weet je of hij zijn broer meebrengt?
Do you know if he is bringing his brother along?

Hij brengt zijn broer beslist mee.
He is certainly bringing his brother along.

There is a marked tendency, particularly in longer sentences, to take the stressed prefix from end position and place it closer to the inflected verb. Typically, a prepositional phrase or the second half of a comparison follows the stressed prefix. Note the position of the stressed prefixes *uit-* and *neer-* in the following sentences:

Ik ga uit van deze veronderstelling.
I am proceeding from this supposition.

Dat komt neer op een klacht over ons.
That amounts to a complaint against us.

The stressed prefix is also separated from its verb in constructions with (*om*) ... *te* and when it is part of complex verb forms in subordinate clauses.

Zij is van plan om ons morgen op te bellen.
She intends to call us tomorrow.

Je hoeft je broer niet mee te brengen.
You need not bring your brother along.

Hij zegt dat wij onze broer mee kunnen brengen.
He says that we can bring our brother along.

Of the two types of prefixes the stressed are more numerous and lend themselves more readily to the formation of new verbs. Within the category of stressed prefixes some occur with great frequency (*aan-, af-, in-, mee-, na-, op-, uit-*), others only occasionally (*bij-, binnen-*), and others in perhaps only one or two verbs (*gade-, teleur-*).

There are several prefixes which may be either stressed or unstressed and which alter the meaning of a verb accordingly. The prefixes *door-, om-, onder-, over-,* and *weer-* are the most common of the <u>variable prefixes</u>. Note how the meaning of the following verbs varies according to the stress placed on the prefix.

	doorzien	*overstemmen*	*voorkomen*
Stressed Prefix	look over (quickly)	vote over, again	occur; come by, drop by
Unstressed Prefix	see through, discern	outvote	prevent

It is simple to distinguish stressed from unstressed prefixes in the "Glossary of 1500 Dutch Verbs" beginning on page 237. The principal parts of verbs with stressed prefixes follow the pattern: *voor-komen kwam...voor voorgekomen*, while the same verb with an unstressed prefix follows the pattern: *voorkomen voorkwam voorkomen*. (An unstressed prefix is never separated from its verb.)

Verbal Adjectives and Nouns

There are two participles in Dutch, a present and a past, and both may function as adjectives. The <u>present participle</u> is formed by adding the suffix -*d* to the infinitive. Since the participle is essentially an adjective, it adds the adjectival -*e* ending where appropriate.

de vliegende Hollander
the flying Dutchman

een lachend kind
a laughing child

lachende kinderen
laughing children

de brullende leeuw
the roaring lion

de volgende week
the following week

The verbal aspect conveyed by the present participle is always active, e.g., *de volgende week* (the week which follows). The past participle may also serve as an adjective. If derived from a transitive verb, the past participle has a passive meaning, e.g., *gerookte paling* (smoked eel, eel which has been smoked). If derived from an intransitive verb, the past participle has an active meaning, e.g., *de gevluchte gevangene* (the escaped prisoner, the prisoner who has escaped).

de beantwoorde brief
the answered letter

de bestelde boeken
the ordered books

gesneden vlees
sliced meat

verkochte huizen
sold houses

de gevallen bomen
the fallen trees

Past participles derived from strong verbs end in *-en* and do not take adjectival endings; past participles derived from weak verbs end in *-d* or *-t* and add the adjectival ending *-e* where appropriate.

Dutch has no special form for gerunds (verbal nouns) as does English. There is no structural equivalent to the English gerund 'singing' in the sentence "singing is fun." Where English employs the gerund as verbal noun, Dutch generally uses the infinitive.

Hij hield op met schrijven.
He stopped writing.

Zij houdt van zingen en reizen.
She likes singing and traveling.

Roken is ongezond.
Smoking is unhealthy.

Zij barstte in wenen uit.
She broke out crying.

Hij is aan het pakken.
He is packing.

Note in the last example that *pakken* is a verbal noun in Dutch, the object of the preposition *aan*, while in the English translation 'he is packing', 'packing' is simply part of the present progressive verb form. In all the other examples, the Dutch infinitive and the English gerund correspond.

Part II: 201 DUTCH CONJUGATIONS

HOW TO USE THESE ENTRIES EFFECTIVELY

The following entry may be used as a sample for those found on pages 30 through 230 of this publication. Note that the actual entry is marked in light gray type while the explanatory notes are in boldface type.

SAMPLE

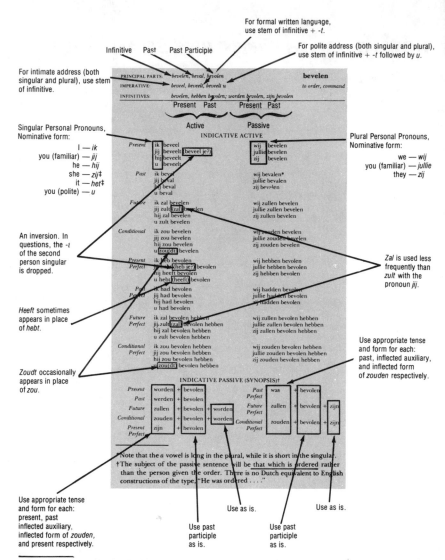

For formal written language, use stem of infinitive + -t.

For polite address (both singular and plural), use stem of infinitive + -t followed by u.

Infinitive Past Past Participle

For intimate address (both singular and plural), use stem of infinitive.

PRINCIPAL PARTS: *bevelen, beval, bevolen* **bevelen**
IMPERATIVE: *bevel, beveelt, beveelt u* *to order, command*
INFINITIVES: *bevelen, hebben bevolen; worden bevolen, zijn bevolen*

Present Past   Present Past

Active   Passive

Singular Personal Pronouns, Nominative form:

I — *ik*
you (familiar) — *jij*
he — *hij*
she — *zij*‡
it — *het*‡
you (polite) — *u*

Plural Personal Pronouns, Nominative form:

we — *wij*
you (familiar) — *jullie*
they — *zij*

INDICATIVE ACTIVE

	Active	Passive
Present	ik beveel / jij beveelt [beveel je?] / hij beveelt / u beveelt	wij bevelen / jullie bevelen / zij bevelen
Past	ik beval / jij beval / hij beval / u beval	wij bevalen* / jullie bevalen / zij bevalen
Future	ik zal bevelen / jij zult [zal] bevelen / hij zal bevelen / u zult bevelen	wij zullen bevelen / jullie zullen bevelen / zij zullen bevelen
Conditional	ik zou bevelen / jij zou bevelen / hij zou bevelen / u zou(dt) bevelen	wij zouden bevelen / jullie zouden bevelen / zij zouden bevelen
Present Perfect	ik heb bevolen / jij hebt [heb je?] bevolen / hij heeft bevolen / u hebt [heeft] bevolen	wij hebben bevolen / jullie hebben bevolen / zij hebben bevolen
Past Perfect	ik had bevolen / jij had bevolen / hij had bevolen / u had bevolen	wij hadden bevolen / jullie hadden bevolen / zij hadden bevolen
Future Perfect	ik zal bevolen hebben / jij zult [zal] bevolen hebben / hij zal bevolen hebben / u zult bevolen hebben	wij zullen bevolen hebben / jullie zullen bevolen hebben / zij zullen bevolen hebben
Conditional Perfect	ik zou bevolen hebben / jij zou bevolen hebben / hij zou bevolen hebben / u zou(dt) bevolen hebben	wij zouden bevolen hebben / jullie zouden bevolen hebben / zij zouden bevolen hebben

An inversion. In questions, the -t of the second person singular is dropped.

Zal is used less frequently than *zult* with the pronoun *jij*.

Heeft sometimes appears in place of *hebt*.

Zoudt occasionally appears in place of *zou*.

Use appropriate tense and form for each: past, inflected auxiliary, and inflected form of *zouden* respectively.

INDICATIVE PASSIVE (SYNOPSIS)†

Present	worden	+ bevolen			Past Perfect	was	+ bevolen
Past	werden	+ bevolen			Future Perfect	zullen	+ bevolen + zijn
Future	zullen	+ bevolen	+ worden				
Conditional	zouden	+ bevolen	+ worden		Conditional Perfect	zouden	+ bevolen + zijn
Present Perfect	zijn	+ bevolen					

*Note that the *a* vowel is long in the plural, while it is short in the singular.
†The subject of the passive sentence will be that which is ordered rather than the person given the order. There is no Dutch equivalent to English constructions of the type, "He was ordered . . . ."

Use appropriate tense and form for each: present, past inflected auxiliary, inflected form of *zouden*, and present respectively.

Use past participle as is.

Use as is.

Use past participle as is.

Use as is.

‡Throughout the conjugations in this section, the pronouns *zij* 'she' and *het* 'it' were omitted because of space. They follow the same form as *hij* 'he'.
§Those entries lacking the "Indicative Passive" section cannot function passively. Note that most intransitive verbs cannot function passively.

English Equivalent of **bevelen**

PRINCIPAL PARTS:	to order, ordered, (have) ordered	**bevelen**
IMPERATIVE:	order (it)!	to order, command
INFINITIVES:	to order, to have ordered; to be ordered, to have been ordered	

INDICATIVE ACTIVE

Present	I order you order he orders	we order you order they order
Past	I ordered you ordered he ordered	we ordered you ordered they ordered
Future	I will order you will order he will order	we will order you will order they will order
Conditional	I would order you would order he would order	we would order you would order they would order
Present Perfect	I have ordered you have ordered he has ordered	we have ordered you have ordered they have ordered
Past Perfect	I had ordered you had ordered he had ordered	we had ordered you had ordered they had ordered
Future Perfect	I will have ordered you will have ordered he will have ordered	we will have ordered you will have ordered they will have ordered
Conditional Perfect	I would have ordered you would have ordered he would have ordered	we would have ordered you would have ordered they would have ordered

INDICATIVE PASSIVE (SYNOPSIS)

Present	is ordered	Past Perfect	had been ordered
Past	was ordered		
Future	will be ordered	Future Perfect	will have been ordered
Conditional	would be ordered		
Present Perfect	has been ordered	Conditional Perfect	would have been ordered

*Note that the *a* vowel is long in the plural, while it is short in the singular.
†The subject of the passive sentence will be that which is ordered rather than the person given the order. There is no Dutch equivalent to English constructions of the type, "He was ordered . . . ."

29

201 DUTCH VERBS FULLY CONJUGATED IN ALL THE TENSES

PRINCIPAL PARTS:	*antwoorden, antwoordde, geantwoord*	**antwoorden**
IMPERATIVE:	*antwoord, antwoordt, antwoordt u*	*to answer**
INFINITIVES:	*antwoorden, hebben geantwoord*	

INDICATIVE ACTIVE

Present	ik antwoord	wij antwoorden
	jij antwoordt	jullie antwoorden
	(antwoord je?)	zij antwoorden
	hij antwoordt	
	u antwoordt	
Past	ik antwoordde	wij antwoordden
	jij antwoordde	jullie antwoordden
	hij antwoordde	zij antwoordden
	u antwoordde	
Future	ik zal antwoorden	wij zullen antwoorden
	jij zult (zal) antwoorden	jullie zullen antwoorden
	hij zal antwoorden	zij zullen antwoorden
	u zult antwoorden	
Conditional	ik zou antwoorden	wij zouden antwoorden
	jij zou antwoorden	jullie zouden antwoorden
	hij zou antwoorden	zij zouden antwoorden
	u zou(dt) antwoorden	
Present Perfect	ik heb geantwoord	wij hebben geantwoord
	jij hebt (heb je?) geantwoord	jullie hebben geantwoord
	hij heeft geantwoord	zij hebben geantwoord
	u hebt (heeft) geantwoord	
Past Perfect	ik had geantwoord	wij hadden geantwoord
	jij had geantwoord	jullie hadden geantwoord
	hij had geantwoord	zij hadden geantwoord
	u had geantwoord	
Future Perfect	ik zal geantwoord hebben	wij zullen geantwoord hebben
	jij zult (zal) geantwoord hebben	jullie zullen geantwoord hebben
	hij zal geantwoord hebben	zij zullen geantwoord hebben
	u zult geantwoord hebben	
Conditional Perfect	ik zou geantwoord hebben	wij zouden geantwoord hebben
	jij zou geantwoord hebben	jullie zouden geantwoord hebben
	hij zou geantwoord hebben	zij zouden geantwoord hebben
	u zou(dt) geantwoord hebben	

---

*antwoorden is an intransitive verb; the transitive verb meaning 'to answer' is *beantwoorden*. Only the latter is used in the passive voice, e.g., "De brief wordt beantwoord" (The letter is being answered).

PRINCIPAL PARTS: *bakken, bakte, gebakken*
IMPERATIVE: *bak, bakt, bakt u*
INFINITIVES: *bakken, hebben gebakken; worden gebakken, zijn gebakken*

bakken
to bake, fry

INDICATIVE ACTIVE

Present	ik bak		wij bakken
	jij bakt (bak je?)		jullie bakken
	hij bakt		zij bakken
	u bakt		
Past	ik bakte		wij bakten
	jij bakte		jullie bakten
	hij bakte		zij bakten
	u bakte		
Future	ik zal bakken		wij zullen bakken
	jij zult (zal) bakken		jullie zullen bakken
	hij zal bakken		zij zullen bakken
	u zult bakken		
Conditional	ik zou bakken		wij zouden bakken
	jij zou bakken		jullie zouden bakken
	hij zou bakken		zij zouden bakken
	u zou(dt) bakken		
Present	ik heb gebakken		wij hebben gebakken
Perfect	jij hebt (heb je?) gebakken		jullie hebben gebakken
	hij heeft gebakken		zij hebben gebakken
	u hebt (heeft) gebakken		
Past	ik had gebakken		wij hadden gebakken
Perfect	jij had gebakken		jullie hadden gebakken
	hij had gebakken		zij hadden gebakken
	u had gebakken		
Future	ik zal gebakken hebben		wij zullen gebakken hebben
Perfect	jij zult (zal) gebakken hebben		jullie zullen gebakken hebben
	hij zal gebakken hebben		zij zullen gebakken hebben
	u zult gebakken hebben		
Conditional	ik zou gebakken hebben		wij zouden gebakken hebben
Perfect	jij zou gebakken hebben		jullie zouden gebakken hebben
	hij zou gebakken hebben		zij zouden gebakken hebben
	u zou(dt) gebakken hebben		

INDICATIVE PASSIVE (SYNOPSIS)

Present	worden + gebakken	*Past Perfect*	was + gebakken
Past	werden + gebakken		
Future	zullen + gebakken worden	*Future Perfect*	zullen + gebakken zijn
Conditional	zouden + gebakken worden	*Conditional Perfect*	zouden + gebakken zijn
Present Perfect	zijn + gebakken		

31

PRINCIPAL PARTS: *bederven, bedierf, bedorven*
IMPERATIVE: *bederf, bederft, bederft u*
INFINITIVES: *bederven, hebben (zijn*) bedorven;*
worden bedorven, zijn bedorven

bederven
to spoil, ruin, corrupt;
to spoil, go bad*

INDICATIVE ACTIVE

Present	ik bederf	wij bederven
	jij bederft (bederf je?)	jullie bederven
	hij bederft	zij bederven
	u bederft	

Past	ik bedierf	wij bedierven
	jij bedierf	jullie bedierven
	hij bedierf	zij bedierven
	u bedierf	

Future	ik zal bederven	wij zullen bederven
	jij zult (zal) bederven	jullie zullen bederven
	hij zal bederven	zij zullen bederven
	u zult bederven	

Conditional	ik zou bederven	wij zouden bederven
	jij zou bederven	jullie zouden bederven
	hij zou bederven	zij zouden bederven
	u zou(dt) bederven	

Present Perfect	ik heb bedorven	wij hebben bedorven
	jij hebt (heb je?) bedorven	jullie hebben bedorven
	hij heeft bedorven	zij hebben bedorven
	u hebt (heeft) bedorven	

Past Perfect	ik had bedorven	wij hadden bedorven
	jij had bedorven	jullie hadden bedorven
	hij had bedorven	zij hadden bedorven
	u had bedorven	

Future Perfect	ik zal bedorven hebben	wij zullen bedorven hebben
	jij zult (zal) bedorven hebben	jullie zullen bedorven hebben
	hij zal bedorven hebben	zij zullen bedorven hebben
	u zult bedorven hebben	

Conditional Perfect	ik zou bedorven hebben	wij zouden bedorven hebben
	jij zou bedorven hebben	jullie zouden bedorven hebben
	hij zou bedorven hebben	zij zouden bedorven hebben
	u zou(dt) bedorven hebben	

INDICATIVE PASSIVE (SYNOPSIS)

Present	worden + bedorven	Past Perfect	was + bedorven
Past	werden + bedorven		
Future	zullen + bedorven worden	Future Perfect	zullen + bedorven zijn
Conditional	zouden + bedorven worden	Conditional Perfect	zouden + bedorven zijn
Present Perfect	zijn + bedorven		

---

*When used intransitively, *bederven* is conjugated with the auxiliary *zijn.*

PRINCIPAL PARTS: bedoelen, bedoelde, bedoeld
IMPERATIVE: Does not occur.
INFINITIVES: bedoelen, hebben bedoeld; worden bedoeld, zijn bedoeld

bedoelen
to mean, intend

INDICATIVE ACTIVE

Present	ik bedoel jij bedoelt (bedoel je?) hij bedoelt u bedoelt	wij bedoelen jullie bedoelen zij bedoelen
Past	ik bedoelde jij bedoelde hij bedoelde u bedoelde	wij bedoelden jullie bedoelden zij bedoelden
Future	ik zal bedoelen jij zult (zal) bedoelen hij zal bedoelen u zult bedoelen	wij zullen bedoelen jullie zullen bedoelen zij zullen bedoelen
Conditional	ik zou bedoelen jij zou bedoelen hij zou bedoelen u zou(dt) bedoelen	wij zouden bedoelen jullie zouden bedoelen zij zouden bedoelen
Present *Perfect*	ik heb bedoeld jij hebt (heb je?) bedoeld hij heeft bedoeld u hebt (heeft) bedoeld	wij hebben bedoeld jullie hebben bedoeld zij hebben bedoeld
Past *Perfect*	ik had bedoeld jij had bedoeld hij had bedoeld u had bedoeld	wij hadden bedoeld jullie hadden bedoeld zij hadden bedoeld
Future *Perfect*	ik zal bedoeld hebben jij zult (zal) bedoeld hebben hij zal bedoeld hebben u zult bedoeld hebben	wij zullen bedoeld hebben jullie zullen bedoeld hebben zij zullen bedoeld hebben
Conditional *Perfect*	ik zou bedoeld hebben jij zou bedoeld hebben hij zou bedoeld hebben u zou(dt) bedoeld hebben	wij zouden bedoeld hebben jullie zouden bedoeld hebben zij zouden bedoeld hebben

INDICATIVE PASSIVE (SYNOPSIS)

Present	worden + bedoeld		*Past* *Perfect*	was + bedoeld
Past	werden + bedoeld			
Future	zullen + bedoeld worden		*Future* *Perfect*	zullen + bedoeld zijn
Conditional	zouden + bedoeld worden		*Conditional* *Perfect*	zouden + bedoeld zijn
Present *Perfect*	zijn + bedoeld			

33

PRINCIPAL PARTS: *bedriegen, bedroog, bedrogen*
IMPERATIVE: *bedrieg, bedriegt, bedriegt u*
INFINITIVES: *bedriegen, hebben bedrogen; worden bedrogen, zijn bedrogen*

bedriegen
to deceive, cheat

INDICATIVE ACTIVE

Present	ik bedrieg jij bedriegt (bedrieg je?), hij bedriegt u bedriegt	wij bedriegen jullie bedriegen zij bedriegen
Past	ik bedroog jij bedroog hij bedroog u bedroog	wij bedrogen jullie bedrogen zij bedrogen
Future	ik zal bedriegen jij zult (zal) bedriegen hij zal bedriegen u zult bedriegen	wij zullen bedriegen jullie zullen bedriegen zij zullen bedriegen
Conditional	ik zou bedriegen jij zou bedriegen hij zou bedriegen u zou(dt) bedriegen	wij zouden bedriegen jullie zouden bedriegen zij zouden bedriegen
Present Perfect	ik heb bedrogen jij hebt (heb je?) bedrogen hij heeft bedrogen u hebt (heeft) bedrogen	wij hebben bedrogen jullie hebben bedrogen zij hebben bedrogen
Past Perfect	ik had bedrogen jij had bedrogen hij had bedrogen u had bedrogen	wij hadden bedrogen jullie hadden bedrogen zij hadden bedrogen
Future Perfect	ik zal bedrogen hebben jij zult (zal) bedrogen hebben hij zal bedrogen hebben u zult bedrogen hebben	wij zullen bedrogen hebben jullie zullen bedrogen hebben zij zullen bedrogen hebben
Conditional Perfect	ik zou bedrogen hebben jij zou bedrogen hebben hij zou bedrogen hebben u zou(dt) bedrogen hebben	wij zouden bedrogen hebben jullie zouden bedrogen hebben zij zouden bedrogen hebben

INDICATIVE PASSIVE (SYNOPSIS)

Present	worden + bedrogen	Past Perfect	was + bedrogen
Past	werden + bedrogen		
Future	zullen + bedrogen worden	Future Perfect	zullen + bedrogen zijn
Conditional	zouden + bedrogen worden		
Present Perfect	zijn + bedrogen	Conditional Perfect	zouden + bedrogen zijn

34

PRINCIPAL PARTS:	beginnen, begon, begonnen	**beginnen**
IMPERATIVE:	begin, begint, begint u	to begin
INFINITIVES:	beginnen, zijn begonnen; worden begonnen, zijn begonnen	

INDICATIVE ACTIVE

Present	ik begin	wij beginnen
	jij begint (begin je?)	jullie beginnen
	hij begint	zij beginnen
	u begint	

Past	ik begon	wij begonnen
	jij begon	jullie begonnen
	hij begon	zij begonnen
	u begon	

Future	ik zal beginnen	wij zullen beginnen
	jij zult (zal) beginnen	jullie zullen beginnen
	hij zal beginnen	zij zullen beginnen
	u zult beginnen	

Conditional	ik zou beginnen	wij zouden beginnen
	jij zou beginnen	jullie zouden beginnen
	hij zou beginnen	zij zouden beginnen
	u zou(dt) beginnen	

Present Perfect*	ik ben begonnen	wij zijn begonnen
	jij bent (ben je?) begonnen	jullie zijn begonnen
	hij is begonnen	zij zijn begonnen
	u bent (is) begonnen	

Past Perfect*	ik was begonnen	wij waren begonnen
	jij was begonnen	jullie waren begonnen
	hij was begonnen	zij waren begonnen
	u was begonnen	

Future Perfect	ik zal begonnen zijn	wij zullen begonnen zijn
	jij zult (zal) begonnen zijn	jullie zullen begonnen zijn
	hij zal begonnen zijn	zij zullen begonnen zijn
	u zult begonnen zijn	

Conditional Perfect	ik zou begonnen zijn	wij zouden begonnen zijn
	jij zou begonnen zijn	jullie zouden begonnen zijn
	hij zou begonnen zijn	zij zouden begonnen zijn
	u zou(dt) begonnen zijn	

INDICATIVE PASSIVE (SYNOPSIS)

Present	worden + begonnen	Past Perfect	was + begonnen
Past	werden + begonnen		
Future	zullen + begonnen worden	Future Perfect	zullen + begonnen zijn
Conditional	zouden + begonnen worden	Conditional Perfect	zouden + begonnen zijn
Present Perfect	zijn + begonnen		

*beginnen is an exceptional verb in that it may be used transitively and still be conjugated with zijn. The use of hebben is not unknown, but zijn is much more common.

PRINCIPAL PARTS: *bergen, borg, geborgen*
IMPERATIVE: *berg, bergt, bergt u*
INFINITIVES: *bergen, hebben geborgen;*
worden geborgen, zijn geborgen

bergen
to store, hold, put up, accommodate,
recover (an object)

INDICATIVE ACTIVE

Present	ik berg	wij bergen
	jij bergt (berg je?)	jullie bergen
	hij bergt	zij bergen
	u bergt	
Past	ik borg	wij borgen
	jij borg	jullie borgen
	hij borg	zij borgen
	u borg	
Future	ik zal bergen	wij zullen bergen
	jij zult (zal) bergen	jullie zullen bergen
	hij zal bergen	zij zullen bergen
	u zult bergen	
Conditional	ik zou bergen	wij zouden bergen
	jij zou bergen	jullie zouden bergen
	hij zou bergen	zij zouden bergen
	u zou(dt) bergen	
Present	ik heb geborgen	wij hebben geborgen
Perfect	jij hebt (heb je?) geborgen	jullie hebben geborgen
	hij heeft geborgen	zij hebben geborgen
	u hebt (heeft) geborgen	
Past	ik had geborgen	wij hadden geborgen
Perfect	jij had geborgen	jullie hadden geborgen
	hij had geborgen	zij hadden geborgen
	u had geborgen	
Future	ik zal geborgen hebben	wij zullen geborgen hebben
Perfect	jij zult (zal) geborgen hebben	jullie zullen geborgen hebben
	hij zal geborgen hebben	zij zullen geborgen hebben
	u zult geborgen hebben	
Conditional	ik zou geborgen hebben	wij zouden geborgen hebben
Perfect	jij zou geborgen hebben	jullie zouden geborgen hebben
	hij zou geborgen hebben	zij zouden geborgen hebben
	u zou(dt) geborgen hebben	

INDICATIVE PASSIVE (SYNOPSIS)

Present	worden + geborgen	*Past*	was + geborgen
Past	werden + geborgen	*Perfect*	
Future	zullen + geborgen worden	*Future*	zullen + geborgen zijn
Conditional	zouden + geborgen worden	*Perfect*	
Present	zijn + geborgen	*Conditional*	zouden + geborgen zijn
Perfect		*Perfect*	

PRINCIPAL PARTS: *betalen, betaalde, betaald*
IMPERATIVE: *betaal, betaalt, betaalt u*
INFINITIVES: *betalen, hebben betaald; worden betaald, zijn betaald*

betalen
to pay, pay for

INDICATIVE ACTIVE

Present	ik betaal	wij betalen
	jij betaalt (betaal je?)	jullie betalen
	hij betaalt	zij betalen
	u betaalt	
Past	ik betaalde	wij betaalden
	jij betaalde	jullie betaalden
	hij betaalde	zij betaalden
	u betaalde	
Future	ik zal betalen	wij zullen betalen
	jij zult (zal) betalen	jullie zullen betalen
	hij zal betalen	zij zullen betalen
	u zult betalen	
Conditional	ik zou betalen	wij zouden betalen
	jij zou betalen	jullie zouden betalen
	hij zou betalen	zij zouden betalen
	u zou(dt) betalen	
Present Perfect	ik heb betaald	wij hebben betaald
	jij hebt (heb je?) betaald	jullie hebben betaald
	hij heeft betaald	zij hebben betaald
	u hebt (heeft) betaald	
Past Perfect	ik had betaald	wij hadden betaald
	jij had betaald	jullie hadden betaald
	hij had betaald	zij hadden betaald
	u had betaald	
Future Perfect	ik zal betaald hebben	wij zullen betaald hebben
	jij zult (zal) betaald hebben	jullie zullen betaald hebben
	hij zal betaald hebben	zij zullen betaald hebben
	u zult betaald hebben	
Conditional Perfect	ik zou betaald hebben	wij zouden betaald hebben
	jij zou betaald hebben	jullie zouden betaald hebben
	hij zou betaald hebben	zij zouden betaald hebben
	u zou(dt) betaald hebben	

INDICATIVE PASSIVE (SYNOPSIS)

Present	worden + betaald	Past Perfect	was + betaald
Past	werden + betaald		
Future	zullen + betaald worden	Future Perfect	zullen + betaald zijn
Conditional	zouden + betaald worden		
		Conditional Perfect	zouden + betaald zijn
Present Perfect	zijn + betaald		

37

PRINCIPAL PARTS: *bevelen, beval, bevolen*
IMPERATIVE: *beveel, beveelt, beveelt u*
INFINITIVES: *bevelen, hebben bevolen; worden bevolen, zijn bevolen*

bevelen
to order, command

INDICATIVE ACTIVE

Present	ik beveel	wij bevelen
	jij beveelt (beveel je?)	jullie bevelen
	hij beveelt	zij bevelen
	u beveelt	
Past	ik beval	wij bevalen*
	jij beval	jullie bevalen
	hij beval	zij bevalen
	u beval	
Future	ik zal bevelen	wij zullen bevelen
	jij zult (zal) bevelen	jullie zullen bevelen
	hij zal bevelen	zij zullen bevelen
	u zult bevelen	
Conditional	ik zou bevelen	wij zouden bevelen
	jij zou bevelen	jullie zouden bevelen
	hij zou bevelen	zij zouden bevelen
	u zou(dt) bevelen	
Present	ik heb bevolen	wij hebben bevolen
Perfect	jij hebt (heb je?) bevolen	jullie hebben bevolen
	hij heeft bevolen	zij hebben bevolen
	u hebt (heeft) bevolen	
Past	ik had bevolen	wij hadden bevolen
Perfect	jij had bevolen	jullie hadden bevolen
	hij had bevolen	zij hadden bevolen
	u had bevolen	
Future	ik zal bevolen hebben	wij zullen bevolen hebben
Perfect	jij zult (zal) bevolen hebben	jullie zullen bevolen hebben
	hij zal bevolen hebben	zij zullen bevolen hebben
	u zult bevolen hebben	
Conditional	ik zou bevolen hebben	wij zouden bevolen hebben
Perfect	jij zou bevolen hebben	jullie zouden bevolen hebben
	hij zou bevolen hebben	zij zouden bevolen hebben
	u zou(dt) bevolen hebben	

INDICATIVE PASSIVE (SYNOPSIS)†

Present	worden + bevolen		*Past*	was + bevolen
Past	werden + bevolen		*Perfect*	
Future	zullen + bevolen worden		*Future*	zullen + bevolen zijn
Conditional	zouden + bevolen worden		*Perfect*	
Present	zijn + bevolen		*Conditional*	zouden + bevolen zijn
Perfect			*Perfect*	

---

*Note that the *a* vowel is long in the plural, while it is short in the singular.

†The subject of the passive sentence will be that which is ordered rather than the person given the order. There is no Dutch equivalent to English constructions of the type, "He was ordered . . . ."

PRINCIPAL PARTS: *bidden, bad, gebeden*
IMPERATIVE: *bid, bidt, bidt u*
INFINITIVES: *bidden, hebben gebeden; worden gebeden, zijn gebeden*

bidden
to pray, entreat

INDICATIVE ACTIVE

Present	ik bid jij bidt (bid je?) hij bidt u bidt	wij bidden jullie bidden zij bidden
Past	ik bad jij bad hij bad u bad	wij baden* jullie baden zij baden
Future	ik zal bidden jij zult (zal) bidden hij zal bidden u zult bidden	wij zullen bidden jullie zullen bidden zij zullen bidden
Conditional	ik zou bidden jij zou bidden hij zou bidden u zou(dt) bidden	wij zouden bidden jullie zouden bidden zij zouden bidden
Present *Perfect*	ik heb gebeden jij hebt (heb je?) gebeden hij heeft gebeden u hebt (heeft) gebeden	wij hebben gebeden jullie hebben gebeden zij hebben gebeden
Past *Perfect*	ik had gebeden jij had gebeden hij had gebeden u had gebeden	wij hadden gebeden jullie hadden gebeden zij hadden gebeden
Future *Perfect*	ik zal gebeden hebben jij zult (zal) gebeden hebben hij zal gebeden hebben u zult gebeden hebben	wij zullen gebeden hebben jullie zullen gebeden hebben zij zullen gebeden hebben
Conditional *Perfect*	ik zou gebeden hebben jij zou gebeden hebben hij zou gebeden hebben u zou(dt) gebeden hebben	wij zouden gebeden hebben jullie zouden gebeden hebben zij zouden gebeden hebben

INDICATIVE PASSIVE (SYNOPSIS)

Present	worden + gebeden		*Past* *Perfect*	was + gebeden
Past	werden + gebeden			
Future	zullen + gebeden worden		*Future* *Perfect*	zullen + gebeden zijn
Conditional	zouden + gebeden worden		*Conditional* *Perfect*	zouden + gebeden zijn
Present *Perfect*	zijn + gebeden			

*Note that the *a* vowel is long in the plural, while it is short in the singular.

39

PRINCIPAL PARTS: *bieden, bood, geboden*
IMPERATIVE: *bied, biedt, biedt u*
INFINITIVES: *bieden, hebben geboden; worden geboden, zijn geboden*

bieden
to offer, make a bid

INDICATIVE ACTIVE

Present	ik bied jij biedt (bied je?) hij biedt u biedt	wij bieden jullie bieden zij bieden
Past	ik bood jij bood hij bood u bood	wij boden jullie boden zij boden
Future	ik zal bieden jij zult (zal) bieden hij zal bieden u zult bieden	wij zullen bieden jullie zullen bieden zij zullen bieden
Conditional	ik zou bieden jij zou bieden hij zou bieden u zou(dt) bieden	wij zouden bieden jullie zouden bieden zij zouden bieden
Present Perfect	ik heb geboden jij hebt (heb je?) geboden hij heeft geboden u hebt (heeft) geboden	wij hebben geboden jullie hebben geboden zij hebben geboden
Past Perfect	ik had geboden jij had geboden hij had geboden u had geboden	wij hadden geboden jullie hadden geboden zij hadden geboden
Future Perfect	ik zal geboden hebben jij zult (zal) geboden hebben hij zal geboden hebben u zult geboden hebben	wij zullen geboden hebben jullie zullen geboden hebben zij zullen geboden hebben
Conditional Perfect	ik zou geboden hebben jij zou geboden hebben hij zou geboden hebben u zou(dt) geboden hebben	wij zouden geboden hebben jullie zouden geboden hebben zij zouden geboden hebben

INDICATIVE PASSIVE (SYNOPSIS)

Present	worden + geboden		*Past Perfect*	was + geboden
Past	werden + geboden			
Future	zullen + geboden worden		*Future Perfect*	zullen + geboden zijn
Conditional	zouden + geboden worden		*Conditional Perfect*	zouden + geboden zijn
Present Perfect	zijn + geboden			

PRINCIPAL PARTS:	*bijten, beet, gebeten*
IMPERATIVE:	*bijt, bijt, bijt u*
INFINITIVES:	*bijten, hebben gebeten; worden gebeten, zijn gebeten*

INDICATIVE ACTIVE

Present	ik bijt	wij bijten
	jij bijt (bijt je?)	jullie bijten
	hij bijt	zij bijten
	u bijt	

Past	ik beet	wij beten
	jij beet	jullie beten
	hij beet	zij beten
	u beet	

Future	ik zal bijten	wij zullen bijten
	jij zult (zal) bijten	jullie zullen bijten
	hij zal bijten	zij zullen bijten
	u zult bijten	

Conditional	ik zou bijten	wij zouden bijten
	jij zou bijten	jullie zouden bijten
	hij zou bijten	zij zouden bijten
	u zou(dt) bijten	

Present	ik heb gebeten	wij hebben gebeten
Perfect	jij hebt (heb je?) gebeten	jullie hebben gebeten
	hij heefı gebcten	zij hebben gebeten
	u hebt (heeft) gebeten	

Past	ik had gebeten	wij hadden gebeten
Perfect	jij had gebeten	jullie hadden gebeten
	hij had gebeten	zij hadden gebeten
	u had gebeten	

Future	ik zal gebeten hebben	wij zullen gebeten hebben
Perfect	jij zult (zal) gebeten hebben	jullie zullen gebeten hebben
	hij zal gebeten hebben	zij zullen gebeten hebben
	u zult gebeten hebben	

Conditional	ik zou gebeten hebben	wij zouden gebeten hebben
Perfect	jij zou gebeten hebben	jullie zouden gebeten hebben
	hij zou gebeten hebben	zij zouden gebeten hebben
	u zou(dt) gebeten hebben	

INDICATIVE PASSIVE (SYNOPSIS)

Present	worden + gebeten	*Past*	was + gebeten
Past	werden + gebeten	*Perfect*	
Future	zullen + gebeten worden	*Future*	zullen + gebeten zijn
		Perfect	
Conditional	zouden + gebeten worden	*Conditional*	zouden + gebeten zijn
Present	zijn + gebeten	*Perfect*	
Perfect			

binden
to tie

PRINCIPAL PARTS: *binden, bond, gebonden*
IMPERATIVE: *bind, bindt, bindt u*
INFINITIVES: *binden, hebben gebonden; worden gebonden, zijn gebonden*

INDICATIVE ACTIVE

Present	ik bind	wij binden
	jij bindt (bind je?)	jullie binden
	hij bindt	zij binden
	u bindt	

Past	ik bond	wij bonden
	jij bond	jullie bonden
	hij bond	zij bonden
	u bond	

Future	ik zal binden	wij zullen binden
	jij zult (zal) binden	jullie zullen binden
	hij zal binden	zij zullen binden
	u zult binden	

Conditional	ik zou binden	wij zouden binden
	jij zou binden	jullie zouden binden
	hij zou binden	zij zouden binden
	u zou(dt) binden	

Present Perfect	ik heb gebonden	wij hebben gebonden
	jij hebt (heb je?) gebonden	jullie hebben gebonden
	hij heeft gebonden	zij hebben gebonden
	u hebt (heeft) gebonden	

Past Perfect	ik had gebonden	wij hadden gebonden
	jij had gebonden	jullie hadden gebonden
	hij had gebonden	zij hadden gebonden
	u had gebonden	

Future Perfect	ik zal gebonden hebben	wij zullen gebonden hebben
	jij zult (zal) gebonden hebben	jullie zullen gebonden hebben
	hij zal gebonden hebben	zij zullen gebonden hebben
	u zult gebonden hebben	

Conditional Perfect	ik zou gebonden hebben	wij zouden gebonden hebben
	jij zou gebonden hebben	jullie zouden gebonden hebben
	hij zou gebonden hebben	zij zouden gebonden hebben
	u zou(dt) gebonden hebben	

INDICATIVE PASSIVE (SYNOPSIS)

Present	worden + gebonden	*Past Perfect*	was + gebonden
Past	werden + gebonden		
Future	zullen + gebonden worden	*Future Perfect*	zullen + gebonden zijn
Conditional	zouden + gebonden worden		
Present Perfect	zijn + gebonden	*Conditional Perfect*	zouden + gebonden zijn

PRINCIPAL PARTS: *blazen, blies, geblazen*
IMPERATIVE: *blaas, blaast, blaast u*
INFINITIVES: *blazen, hebben geblazen; worden geblazen, zijn geblazen*

blazen
to blow

INDICATIVE ACTIVE

Present	ik blaas	wij blazen
	jij blaast (blaas je?)	jullie blazen
	hij blaast	zij blazen
	u blaast	

Past	ik blies	wij bliezen
	jij blies	jullie bliezen
	hij blies	zij bliezen
	u blies	

Future	ik zal blazen	wij zullen blazen
	jij zult (zal) blazen	jullie zullen blazen
	hij zal blazen	zij zullen blazen
	u zult blazen	

Conditional	ik zou blazen	wij zouden blazen
	jij zou blazen	jullie zouden blazen
	hij zou blazen	zij zouden blazen
	u zou(dt) blazen	

Present *Perfect*	ik heb geblazen	wij hebben geblazen
	jij hebt (heb je?) geblazen	jullie hebben geblazen
	hij heeft geblazen	zij hebben geblazen
	u hebt (heeft) geblazen	

Past *Perfect*	ik had geblazen	wij hadden geblazen
	jij had geblazen	jullie hadden geblazen
	hij had geblazen	zij hadden geblazen
	u had geblazen	

Future *Perfect*	ik zal geblazen hebben	wij zullen geblazen hebben
	jij zult (zal) geblazen hebben	jullie zullen geblazen hebben
	hij zal geblazen hebben	zij zullen geblazen hebben
	u zult geblazen hebben	

Conditional *Perfect*	ik zou geblazen hebben	wij zouden geblazen hebben
	jij zou geblazen hebben	jullie zouden geblazen hebben
	hij zou geblazen hebben	zij zouden geblazen hebben
	u zou(dt) geblazen hebben	

INDICATIVE PASSIVE (SYNOPSIS)

Present	worden + geblazen	*Past* *Perfect*	was + geblazen
Past	werden + geblazen		
Future	zullen + geblazen worden	*Future* *Perfect*	zullen + geblazen zijn
Conditional	zouden + geblazen worden	*Conditional* *Perfect*	zouden + geblazen zijn
Present *Perfect*	zijn + geblazen		

43

PRINCIPAL PARTS: *blijken, bleek, gebleken*
IMPERATIVE: *Does not occur.*
INFINITIVES: *blijken, zijn gebleken*

blijken*

to be evident, obvious;
to turn out that†

INDICATIVE ACTIVE

Present	het blijkt (blijken)
Past	het bleek (bleken)
Future	het zal blijken (zullen blijken)
Conditional	het zou blijken (zouden blijken)
Present Perfect	het is gebleken (zijn gebleken)
Past Perfect	het was gebleken (waren gebleken)
Future Perfect	het zal gebleken zijn (zullen gebleken zijn)
Conditional Perfect	het zou gebleken zijn (zouden gebleken zijn)

---

*blijken generally occurs as an impersonal verb. It is conjugated here in the third person singular; third person plural forms follow in parentheses.

†Note the following sentence: "De dief bleek het geld te hebben gestolen" (It turned out that the thief stole the money). Here *blijken* has a personal subject.

PRINCIPAL PARTS: *blijven, bleef, gebleven*
IMPERATIVE: *blijf, blijft, blijft u*
INFINITIVES: *blijven, zijn gebleven*

blijven
to stay, remain

INDICATIVE ACTIVE

Present	ik blijf	wij blijven
	jij blijft (blijf je?)	jullie blijven
	hij blijft	zij blijven
	u blijft	
Past	ik bleef	wij bleven
	jij bleef	jullie bleven
	hij bleef	zij bleven
	u bleef	
Future	ik zal blijven	wij zullen blijven
	jij zult (zal) blijven	jullie zullen blijven
	hij zal blijven	zij zullen blijven
	u zult blijven	
Conditional	ik zou blijven	wij zouden blijven
	jij zou blijven	jullie zouden blijven
	hij zou blijven	zij zouden blijven
	u zou(dt) blijven	
Present	ik ben gebleven	wij zijn gebleven
Perfect	jij bent (ben je?) gebleven	jullie zijn gebleven
	hij is gebleven	zij zijn gebleven
	u bent (is) gebleven	
Past	ik was gebleven	wij waren gebleven
Perfect	jij was gebleven	jullie waren gebleven
	hij was gebleven	zij waren gebleven
	u was gebleven	
Future	ik zal gebleven zijn	wij zullen gebleven zijn
Perfect	jij zult (zal) gebleven zijn	jullie zullen gebleven zijn
	hij zal gebleven zijn	zij zullen gebleven zijn
	u zult gebleven zijn	
Conditional	ik zou gebleven zijn	wij zouden gebleven zijn
Perfect	jij zou gebleven zijn	jullie zouden gebleven zijn
	hij zou gebleven zijn	zij zouden gebleven zijn
	u zou(dt) gebleven zijn	

PRINCIPAL PARTS: *bouwen, bouwde, gebouwd*
IMPERATIVE: *bouw, bouwt, bouwt u*
INFINITIVES: *bouwen, hebben gebouwd; worden gebouwd, zijn gebouwd*

bouwen
to build

INDICATIVE ACTIVE

Present	ik bouw	wij bouwen
	jij bouwt (bouw je?)	jullie bouwen
	hij bouwt	zij bouwen
	u bouwt	

Past	ik bouwde	wij bouwden
	jij bouwde	jullie bouwden
	hij bouwde	zij bouwden
	u bouwde	

Future	ik zal bouwen	wij zullen bouwen
	jij zult (zal) bouwen	jullie zullen bouwen
	hij zal bouwen	zij zullen bouwen
	u zult bouwen	

Conditional	ik zou bouwen	wij zouden bouwen
	jij zou bouwen	jullie zouden bouwen
	hij zou bouwen	zij zouden bouwen
	u zou(dt) bouwen	

Present Perfect	ik heb gebouwd	wij hebben gebouwd
	jij hebt (heb je?) gebouwd	jullie hebben gebouwd
	hij heeft gebouwd	zij hebben gebouwd
	u hebt (heeft) gebouwd	

Past Perfect	ik had gebouwd	wij hadden gebouwd
	jij had gebouwd	jullie hadden gebouwd
	hij had gebouwd	zij hadden gebouwd
	u had gebouwd	

Future Perfect	ik zal gebouwd hebben	wij zullen gebouwd hebben
	jij zult (zal) gebouwd hebben	jullie zullen gebouwd hebben
	hij zal gebouwd hebben	zij zullen gebouwd hebben
	u zult gebouwd hebben	

Conditional Perfect	ik zou gebouwd hebben	wij zouden gebouwd hebben
	jij zou gebouwd hebben	jullie zouden gebouwd hebben
	hij zou gebouwd hebben	zij zouden gebouwd hebben
	u zou(dt) gebouwd hebben	

INDICATIVE PASSIVE (SYNOPSIS)

Present	worden + gebouwd	Past Perfect	was + gebouwd
Past	werden + gebouwd		
Future	zullen + gebouwd worden	Future Perfect	zullen + gebouwd zijn
Conditional	zouden + gebouwd worden		
Present Perfect	zijn + gebouwd	Conditional Perfect	zouden + gebouwd zijn

PRINCIPAL PARTS:	*braden, braadde, gebraden*	**braden**
IMPERATIVE:	*braad, braadt, braadt u*	*to roast, fry, grill*
INFINITIVES:	*braden, hebben gebraden; worden gebraden, zijn gebraden*	

INDICATIVE ACTIVE

Present	ik braad	wij braden
	jij braadt (braad je?)	jullie braden
	hij braadt	zij braden
	u braadt	

Past	ik braadde	wij braadden
	jij braadde	jullie braadden
	hij braadde	zij braadden
	u braadde	

Future	ik zal braden	wij zullen braden
	jij zult (zal) braden	jullie zullen braden
	hij zal braden	zij zullen braden
	u zult braden	

Conditional	ik zou braden	wij zouden braden
	jij zou braden	jullie zouden braden
	hij zou braden	zij zouden braden
	u zou(dt) braden	

Present	ik heb gebraden	wij hebben gebraden
Perfect	jij hebt (heb je?) gebraden	jullie hebben gebraden
	hij heeft gebraden	zij hebben gebraden
	u hebt (heeft) gebraden	

Past	ik had gebraden	wij hadden gebraden
Perfect	jij had gebraden	jullie hadden gebraden
	hij had gebraden	zij hadden gebraden
	u had gebraden	

Future	ik zal gebraden hebben	wij zullen gebraden hebben
Perfect	jij zult (zal) gebraden hebben	jullie zullen gebraden hebben
	hij zal gebraden hebben	zij zullen gebraden hebben
	u zult gebraden hebben	

Conditional	ik zou gebraden hebben	wij zouden gebraden hebben
Perfect	jij zou gebraden hebben	jullie zouden gebraden hebben
	hij zou gebraden hebben	zij zouden gebraden hebben
	u zou(dt) gebraden hebben	

INDICATIVE PASSIVE (SYNOPSIS)

Present	worden + gebraden	*Past Perfect*	was + gebraden
Fast	werden + gebraden		
Future	zullen + gebraden worden	*Future Perfect*	zullen + gebraden zijn
Conditional	zouden + gebraden worden	*Conditional Perfect*	zouden + gebraden zijn
Present Perfect	zijn + gebraden		

47

PRINCIPAL PARTS:	*branden, brandde, gebrand*	**branden**
IMPERATIVE:	*brand, brandt, brandt u*	*to burn**
INFINITIVES:	*branden, hebben gebrand; worden gebrand, zijn gebrand*	

INDICATIVE ACTIVE

Present	ik brand	wij branden
	jij brandt (brand je?)	jullie branden
	hij brandt	zij branden
	u brandt	

Past	ik brandde	wij brandden
	jij brandde	jullie brandden
	hij brandde	zij brandden
	u brandde	

Future	ik zal branden	wij zullen branden
	jij zult (zal) branden	jullie zullen branden
	hij zal branden	zij zullen branden
	u zult branden	

Conditional	ik zou branden	wij zouden branden
	jij zou branden	jullie zouden branden
	hij zou branden	zij zouden branden
	u zou(dt) branden	

Present Perfect	ik heb gebrand	wij hebben gebrand
	jij hebt (heb je?) gebrand	jullie hebben gebrand
	hij heeft gebrand	zij hebben gebrand
	u hebt (heeft) gebrand	

Past Perfect	ik had gebrand	wij hadden gebrand
	jij had gebrand	jullie hadden gebrand
	hij had gebrand	zij hadden gebrand
	u had gebrand	

Future Perfect	ik zal gebrand hebben	wij zullen gebrand hebben
	jij zult (zal) gebrand hebben	jullie zullen gebrand hebben
	hij zal gebrand hebben	zij zullen gebrand hebben
	u zult gebrand hebben	

Conditional Perfect	ik zou gebrand hebben	wij zouden gebrand hebben
	jij zou gebrand hebben	jullie zouden gebrand hebben
	hij zou gebrand hebben	zij zouden gebrand hebben
	u zou(dt) gebrand hebben	

INDICATIVE PASSIVE (SYNOPSIS)

Present	worden + gebrand	*Past Perfect*	was + gebrand
Past	werden + gebrand		
Future	zullen + gebrand worden	*Future Perfect*	zullen + gebrand zijn
Conditional	zouden + gebrand worden		
Present Perfect	zijn + gebrand	*Conditional Perfect*	zouden + gebrand zijn

---

*This verb is both transitive and intransitive.

48

PRINCIPAL PARTS: *breken, brak, gebroken* **breken**
IMPERATIVE: *breek, breekt, breekt u* *to break**
INFINITIVES: *breken, hebben (zijn*) gebroken; worden gebroken, zijn gebroken*

INDICATIVE ACTIVE

Present	ik breek	wij breken
	jij breekt (breek je?)	jullie breken
	hij breekt	zij breken
	u breekt	
Past	ik brak	wij braken†
	jij brak	jullie braken
	hij brak	zij braken
	u brak	
Future	ik zal breken	wij zullen breken
	jij zult (zal) breken	jullie zullen breken
	hij zal breken	zij zullen breken
	u zult breken	
Conditional	ik zou breken	wij zouden breken
	jij zou breken	jullie zouden breken
	hij zou breken	zij zouden breken
	u zou(dt) breken	
Present	ik heb gebroken	wij hebben gebroken
Perfect	jij hebt (heb je?) gebroken	jullie hebben gebroken
	hij heeft gebroken	zij hebben gebroken
	u hebt (heeft) gebroken	
Past	ik had gebroken	wij hadden gebroken
Perfect	jij had gebroken	jullie hadden gebroken
	hij had gebroken	zij hadden gebroken
	u had gebroken	
Future	ik zal gebroken hebben	wij zullen gebroken hebben
Perfect	jij zult (zal) gebroken hebben	jullie zullen gebroken hebben
	hij zal gebroken hebben	zij zullen gebroken hebben
	u zult gebroken hebben	
Conditional	ik zou gebroken hebben	wij zouden gebroken hebben
Perfect	jij zou gebroken hebben	jullie zouden gebroken hebben
	hij zou gebroken hebben	zij zouden gebroken hebben
	u zou(dt) gebroken hebben	

INDICATIVE PASSIVE (SYNOPSIS)

Present	worden + gebroken	*Past Perfect*	was + gebroken
Past	werden + gebroken		
Future	zullen + gebroken worden	*Future Perfect*	zullen + gebroken zijn
Conditional	zouden + gebroken worden	*Conditional Perfect*	zouden + gebroken zijn
Present Perfect	zijn + gebroken		

---

*Intransitive *breken* takes the auxiliary *zijn*.
†Note that the *a* vowel is long in the plural, while it is short in the singular.

PRINCIPAL PARTS:	*brengen, bracht, gebracht*	**brengen**
IMPERATIVE:	*breng, brengt, brengt u*	*to bring*
INFINITIVES:	*brengen, hebben gebracht; worden gebracht, zijn gebracht*	

INDICATIVE ACTIVE

Present	ik breng	wij brengen
	jij brengt (breng je?)	jullie brengen
	hij brengt	zij brengen
	u brengt	

Past	ik bracht	wij brachten
	jij bracht	jullie brachten
	hij bracht	zij brachten
	u bracht	

Future	ik zal brengen	wij zullen brengen
	jij zult (zal) brengen	jullie zullen brengen
	hij zal brengen	zij zullen brengen
	u zult brengen	

Conditional	ik zou brengen	wij zouden brengen
	jij zou brengen	jullie zouden brengen
	hij zou brengen	zij zouden brengen
	u zou(dt) brengen	

Present Perfect	ik heb gebracht	wij hebben gebracht
	jij hebt (heb je?) gebracht	jullie hebben gebracht
	hij heeft gebracht	zij hebben gebracht
	u hebt (heeft) gebracht	

Past Perfect	ik had gebracht	wij hadden gebracht
	jij had gebracht	jullie hadden gebracht
	hij had gebracht	zij hadden gebracht
	u had gebracht	

Future Perfect	ik zal gebracht hebben	wij zullen gebracht hebben
	jij zult (zal) gebracht hebben	jullie zullen gebracht hebben
	hij zal gebracht hebben	zij zullen gebracht hebben
	u zult gebracht hebben	

Conditional Perfect	ik zou gebracht hebben	wij zouden gebracht hebben
	jij zou gebracht hebben	jullie zouden gebracht hebben
	hij zou gebracht hebben	zij zouden gebracht hebben
	u zou(dt) gebracht hebben	

INDICATIVE PASSIVE (SYNOPSIS)

Present	worden + gebracht	*Past Perfect*	was + gebracht
Past	werden + gebracht		
Future	zullen + gebracht worden	*Future Perfect*	zullen + gebracht zijn
Conditional	zouden + gebracht worden		
Present Perfect	zijn + gebracht	*Conditional Perfect*	zouden + gebracht zijn

50

		buigen
PRINCIPAL PARTS:	*buigen, boog, gebogen*	
IMPERATIVE:	*buig, buigt, buigt u*	*to bend, bow*
INFINITIVES:	*buigen, hebben gebogen; worden gebogen, zijn gebogen*	

INDICATIVE ACTIVE

Present	ik buig	wij buigen
	jij buigt (buig je?)	jullie buigen
	hij buigt	zij buigen
	u buigt	
Past	ik boog	wij bogen
	jij boog	jullie bogen
	hij boog	zij bogen
	u boog	
Future	ik zal buigen	wij zullen buigen
	jij zult (zal) buigen	jullie zullen buigen
	hij zal buigen	zij zullen buigen
	u zult buigen	
Conditional	ik zou buigen	wij zouden buigen
	jij zou buigen	jullie zouden buigen
	hij zou buigen	zij zouden buigen
	u zou(dt) buigen	
Present	ik heb gebogen	wij hebben gebogen
Perfect	jij hebt (heb je?) gebogen	jullie hebben gebogen
	hij heeft gebogen	zij hebben gebogen
	u hebt (heeft) gebogen	
Past	ik had gebogen	wij hadden gebogen
Perfect	jij had gebogen	jullie hadden gebogen
	hij had gebogen	zij hadden gebogen
	u had gebogen	
Future	ik zal gebogen hebben	wij zullen gebogen hebben
Perfect	jij zult (zal) gebogen hebben	jullie zullen gebogen hebben
	hij zal gebogen hebben	zij zullen gebogen hebben
	u zult gebogen hebben	
Conditional	ik zou gebogen hebben	wij zouden gebogen hebben
Perfect	jij zou gebogen hebben	jullie zouden gebogen hebben
	hij zou gebogen hebben	zij zouden gebogen hebben
	u zou(dt) gebogen hebben	.

INDICATIVE PASSIVE (SYNOPSIS)

Present	worden + gebogen	*Past*	was + gebogen
Past	werden + gebogen	*Perfect*	
Future	zullen + gebogen worden	*Future*	zullen + gebogen zijn
Conditional	zouden + gebogen worden	*Perfect*	
Present	zijn + gebogen	*Conditional*	zouden + gebogen zijn
Perfect		*Perfect*	

PRINCIPAL PARTS:	*danken, dankte, gedankt*
IMPERATIVE:	*dank, dankt, dankt u*
INFINITIVES:	*danken, hebben gedankt*

danken
*to thank, say thank you**

INDICATIVE ACTIVE

Present	ik dank jij dankt (dank je?) hij dankt u dankt	wij danken jullie danken zij danken
Past	ik dankte jij dankte hij dankte u dankte	wij dankten jullie dankten zij dankten
Future	ik zal danken jij zult (zal) danken hij zal danken u zult danken	wij zullen danken jullie zullen danken zij zullen danken
Conditional	ik zou danken jij zou danken hij zou danken u zou(dt) danken	wij zouden danken jullie zouden danken zij zouden danken
Present Perfect	ik heb gedankt jij hebt (heb je?) gedankt hij heeft gedankt u hebt (heeft) gedankt	wij hebben gedankt jullie hebben gedankt zij hebben gedankt
Past Perfect	ik had gedankt jij had gedankt hij had gedankt u had gedankt	wij hadden gedankt jullie hadden gedankt zij hadden gedankt
Future Perfect	ik zal gedankt hebben jij zult (zal) gedankt hebben hij zal gedankt hebben u zult gedankt hebben	wij zullen gedankt hebben jullie zullen gedankt hebben zij zullen gedankt hebben
Conditional Perfect	ik zou gedankt hebben jij zou gedankt hebben hij zou gedankt hebben u zou(dt) gedankt hebben	wij zouden gedankt hebben jullie zouden gedankt hebben zij zouden gedankt hebben

*danken may function as a transitive verb, but one normally uses *bedanken* when there is a direct object. In the passive voice *bedanken* always replaces *danken*, e.g., "Hij wordt bedankt" (He is thanked).

PRINCIPAL PARTS: *dansen, danste, gedanst*
IMPERATIVE: *dans, danst, danst u*
INFINITIVES: *dansen, hebben gedanst; worden gedanst, zijn gedanst*

dansen
to dance

INDICATIVE ACTIVE

Present	ik dans	wij dansen
	jij danst (dans je?)	jullie dansen
	hij danst	zij dansen
	u danst	
Past	ik danste	wij dansten
	jij danste	jullie dansten
	hij danste	zij dansten
	u danste	
Future	ik zal dansen	wij zullen dansen
	jij zult (zal) dansen	jullie zullen dansen
	hij zal dansen	zij zullen dansen
	u zult dansen	
Conditional	ik zou dansen	wij zouden dansen
	jij zou dansen	jullie zouden dansen
	hij zou dansen	zij zouden dansen
	u zou(dt) dansen	
Present	ik heb gedanst	wij hebben gedanst
Perfect	jij hebt (heb je?) gedanst	jullie hebben gedanst
	hij heeft gedanst	zij hebben gedanst
	u hebt (heeft) gedanst	
Past	ik had gedanst	wij hadden gedanst
Perfect	jij had gedanst	jullie hadden gedanst
	hij had gedanst	zij hadden gedanst
	u had gedanst	
Future	ik zal gedanst hebben	wij zullen gedanst hebben
Perfect	jij zult (zal) gedanst hebben	jullie zullen gedanst hebben
	hij zal gedanst hebben	zij zullen gedanst hebben
	u zult gedanst hebben	
Conditional	ik zou gedanst hebben	wij zouden gedanst hebben
Perfect	jij zou gedanst hebben	jullie zouden gedanst hebben
	hij zou gedanst hebben	zij zouden gedanst hebben
	u zou(dt) gedanst hebben	

INDICATIVE PASSIVE (SYNOPSIS)

Present	worden + gedanst	*Past*	was + gedanst	
Past	werden + gedanst	*Perfect*		
Future	zullen + gedanst worden	*Future*	zullen + gedanst zijn	
Conditional	zouden + gedanst worden	*Perfect*		
Present	zijn + gedanst	*Conditional*	zouden + gedanst zijn	
Perfect		*Perfect*		

53

PRINCIPAL PARTS: *dekken, dekte, gedekt*
IMPERATIVE: *dek, dekt, dekt u*
INFINITIVES: *dekken, hebben gedekt; worden gedekt, zijn gedekt*

dekken
to cover, set the table

INDICATIVE ACTIVE

Present	ik dek jij dekt (dek je?) hij dekt u dekt	wij dekken jullie dekken zij dekken
Past	ik dekte jij dekte hij dekte u dekte	wij dekten jullie dekten zij dekten
Future	ik zal dekken jij zult (zal) dekken hij zal dekken u zult dekken	wij zullen dekken jullie zullen dekken zij zullen dekken
Conditional	ik zou dekken jij zou dekken hij zou dekken u zou(dt) dekken	wij zouden dekken jullie zouden dekken zij zouden dekken
Present Perfect	ik heb gedekt jij hebt (heb je?) gedekt hij heeft gedekt u hebt (heeft) gedekt	wij hebben gedekt jullie hebben gedekt zij hebben gedekt
Past Perfect	ik had gedekt jij had gedekt hij had gedekt u had gedekt	wij hadden gedekt jullie hadden gedekt zij hadden gedekt
Future Perfect	ik zal gedekt hebben jij zult (zal) gedekt hebben hij zal gedekt hebben u zult gedekt hebben	wij zullen gedekt hebben jullie zullen gedekt hebben zij zullen gedekt hebben
Conditional Perfect	ik zou gedekt hebben jij zou gedekt hebben hij zou gedekt hebben u zou(dt) gedekt hebben	wij zouden gedekt hebben jullie zouden gedekt hebben zij zouden gedekt hebben

INDICATIVE PASSIVE (SYNOPSIS)

Present	worden + gedekt	Past Perfect	was + gedekt
Past	werden + gedekt		
Future	zullen + gedekt worden	Future Perfect	zullen + gedekt zijn
Conditional	zouden + gedekt worden	Conditional Perfect	zouden + gedekt zijn
Present Perfect	zijn + gedekt		

PRINCIPAL PARTS: *delen, deelde, gedeeld*   **delen**
IMPERATIVE: *deel, deelt, deelt u*   *to divide, share*
INFINITIVES: *delen, hebben gedeeld; worden gedeeld, zijn gedeeld*

INDICATIVE ACTIVE

Present	ik deel	wij delen
	jij deelt (deel je?)	jullie delen
	hij deelt	zij delen
	u deelt	
Past	ik deelde	wij deelden
	jij deelde	jullie deelden
	hij deelde	zij deelden
	u deelde	
Future	ik zal delen	wij zullen delen
	jij zult (zal) delen	jullie zullen delen
	hij zal delen	zij zullen delen
	u zult delen	
Conditional	ik zou delen	wij zouden delen
	jij zou delen	jullie zouden delen
	hij zou delen	zij zouden delen
	u zou(dt) delen	
Present	ik heb gedeeld	wij hebben gedeeld
Perfect	jij hebt (heb je?) gedeeld	jullie hebben gedeeld
	hij heeft gedeeld	zij hebben gedeeld
	u hebt (heeft) gedeeld	
Past	ik had gedeeld	wij hadden gedeeld
Perfect	jij had gedeeld	jullie hadden gedeeld
	hij had gedeeld	zij hadden gedeeld
	u had gedeeld	
Future	ik zal gedeeld hebben	wij zullen gedeeld hebben
Perfect	jij zult (zal) gedeeld hebben	jullie zullen gedeeld hebben
	hij zal gedeeld hebben	zij zullen gedeeld hebben
	u zult gedeeld hebben	
Conditional	ik zou gedeeld hebben	wij zouden gedeeld hebben
Perfect	jij zou gedeeld hebben	jullie zouden gedeeld hebben
	hij zou gedeeld hebben	zij zouden gedeeld hebben
	u zou(dt) gedeeld hebben	

INDICATIVE PASSIVE (SYNOPSIS)

Present	worden + gedeeld		*Past Perfect*	was + gedeeld
Past	werden + gedeeld			
Future	zullen + gedeeld worden		*Future Perfect*	zullen + gedeeld zijn
Conditional	zouden + gedeeld worden		*Conditional Perfect*	zouden + gedeeld zijn
Present Perfect	zijn + gedeeld			

PRINCIPAL PARTS: *denken, dacht, gedacht*
IMPERATIVE: *denk, denkt, denkt u*
INFINITIVES: *denken, hebben gedacht; worden gedacht, zijn gedacht*

denken
to think

INDICATIVE ACTIVE

Present	ik denk	wij denken
	jij denkt (denk je?)	jullie denken
	hij denkt	zij denken
	u denkt	

Past	ik dacht	wij dachten
	jij dacht	jullie dachten
	hij dacht	zij dachten
	u dacht	

Future	ik zal denken	wij zullen denken
	jij zult (zal) denken	jullie zullen denken
	hij zal denken	zij zullen denken
	u zult denken	

Conditional	ik zou denken	wij zouden denken
	jij zou denken	jullie zouden denken
	hij zou denken	zij zouden denken
	u zou(dt) denken	

Present *Perfect*	ik heb gedacht	wij hebben gedacht
	jij hebt (heb je?) gedacht	jullie hebben gedacht
	hij heeft gedacht	zij hebben gedacht
	u hebt (heeft) gedacht	

Past *Perfect*	ik had gedacht	wij hadden gedacht
	jij had gedacht	jullie hadden gedacht
	hij had gedacht	zij hadden gedacht
	u had gedacht	

Future *Perfect*	ik zal gedacht hebben	wij zullen gedacht hebben
	jij zult (zal) gedacht hebben	jullie zullen gedacht hebben
	hij zal gedacht hebben	zij zullen gedacht hebben
	u zult gedacht hebben	

Conditional *Perfect*	ik zou gedacht hebben	wij zouden gedacht hebben
	jij zou gedacht hebben	jullie zouden gedacht hebben
	hij zou gedacht hebben	zij zouden gedacht hebben
	u zou(dt) gedacht hebben	

INDICATIVE PASSIVE (SYNOPSIS)

Present	worden + gedacht	*Past* *Perfect*	was + gedacht
Past	werden + gedacht		
Future	zullen + gedacht worden	*Future* *Perfect*	zullen + gedacht zijn
Conditional	zouden + gedacht worden	*Conditional* *Perfect*	zouden + gedacht zijn
Present *Perfect*	zijn + gedacht		

56

PRINCIPAL PARTS: *doden, doodde, gedood*
IMPERATIVE: *dood, doodt, doodt u*
INFINITIVES: *doden, hebben gedood; worden gedood, zijn gedood*

INDICATIVE ACTIVE

Present	ik dood	wij doden
	jij doodt (dood je?)	jullie doden
	hij doodt	zij doden
	u doodt	
Past	ik doodde	wij doodden
	jij doodde	jullie doodden
	hij doodde	zij doodden
	u doodde	
Future	ik zal doden	wij zullen doden
	jij zult (zal) doden	jullie zullen doden
	hij zal doden	zij zullen doden
	u zult doden	
Conditional	ik zou doden	wij zouden doden
	jij zou doden	jullie zouden doden
	hij zou doden	zij zouden doden
	u zou(dt) doden	
Present Perfect	ik heb gedood	wij hebben gedood
	jij hebt (heb je?) gedood	jullie hebben gedood
	hij heeft gedood	zij hebben gedood
	u hebt (heeft) gedood	
Past Perfect	ik had gedood	wij hadden gedood
	jij had gedood	jullie hadden gedood
	hij had gedood	zij hadden gedood
	u had gedood	
Future Perfect	ik zal gedood hebben	wij zullen gedood hebben
	jij zult (zal) gedood hebben	jullie zullen gedood hebben
	hij zal gedood hebben	zij zullen gedood hebben
	u zult gedood hebben	
Conditional Perfect	ik zou gedood hebben	wij zouden gedood hebben
	jij zou gedood hebben	jullie zouden gedood hebben
	hij zou gedood hebben	zij zouden gedood hebben
	u zou(dt) gedood hebben	

INDICATIVE PASSIVE (SYNOPSIS)

Present	worden + gedood	*Past Perfect*	was + gedood
Past	werden + gedood		
Future	zullen + gedood worden	*Future Perfect*	zullen + gedood zijn
Conditional	zouden + gedood worden		
Present Perfect	zijn + gedood	*Conditional Perfect*	zouden + gedood zijn

PRINCIPAL PARTS: *doen, deed, gedaan*
IMPERATIVE: *doe, doet, doet u*
INFINITIVES: *doen, hebben gedaan; worden gedaan, zijn gedaan*

doen
to do

INDICATIVE ACTIVE

Present	ik doe jij doet (doe je?) hij doet u doet	wij doen jullie doen zij doen
Past	ik deed jij deed hij deed u deed	wij deden jullie deden zij deden
Future	ik zal doen jij zult (zal) doen hij zal doen u zult doen	wij zullen doen jullie zullen doen zij zullen doen
Conditional	ik zou doen jij zou doen hij zou doen u zou(dt) doen	wij zouden doen jullie zouden doen zij zouden doen
Present *Perfect*	ik heb gedaan jij hebt (heb je?) gedaan hij heeft gedaan u hebt (heeft) gedaan	wij hebben gedaan jullie hebben gedaan zij hebben gedaan
Past *Perfect*	ik had gedaan jij had gedaan hij had gedaan u had gedaan	wij hadden gedaan jullie hadden gedaan zij hadden gedaan
Future *Perfect*	ik zal gedaan hebben jij zult (zal) gedaan hebben hij zal gedaan hebben u zult gedaan hebben	wij zullen gedaan hebben jullie zullen gedaan hebben zij zullen gedaan hebben
Conditional *Perfect*	ik zou gedaan hebben jij zou gedaan hebben hij zou gedaan hebben u zou(dt) gedaan hebben	wij zouden gedaan hebben jullie zouden gedaan hebben zij zouden gedaan hebben

INDICATIVE PASSIVE (SYNOPSIS)

Present	worden + gedaan	*Past* *Perfect*	was + gedaan
Past	werden + gedaan	*Future* *Perfect*	zullen + gedaan zijn
Future	zullen + gedaan worden		
Conditional	zouden + gedaan worden	*Conditional* *Perfect*	zouden + gedaan zijn
Present *Perfect*	zijn + gedaan		

PRINCIPAL PARTS: *dragen, droeg, gedragen*
IMPERATIVE: *draag, draagt, draagt u*
INFINITIVES: *dragen, hebben gedragen; worden gedragen, zijn gedragen*

INDICATIVE ACTIVE

Present	ik draag	wij dragen
	jij draagt (draag je?)	jullie dragen
	hij draagt	zij dragen
	u draagt	
Past	ik droeg	wij droegen
	jij droeg	jullie droegen
	hij droeg	zij droegen
	u droeg	
Future	ik zal dragen	wij zullen dragen
	jij zult (zal) dragen	jullie zullen dragen
	hij zal dragen	zij zullen dragen
	u zult dragen	
Conditional	ik zou dragen	wij zouden dragen
	jij zou dragen	jullie zouden dragen
	hij zou dragen	zij zouden dragen
	u zou(dt) dragen	
Present	ik heb gedragen	wij hebben gedragen
Perfect	jij hebt (heb je?) gedragen	jullie hebben gedragen
	hij heeft gedragen	zij hebben gedragen
	u hebt (heeft) gedragen	
Past	ik had gedragen	wij hadden gedragen
Perfect	jij had gedragen	jullie hadden gedragen
	hij had gedragen	zij hadden gedragen
	u had gedragen	
Future	ik zal gedragen hebben	wij zullen gedragen hebben
Perfect	jij zult (zal) gedragen hebben	jullie zullen gedragen hebben
	hij zal gedragen hebben	zij zullen gedragen hebben
	u zult gedragen hebben	
Conditional	ik zou gedragen hebben	wij zouden gedragen hebben
Perfect	jij zou gedragen hebben	jullie zouden gedragen hebben
	hij zou gedragen hebben	zij zouden gedragen hebben
	u zou(dt) gedragen hebben	

INDICATIVE PASSIVE (SYNOPSIS)

Present	worden + gedragen	*Past Perfect*	was + gedragen
Past	werden + gedragen		
Future	zullen + gedragen worden	*Future Perfect*	zullen + gedragen zijn
Conditional	zouden + gedragen worden		
Present Perfect	zijn + gedragen	*Conditional Perfect*	zouden + gedragen zijn

PRINCIPAL PARTS: *drijven, dreef, gedreven*
IMPERATIVE: *drijf, drijft, drijft u*
INFINITIVES: *drijven, hebben (zijn*) gedreven;*
worden gedreven, zijn gedreven

drijven
to drive, propel, carry on, run;
to float, drift*

INDICATIVE ACTIVE

Present	ik drijf jij drijft (drijf je?) hij drijft u drijft	wij drijven jullie drijven zij drijven
Past	ik dreef jij dreef hij dreef u dreef	wij dreven jullie dreven zij dreven
Future	ik zal drijven jij zult (zal) drijven hij zal drijven u zult drijven	wij zullen drijven jullie zullen drijven zij zullen drijven
Conditional	ik zou drijven jij zou drijven hij zou drijven u zou(dt) drijven	wij zouden drijven jullie zouden drijven zij zouden drijven
Present Perfect	ik heb gedreven jij hebt (heb je?) gedreven hij heeft gedreven u hebt (heeft) gedreven	wij hebben gedreven jullie hebben gedreven zij hebben gedreven
Past Perfect	ik had gedreven jij had gedreven hij had gedreven u had gedreven	wij hadden gedreven jullie hadden gedreven zij hadden gedreven
Future Perfect	ik zal gedreven hebben jij zult (zal) gedreven hebben hij zal gedreven hebben u zult gedreven hebben	wij zullen gedreven hebben jullie zullen gedreven hebben zij zullen gedreven hebben
Conditional Perfect	ik zou gedreven hebben jij zou gedreven hebben hij zou gedreven hebben u zou(dt) gedreven hebben	wij zouden gedreven hebben jullie zouden gedreven hebben zij zouden gedreven hebben

INDICATIVE PASSIVE (SYNOPSIS)

Present	worden + gedreven	Past Perfect	was + gedreven
Past	werden + gedreven		
Future	zullen + gedreven worden	Future Perfect	zullen + gedreven zijn
Conditional	zouden + gedreven worden		
Present Perfect	zijn + gedreven	Conditional Perfect	zouden + gedreven zijn

---

*Intransitive *drijven* ("to float, drift") is conjugated with the auxiliary *zijn*.

PRINCIPAL PARTS:	*dringen, drong, gedrongen*
IMPERATIVE:	*dring, dringt, dringt u*
INFINITIVES:	*dringen, hebben (zijn*) gedrongen;*
	worden gedrongen, zijn gedrongen

dringen

to push, press, crowd, pierce, urge;
to penetrate*

INDICATIVE ACTIVE

Present	ik dring	wij dringen
	jij dringt (dring je?)	jullie dringen
	hij dringt	zij dringen
	u dringt	
Past	ik drong	wij drongen
	jij drong	jullie drongen
	hij drong	zij drongen
	u drong	
Future	ik zal dringen	wij zullen dringen
	jij zult (zal) dringen	jullie zullen dringen
	hij zal dringen	zij zullen dringen
	u zult dringen	
Conditional	ik zou dringen	wij zouden dringen
	jij zou dringen	jullie zouden dringen
	hij zou dringen	zij zouden dringen
	u zou(dt) dringen	
Present Perfect	ik heb gedrongen	wij hebben gedrongen
	jij hebt (heb je?) gedrongen	jullie hebben gedrongen
	hij heeft gedrongen	zij hebben gedrongen
	u hebt (heeft) gedrongen	
Past Perfect	ik had gedrongen	wij hadden gedrongen
	jij had gedrongen	jullie hadden gedrongen
	hij had gedrongen	zij hadden gedrongen
	u had gedrongen	
Future Perfect	ik zal gedrongen hebben	wij zullen gedrongen hebben
	jij zult (zal) gedrongen hebben	jullie zullen gedrongen hebben
	hij zal gedrongen hebben	zij zullen gedrongen hebben
	u zult gedrongen hebben	
Conditional Perfect	ik zou gedrongen hebben	wij zouden gedrongen hebben
	jij zou gedrongen hebben	jullie zouden gedrongen hebben
	hij zou gedrongen hebben	zij zouden gedrongen hebben
	u zou(dt) gedrongen hebben	

INDICATIVE PASSIVE (SYNOPSIS)

Present	worden + gedrongen	*Past Perfect*	was + gedrongen
Past	werden + gedrongen		
Future	zullen + gedrongen worden	*Future Perfect*	zullen + gedrongen zijn
Conditional	zouden + gedrongen worden	*Conditional Perfect*	zouden + gedrongen zijn
Present Perfect	zijn + gedrongen		

*When motion <u>toward</u> a place is indicated, intransitive *dringen* takes the auxiliary *zijn*.

PRINCIPAL PARTS: *drinken, dronk, gedronken*
IMPERATIVE: *drink, drinkt, drinkt u*
INFINITIVES: *drinken, hebben gedronken; worden gedronken, zijn gedronken*

drinken
to drink

INDICATIVE ACTIVE

Present	ik drink	wij drinken
	jij drinkt (drink je?)	jullie drinken
	hij drinkt	zij drinken
	u drinkt	

Past	ik dronk	wij dronken
	jij dronk	jullie dronken
	hij dronk	zij dronken
	u dronk	

Future	ik zal drinken	wij zullen drinken
	jij zult (zal) drinken	jullie zullen drinken
	hij zal drinken	zij zullen drinken
	u zult drinken	

Conditional	ik zou drinken	wij zouden drinken
	jij zou drinken	jullie zouden drinken
	hij zou drinken	zij zouden drinken
	u zou(dt) drinken	

Present Perfect	ik heb gedronken	wij hebben gedronken
	jij hebt (heb je?) gedronken	jullie hebben gedronken
	hij heeft gedronken	zij hebben gedronken
	u hebt (heeft) gedronken	

Past Perfect	ik had gedronken	wij hadden gedronken
	jij had gedronken	jullie hadden gedronken
	hij had gedronken	zij hadden gedronken
	u had gedronken	

Future Perfect	ik zal gedronken hebben	wij zullen gedronken hebben
	jij zult (zal) gedronken hebben	jullie zullen gedronken hebben
	hij zal gedronken hebben	zij zullen gedronken hebben
	u zult gedronken hebben	

Conditional Perfect	ik zou gedronken hebben	wij zouden gedronken hebben
	jij zou gedronken hebben	jullie zouden gedronken hebben
	hij zou gedronken hebben	zij zouden gedronken hebben
	u zou(dt) gedronken hebben	

INDICATIVE PASSIVE (SYNOPSIS)

Present	worden + gedronken	Past Perfect	was + gedronken
Past	werden + gedronken		
Future	zullen + gedronken worden	Future Perfect	zullen + gedronken zijn
Conditional	zouden + gedronken worden	Conditional Perfect	zouden + gedronken zijn
Present Perfect	zijn + gedronken		

PRINCIPAL PARTS:	*drukken, drukte, gedrukt*	**drukken**
IMPERATIVE:	*druk, drukt, drukt u*	*to press, oppress,*
INFINITIVES:	*drukken, hebben gedrukt; worden gedrukt, zijn gedrukt*	*weigh upon, print*

INDICATIVE ACTIVE

Present	ik druk	wij drukken
	jij drukt (druk je?)	jullie drukken
	hij drukt	zij drukken
	u drukt	

Past	ik drukte	wij drukten
	jij drukte	jullie drukten
	hij drukte	zij drukten
	u drukte	

Future	ik zal drukken	wij zullen drukken
	jij zult (zal) drukken	jullie zullen drukken
	hij zal drukken	zij zullen drukken
	u zult drukken	

Conditional	ik zou drukken	wij zouden drukken
	jij zou drukken	jullie zouden drukken
	hij zou drukken	zij zouden drukken
	u zou(dt) drukken	

Present	ik heb gedrukt	wij hebben gedrukt
Perfect	jij hebt (heb je?) gedrukt	jullie hebben gedrukt
	hij heeft gedrukt	zij hebben gedrukt
	u hebt (heeft) gedrukt	

Past	ik had gedrukt	wij hadden gedrukt
Perfect	jij had gedrukt	jullie hadden gedrukt
	hij had gedrukt	zij hadden gedrukt
	u had gedrukt	

Future	ik zal gedrukt hebben	wij zullen gedrukt hebben
Perfect	jij zult (zal) gedrukt hebben	jullie zullen gedrukt hebben
	hij zal gedrukt hebben	zij zullen gedrukt hebben
	u zult gedrukt hebben	

Conditional	ik zou gedrukt hebben	wij zouden gedrukt hebben
Perfect	jij zou gedrukt hebben	jullie zouden gedrukt hebben
	hij zou gedrukt hebben	zij zouden gedrukt hebben
	u zou(dt) gedrukt hebben	

INDICATIVE PASSIVE (SYNOPSIS)

Present	worden + gedrukt	*Past*	was + gedrukt
Past	werden + gedrukt	*Perfect*	
Future	zullen + gedrukt worden	*Future*	zullen + gedrukt zijn
		Perfect	
Conditional	zouden + gedrukt worden	*Conditional*	zouden + gedrukt zijn
Present	zijn + gedrukt	*Perfect*	
Perfect			

63

PRINCIPAL PARTS: *duren, duurde, geduurd*
IMPERATIVE: *Does not occur.*
INFINITIVES: *duren, hebben geduurd*

duren*

to last, continue, endure

INDICATIVE ACTIVE

Present	het duurt (duren)
Past	het duurde (duurden)
Future	het zal duren (zullen duren)
Conditional	het zou duren (zouden duren)
Present Perfect	het heeft geduurd (hebben geduurd)
Past Perfect	het had geduurd (hadden geduurd)
Future Perfect	het zal geduurd hebben (zullen geduurd hebben)
Conditional Perfect	het zou geduurd hebben (zouden geduurd hebben)

---

*duren is an impersonal verb and is used only in the third person, singular and plural. It is conjugated here in the singular; third person plural forms follow in parentheses.

PRINCIPAL PARTS:	*duwen, duwde, geduwd*
IMPERATIVE:	*duw, duwt, duwt u*
INFINITIVES:	*duwen, hebben geduwd; worden geduwd, zijn geduwd*

INDICATIVE ACTIVE

Present	ik duw	wij duwen
	jij duwt (duw je?)	jullie duwen
	hij duwt	zij duwen
	u duwt	

Past	ik duwde	wij duwden
	jij duwde	jullie duwden
	hij duwde	zij duwden
	u duwde	

Future	ik zal duwen	wij zullen duwen
	jij zult (zal) duwen	jullie zullen duwen
	hij zal duwen	zij zullen duwen
	u zult duwen	

Conditional	ik zou duwen	wij zouden duwen
	jij zou duwen	jullie zouden duwen
	hij zou duwen	zij zouden duwen
	u zou(dt) duwen	

Present	ik heb geduwd	wij hebben geduwd
Perfect	jij hebt (heb je?) geduwd	jullie hebben geduwd
	hij heeft geduwd	zij hebben geduwd
	u hebt (heeft) geduwd	

Past	ik had geduwd	wij hadden geduwd
Perfect	jij had geduwd	jullie hadden geduwd
	hij had geduwd	zij hadden geduwd
	u had geduwd	

Future	ik zal geduwd hebben	wij zullen geduwd hebben
Perfect	jij zult (zal) geduwd hebben	jullie zullen geduwd hebben
	hij zal geduwd hebben	zij zullen geduwd hebben
	u zult geduwd hebben	

Conditional	ik zou geduwd hebben	wij zouden geduwd hebben
Perfect	jij zou geduwd hebben	jullie zouden geduwd hebben
	hij zou geduwd hebben	zij zouden geduwd hebben
	u zou(dt) geduwd hebben	

INDICATIVE PASSIVE (SYNOPSIS)

Present	worden + geduwd		*Past Perfect*	was + geduwd
Past	werden + geduwd			
Future	zullen + geduwd worden		*Future Perfect*	zullen + geduwd zijn
Conditional	zouden + geduwd worden		*Conditional Perfect*	zouden + geduwd zijn
Present Perfect	zijn + geduwd			

PRINCIPAL PARTS: *dwingen, dwong, gedwongen* **dwingen**
IMPERATIVE: *dwing, dwingt, dwingt u* *to force, compel*
INFINITIVES: *dwingen, hebben gedwongen; worden gedwongen, zijn gedwongen*

INDICATIVE ACTIVE

Present	ik dwing	wij dwingen
	jij dwingt (dwing je?)	jullie dwingen
	hij dwingt	zij dwingen
	u dwingt	
Past	ik dwong	wij dwongen
	jij dwong	jullie dwongen
	hij dwong	zij dwongen
	u dwong	
Future	ik zal dwingen	wij zullen dwingen
	jij zult (zal) dwingen	jullie zullen dwingen
	hij zal dwingen	zij zullen dwingen
	u zult dwingen	
Conditional	ik zou dwingen	wij zouden dwingen
	jij zou dwingen	jullie zouden dwingen
	hij zou dwingen	zij zouden dwingen
	u zou(dt) dwingen	
Present	ik heb gedwongen	wij hebben gedwongen
Perfect	jij hebt (heb je?) gedwongen	jullie hebben gedwongen
	hij heeft gedwongen	zij hebben gedwongen
	u hebt (heeft) gedwongen	
Past	ik had gedwongen	wij hadden gedwongen
Perfect	jij had gedwongen	jullie hadden gedwongen
	hij had gedwongen	zij hadden gedwongen
	u had gedwongen	
Future	ik zal gedwongen hebben	wij zullen gedwongen hebben
Perfect	jij zult (zal) gedwongen hebben	jullie zullen gedwongen hebben
	hij zal gedwongen hebben	zij zullen gedwongen hebben
	u zult gedwongen hebben	
Conditional	ik zou gedwongen hebben	wij zouden gedwongen hebben
Perfect	jij zou gedwongen hebben	jullie zouden gedwongen hebben
	hij zou gedwongen hebben	zij zouden gedwongen hebben
	u zou(dt) gedwongen hebben	

INDICATIVE PASSIVE (SYNOPSIS)

Present	worden + gedwongen	*Past* *Perfect*	was + gedwongen
Past	werden + gedwongen		
Future	zullen + gedwongen worden	*Future* *Perfect*	zullen + gedwongen zijn
Conditional	zouden + gedwongen worden		
Present *Perfect*	zijn + gedwongen	*Conditional* *Perfect*	zouden + gedwongen zijn

eten, at, gegeten **eten**
eet, eet, eet u *to eat*
eten, hebben gegeten; worden gegeten, zijn gegeten

INDICATIVE ACTIVE

Present	ik eet	wij eten
	jij eet (eet je?)	jullie eten
	hij eet	zij eten
	u eet	

Past	ik at	wij aten*
	jij at	jullie aten
	hij at	zij aten
	u at	

Future	ik zal eten	wij zullen eten
	jij zult (zal) eten	jullie zullen eten
	hij zal eten	zij zullen eten
	u zult eten	

Conditional	ik zou eten	wij zouden eten
	jij zou eten	jullie zouden eten
	hij zou eten	zij zouden eten
	u zou(dt) eten	

Present Perfect	ik heb gegeten	wij hebben gegeten
	jij hebt (heb je?) gegeten	jullie hebben gegeten
	hij heeft gegeten	zij hebben gegeten
	u hebt (heeft) gegeten	

Past Perfect	ik had gegeten	wij hadden gegeten
	jij had gegeten	jullie hadden gegeten
	hij had gegeten	zij hadden gegeten
	u had gegeten	

Future Perfect	ik zal gegeten hebben	wij zullen gegeten hebben
	jij zult (zal) gegeten hebben	jullie zullen gegeten hebben
	hij zal gegeten hebben	zij zullen gegeten hebben
	u zult gegeten hebben	

Conditional Perfect	ik zou gegeten hebben	wij zouden gegeten hebben
	jij zou gegeten hebben	jullie zouden gegeten hebben
	hij zou gegeten hebben	zij zouden gegeten hebben
	u zou(dt) gegeten hebben	

INDICATIVE PASSIVE (SYNOPSIS)

Present	worden + gegeten	*Past Perfect*	was + gegeten
Past	werden + gegeten		
Future	zullen + gegeten worden	*Future Perfect*	zullen + gegeten zijn
Conditional	zouden + gegeten worden	*Conditional Perfect*	zouden + gegeten zijn
Present Perfect	zijn + gegeten		

*Note that the *a* vowel is long in the plural, while it is short in the singular.

PRINCIPAL PARTS:	*fietsen, fietste, gefietst*
IMPERATIVE:	*fiets, fietst, fietst u*
INFINITIVES:	*fietsen, hebben (zijn) gefietst*

INDICATIVE ACTIVE

Present	ik fiets	wij fietsen
	jij fietst (fiets je?)	jullie fietsen
	hij fietst	zij fietsen
	u fietst	

Past	ik fietste	wij fietsten
	jij fietste	jullie fietsten
	hij fietste	zij fietsten
	u fietste	

Future	ik zal fietsen	wij zullen fietsen
	jij zult (zal) fietsen	jullie zullen fietsen
	hij zal fietsen	zij zullen fietsen
	u zult fietsen	

Conditional	ik zou fietsen	wij zouden fietsen
	jij zou fietsen	jullie zouden fietsen
	hij zou fietsen	zij zouden fietsen
	u zou(dt) fietsen	

Present Perfect*	ik heb gefietst	wij hebben gefietst
	jij hebt (heb je?) gefietst	jullie hebben gefietst
	hij heeft gefietst	zij hebben gefietst
	u hebt (heeft) gefietst	

Past Perfect*	ik had gefietst	wij hadden gefietst
	jij had gefietst	jullie hadden gefietst
	hij had gefietst	zij hadden gefietst
	u had gefietst	

Future Perfect*	ik zal gefietst hebben	wij zullen gefietst hebben
	jij zult (zal) gefietst hebben	jullie zullen gefietst hebben
	hij zal gefietst hebben	zij zullen gefietst hebben
	u zult gefietst hebben	

Conditional Perfect*	ik zou gefietst hebben	wij zouden gefietst hebben
	jij zou gefietst hebben	jullie zouden gefietst hebben
	hij zou gefietst hebben	zij zouden gefietst hebben
	u zou(dt) gefietst hebben	

INDICATIVE PASSIVE

Note that this verb does not form a regular passive, but that it commonly appears in impersonal passive constructions. For example, "Er wordt hier veel gefietst" (They bicycle a lot here).

---

*fietsen is conjugated here with the auxiliary *hebben.* If, however, the idea of motion <u>toward</u> a place is conveyed—by the preposition *naar,* for example—*zijn* is used as the auxiliary in the present perfect and past perfect. In the future perfect and conditional perfect, *zijn* would replace *hebben* in forming the perfect infinitive.

PRINCIPAL PARTS:	*gaan, ging, gegaan*
IMPERATIVE:	*ga, gaat, gaat u*
INFINITIVES:	*gaan, zijn gegaan*

INDICATIVE ACTIVE

Present	ik ga	wij gaan
	jij gaat (ga je?)	jullie gaan
	hij gaat	zij gaan
	u gaat	

Past	ik ging	wij gingen
	jij ging	jullie gingen
	hij ging	zij gingen
	u ging	

Future	ik zal gaan	wij zullen gaan
	jij zult (zal) gaan	jullie zullen gaan
	hij zal gaan	zij zullen gaan
	u zult gaan	

Conditional	ik zou gaan	wij zouden gaan
	jij zou gaan	jullie zouden gaan
	hij zou gaan	zij zouden gaan
	u zou(dt) gaan	

Present	ik ben gegaan	wij zijn gegaan
Perfect	jij bent (ben je?) gegaan	jullie zijn gegaan
	hij is gegaan	zij zijn gegaan
	u bent (is) gegaan	

Past	ik was gegaan	wij waren gegaan
Perfect	jij was gegaan	jullie waren gegaan
	hij was gegaan	zij waren gegaan
	u was gegaan	

Future	ik zal gegaan zijn	wij zullen gegaan zijn
Perfect	jij zult (zal) gegaan zijn	jullie zullen gegaan zijn
	hij zal gegaan zijn	zij zullen gegaan zijn
	u zult gegaan zijn	

Conditional	ik zou gegaan zijn	wij zouden gegaan zijn
Perfect	jij zou gegaan zijn	jullie zouden gegaan zijn
	hij zou gegaan zijn	zij zouden gegaan zijn
	u zou(dt) gegaan zijn	

PRINCIPAL PARTS: *gebeuren, gebeurde, gebeurd*
IMPERATIVE: *Does not occur.*
INFINITIVES: *gebeuren, zijn gebeurd*

gebeuren*
to happen, occur

INDICATIVE ACTIVE

Present	het gebeurt (gebeuren)
Past	het gebeurde (gebeurden)
Future	het zal gebeuren (zullen gebeuren)
Conditional	het zou gebeuren (zouden gebeuren)
Present Perfect	het is gebeurd (zijn gebeurd)
Past Perfect	het was gebeurd (waren gebeurd)
Future Perfect	het zal gebeurd zijn (zullen gebeurd zijn)
Conditional Perfect	het zou gebeurd zijn (zouden gebeurd zijn)

---

*gebeuren is an impersonal verb and is used only in the third person, singular and plural. It is conjugated here in the singular; third person plural forms follow in parentheses.

PRINCIPAL PARTS: *gebruiken, gebruikte, gebruikt*
IMPERATIVE: *gebruik, gebruikt, gebruikt u*
INFINITIVES: *gebruiken, hebben gebruikt;*
worden gebruikt, zijn gebruikt

gebruiken
to use, make use of,
partake (food, drink)

INDICATIVE ACTIVE

Present	ik gebruik	wij gebruiken
	jij gebruikt (gebruik je?)	jullie gebruiken
	hij gebruikt	zij gebruiken
	u gebruikt	
Past	ik gebruikte	wij gebruikten
	jij gebruikte	jullie gebruikten
	hij gebruikte	zij gebruikten
	u gebruikte	
Future	ik zal gebruiken	wij zullen gebruiken
	jij zult (zal) gebruiken	jullie zullen gebruiken
	hij zal gebruiken	zij zullen gebruiken
	u zult gebruiken	
Conditional	ik zou gebruiken	wij zouden gebruiken
	jij zou gebruiken	jullie zouden gebruiken
	hij zou gebruiken	zij zouden gebruiken
	u zou(dt) gebruiken	
Present	ik heb gebruikt	wij hebben gebruikt
Perfect	jij hebt (heb je?) gebruikt	jullie hebben gebruikt
	hij heeft gebruikt	zij hebben gebruikt
	u hebt (heeft) gebruikt	
Past	ik had gebruikt	wij hadden gebruikt
Perfect	jij had gebruikt	jullie hadden gebruikt
	hij had gebruikt	zij hadden gebruikt
	u had gebruikt	
Future	ik zal gebruikt hebben	wij zullen gebruikt hebben
Perfect	jij zult (zal) gebruikt hebben	jullie zullen gebruikt hebben
	hij zal gebruikt hebben	zij zullen gebruikt hebben
	u zult gebruikt hebben	
Conditional	ik zou gebruikt hebben	wij zouden gebruikt hebben
Perfect	jij zou gebruikt hebben	jullie zouden gebruikt hebben
	hij zou gebruikt hebben	zij zouden gebruikt hebben
	u zou(dt) gebruikt hebben	

INDICATIVE PASSIVE (SYNOPSIS)

Present	worden + gebruikt	*Past Perfect*	was + gebruikt
Past	werden + gebruikt		
Future	zullen + gebruikt worden	*Future Perfect*	zullen + gebruikt zijn
Conditional	zouden + gebruikt worden	*Conditional Perfect*	zouden + gebruikt zijn
Present Perfect	zijn + gebruikt		

PRINCIPAL PARTS: *geloven, geloofde, geloofd*
IMPERATIVE: *geloof, gelooft, gelooft u*
INFINITIVES: *geloven, hebben geloofd; worden geloofd, zijn geloofd*

geloven
*to believe,
be of the opinion*

INDICATIVE ACTIVE

Present	ik geloof	wij geloven
	jij gelooft (geloof je?)	jullie geloven
	hij gelooft	zij geloven
	u gelooft	

Past	ik geloofde	wij geloofden
	jij geloofde	jullie geloofden
	hij geloofde	zij geloofden
	u geloofde	

Future	ik zal geloven	wij zullen geloven
	jij zult (zal) geloven	jullie zullen geloven
	hij zal geloven	zij zullen geloven
	u zult geloven	

Conditional	ik zou geloven	wij zouden geloven
	jij zou geloven	jullie zouden geloven
	hij zou geloven	zij zouden geloven
	u zou(dt) geloven	

Present Perfect	ik heb geloofd	wij hebben geloofd
	jij hebt (heb je?) geloofd	jullie hebben geloofd
	hij heeft geloofd	zij hebben geloofd
	u hebt (heeft) geloofd	

Past Perfect	ik had geloofd	wij hadden geloofd
	jij had geloofd	jullie hadden geloofd
	hij had geloofd	zij hadden geloofd
	u had geloofd	

Future Perfect	ik zal geloofd hebben	wij zullen geloofd hebben
	jij zult (zal) geloofd hebben	jullie zullen geloofd hebben
	hij zal geloofd hebben	zij zullen geloofd hebben
	u zult geloofd hebben	

Conditional Perfect	ik zou geloofd hebben	wij zouden geloofd hebben
	jij zou geloofd hebben	jullie zouden geloofd hebben
	hij zou geloofd hebben	zij zouden geloofd hebben
	u zou(dt) geloofd hebben	

INDICATIVE PASSIVE (SYNOPSIS)

Present	worden + geloofd	Past Perfect	was + geloofd
Past	werden + geloofd		
Future	zullen + geloofd worden	Future Perfect	zullen + geloofd zijn
Conditional	zouden + geloofd worden		
Present Perfect	zijn + geloofd	Conditional Perfect	zouden + geloofd zijn

PRINCIPAL PARTS:	*genezen, genas, genezen*	**genezen**
IMPERATIVE:	*genees, geneest, geneest u*	*to cure, heal;*
INFINITIVES:	*genezen, hebben (zijn*) genezen;*	*get well, recover**
	worden genezen, zijn genezen	

INDICATIVE ACTIVE

Present	ik genees	wij genazent
	jij geneest (genees je?)	jullie genazen
	hij geneest	zij genazen
	u geneest	

Past	ik genas	wij genazen
	jij genas	jullie genazen
	hij genas	zij genazen
	u genas	

Future	ik zal genezen	wij zullen genezen†
	jij zult (zal) genezen	jullie zullen genezen
	hij zal genezen	zij zullen genezen
	u zult genezen	

Conditional	ik zou genezen	wij zouden genezen
	jij zou genezen	jullie zouden genezen
	hij zou genezen	zij zouden genezen
	u zou(dt) genezen	

Present Perfect	ik heb genezen	wij hebben genezen
	jij hebt (heb je?) genezen	jullie hebben genezen
	hij heeft genezen	zij hebben genezen
	u hebt (heeft) genezen	

Past Perfect	ik had genezen	wij hadden genezen
	jij had genezen	jullie hadden genezen
	hij had genezen	zij hadden genezen
	u had genezen	

Future Perfect	ik zal genezen hebben	wij zullen genezen hebben
	jij zult (zal) genezen hebben	jullie zullen genezen hebben
	hij zal genezen hebben	zij zullen genezen hebben
	u zult genezen hebben	

Conditional Perfect	ik zou genezen hebben	wij zouden genezen hebben
	jij zou genezen hebben	jullie zouden genezen hebben
	hij zou genezen hebben	zij zouden genezen hebben
	u zou(dt) genezen hebben	

INDICATIVE PASSIVE (SYNOPSIS)

Present	worden + genezen	*Past Perfect*	was + genezen
Past	werden + genezen		
Future	zullen + genezen worden	*Future Perfect*	zullen + genezen zijn
Conditional	zouden + genezen worden		
Present Perfect	zijn + genezen	*Conditional Perfect*	zouden + genezen zijn

*Intransitive *genezen* takes the auxiliary *zijn*.
†Note that the <u>a</u> vowel is long in the plural, while it is short in the singular.

PRINCIPAL PARTS:	*genieten, genoot, genoten*
IMPERATIVE:	*geniet, geniet, geniet u*
INFINITIVES:	*genieten, hebben genoten; worden genoten, zijn genoten*

INDICATIVE ACTIVE

Present	ik geniet	wij genieten
	jij geniet (geniet je?)	jullie genieten
	hij geniet	zij genieten
	u geniet	

Past	ik genoot	wij genoten
	jij genoot	jullie genoten
	hij genoot	zij genoten
	u genoot	

Future	ik zal genieten	wij zullen genieten
	jij zult (zal) genieten	jullie zullen genieten
	hij zal genieten	zij zullen genieten
	u zult genieten	

Conditional	ik zou genieten	wij zouden genieten
	jij zou genieten	jullie zouden genieten
	hij zou genieten	zij zouden genieten
	u zou(dt) genieten	

Present Perfect	ik heb genoten	wij hebben genoten
	jij hebt (heb je?) genoten	jullie hebben genoten
	hij heeft genoten	zij hebben genoten
	u hebt (heeft) genoten	

Past Perfect	ik had genoten	wij hadden genoten
	jij had genoten	jullie hadden genoten
	hij had genoten	zij hadden genoten
	u had genoten	

Future Perfect	ik zal genoten hebben	wij zullen genoten hebben
	jij zult (zal) genoten hebben	jullie zullen genoten hebben
	hij zal genoten hebben	zij zullen genoten hebben
	u zult genoten hebben	

Conditional Perfect	ik zou genoten hebben	wij zouden genoten hebben
	jij zou genoten hebben	jullie zouden genoten hebben
	hij zou genoten hebben	zij zouden genoten hebben
	u zou(dt) genoten hebben	

INDICATIVE PASSIVE (SYNOPSIS)

Present	worden + genoten	*Past Perfect*	was + genoten
Past	werden + genoten		
Future	zullen + genoten worden	*Future Perfect*	zullen + genoten zijn
Conditional	zouden + genoten worden		
Present Perfect	zijn + genoten	*Conditional Perfect*	zouden + genoten zijn

---

genieten may take a direct object or be followed by a prepositional phase introduced by *van*, e.g. "Ik heb erg van de reis genoten" (I enjoyed the trip very much).

74

PRINCIPAL PARTS:	*geven, gaf, gegeven*
IMPERATIVE:	*geef, geeft, geeft u*
INFINITIVES:	*geven, hebben gegeven; worden gegeven, zijn gegeven*

INDICATIVE ACTIVE

Present	ik geef	wij geven
	jij geeft (geef je?)	jullie geven
	hij geeft	zij geven
	u geeft	
Past	ik gaf	wij gaven*
	jij gaf	jullie gaven
	hij gaf	zij gaven
	u gaf	
Future	ik zal geven	wij zullen geven
	jij zult (zal) geven	jullie zullen geven
	hij zal geven	zij zullen geven
	u zult geven	
Conditional	ik zou geven	wij zouden geven
	jij zou geven	jullie zouden geven
	hij zou geven	zij zouden geven
	u zou(dt) geven	
Present Perfect	ik heb gegeven	wij hebben gegeven
	jij hebt (heb je?) gegeven	jullie hebben gegeven
	hij heeft gegeven	zij hebben gegeven
	u hebt (heeft) gegeven	
Past Perfect	ik had gegeven	wij hadden gegeven
	jij had gegeven	jullie hadden gegeven
	hij had gegeven	zij hadden gegeven
	u had gegeven	
Future Perfect	ik zal gegeven hebben	wij zullen gegeven hebben
	jij zult (zal) gegeven hebben	jullie zullen gegeven hebben
	hij zal gegeven hebben	zij zullen gegeven hebben
	u zult gegeven hebben	
Conditional Perfect	ik zou gegeven hebben	wij zouden gegeven hebben
	jij zou gegeven hebben	jullie zouden gegeven hebben
	hij zou gegeven hebben	zij zouden gegeven hebben
	u zou(dt) gegeven hebben	

INDICATIVE PASSIVE (SYNOPSIS)†

Present	worden + gegeven	*Past Perfect*	was + gegeven
Past	werden + gegeven	*Future Perfect*	zullen + gegeven zijn
Future	zullen + gegeven worden		
Conditional	zouden + gegeven worden	*Conditional Perfect*	zouden + gegeven zijn
Present Perfect	zijn + gegeven		

---

* Note that the *a* vowel is long in the plural, while it is short in the singular.

† The subject of the passive sentence will be that which is given, never the person to whom something is given. There is no Dutch equivalent to English sentences of the type, "He was given . . . ."

INDICATIVE ACTIVE

Present	ik giet	wij gieten
	jij giet (giet je?)	jullie gieten
	hij giet	zij gieten
	u giet	

Past	ik goot	wij goten
	jij goot	jullie goten
	hij goot	zij goten
	u goot	

Future	ik zal gieten	wij zullen gieten
	jij zult (zal) gieten	jullie zullen gieten
	hij zal gieten	zij zullen gieten
	u zult gieten	

Conditional	ik zou gieten	wij zouden gieten
	jij zou gieten	jullie zouden gieten
	hij zou gieten	zij zouden gieten
	u zou(dt) gieten	

Present Perfect	ik heb gegoten	wij hebben gegoten
	jij hebt (heb je?) gegoten	jullie hebben gegoten
	hij heeft gegoten	zij hebben gegoten
	u hebt (heeft) gegoten	

Past Perfect	ik had gegoten	wij hadden gegoten
	jij had gegoten	jullie hadden gegoten
	hij had gegoten	zij hadden gegoten
	u had gegoten	

Future Perfect	ik zal gegoten hebben	wij zullen gegoten hebben
	jij zult (zal) gegoten hebben	jullie zullen gegoten hebben
	hij zal gegoten hebben	zij zullen gegoten hebben
	u zult gegoten hebben	

Conditional Perfect	ik zou gegoten hebben	wij zouden gegoten hebben
	jij zou gegoten hebben	jullie zouden gegoten hebben
	hij zou gegoten hebben	zij zouden gegoten hebben
	u zou(dt) gegoten hebben	

INDICATIVE PASSIVE (SYNOPSIS)

Present	worden + gegoten	Past Perfect	was + gegoten
Past	werden + gegoten		
Future	zullen + gegoten worden	Future Perfect	zullen + gegoten zijn
Conditional	zouden + gegoten worden		
Present Perfect	zijn + gegoten	Conditional Perfect	zouden + gegoten zijn

PRINCIPAL PARTS: *glijden. gleed, gegleden*
IMPERATIVE: *glijd, glijdt, glijdt u*
INFINITIVES: *glijden, hebben (zijn) gegleden*

glijden
to glide, slip, slide

INDICATIVE ACTIVE

Present	ik glijd	wij glijden
	jij glijdt (glijd je?)	jullie glijden
	hij glijdt	zij glijden
	u glijdt	
Past	ik gleed	wij gleden
	jij gleed	jullie gleden
	hij gleed	zij gleden
	u gleed	
Future	ik zal glijden	wij zullen glijden
	jij zult (zal) glijden	jullie zullen glijden
	hij zal glijden	zij zullen glijden
	u zult glijden	
Conditional	ik zou glijden	wij zouden glijden
	jij zou glijden	jullie zouden glijden
	hij zou glijden	zij zouden glijden
	u zou(dt) glijden	
Present Perfect*	ik heb gegleden	wij hebben gegleden
	jij hebt (heb je?) gegleden	jullie hebben gegleden
	hij heeft gegleden	zij hebben gegleden
	u hebt (heeft) gegleden	
Past Perfect*	ik had gegleden	wij hadden gegleden
	jij had gegleden	jullie hadden gegleden
	hij had gegleden	zij hadden gegleden
	u had gegleden	
Future Perfect*	ik zal gegleden hebben	wij zullen gegleden hebben
	jij zult (zal) gegleden hebben	jullie zullen gegleden hebben
	hij zal gegleden hebben	zij zullen gegleden hebben
	u zult gegleden hebben	
Conditional Perfect*	ik zou gegleden hebben	wij zouden gegleden hebben
	jij zou gegleden hebben	jullie zouden gegleden hebben
	hij zou gegleden hebben	zij zouden gegleden hebben
	u zou(dt) gegleden hebben	

---

*glijden is conjugated here with the auxiliary *hebben*. If, however, the idea of motion *toward* a place is conveyed—by the preposition *over*, for example—*zijn* is used as the auxiliary in the present perfect and past perfect. In the future perfect and conditional perfect, *zijn* would replace *hebben* in forming the perfect infinitive.

PRINCIPAL PARTS: *gooien, gooide, gegooid*
IMPERATIVE: *gooi, gooit, gooit u*
INFINITIVES: *gooien, hebben gegooid; worden gegooid, zijn gegooid*

gooien
to throw, cast

INDICATIVE ACTIVE

Present	ik gooi	wij gooien
	jij gooit (gooi je?)	jullie gooien
	hij gooit	zij gooien
	u gooit	

Past	ik gooide	wij gooiden
	jij gooide	jullie gooiden
	hij gooide	zij gooiden
	u gooide	

Future	ik zal gooien	wij zullen gooien
	jij zult (zal) gooien	jullie zullen gooien
	hij zal gooien	zij zullen gooien
	u zult gooien	

Conditional	ik zou gooien	wij zouden gooien
	jij zou gooien	jullie zouden gooien
	hij zou gooien	zij zouden gooien
	u zou(dt) gooien	

Present Perfect	ik heb gegooid	wij hebben gegooid
	jij hebt (heb je?) gegooid	jullie hebben gegooid
	hij heeft gegooid	zij hebben gegooid
	u hebt (heeft) gegooid	

Past Perfect	ik had gegooid	wij hadden gegooid
	jij had gegooid	jullie hadden gegooid
	hij had gegooid	zij hadden gegooid
	u had gegooid	

Future Perfect	ik zal gegooid hebben	wij zullen gegooid hebben
	jij zult (zal) gegooid hebben	jullie zullen gegooid hebben
	hij zal gegooid hebben	zij zullen gegooid hebben
	u zult gegooid hebben	

Conditional Perfect	ik zou gegooid hebben	wij zouden gegooid hebben
	jij zou gegooid hebben	jullie zouden gegooid hebben
	hij zou gegooid hebben	zij zouden gegooid hebben
	u zou(dt) gegooid hebben	

INDICATIVE PASSIVE (SYNOPSIS)

Present	worden + gegooid	Past Perfect	was + gegooid
Past	werden + gegooid		
Future	zullen + gegooid worden	Future Perfect	zullen + gegooid zijn
Conditional	zouden + gegooid worden	Conditional Perfect	zouden + gegooid zijn
Present Perfect	zijn + gegooid		

PRINCIPAL PARTS:	*graven, groef, gegraven*
IMPERATIVE:	*graaf, graaft, graaft u*
INFINITIVES:	*graven, hebben gegraven; worden gegraven, zijn gegraven*

INDICATIVE ACTIVE

Present	ik graaf	wij graven
	jij graaft (graaf je?)	jullie graven
	hij graaft	zij graven
	u graaft	
Past	ik groef	wij groeven
	jij groef	jullie groeven
	hij groef	zij groeven
	u groef	
Future	ik zal graven	wij zullen graven
	jij zult (zal) graven	jullie zullen graven
	hij zal graven	zij zullen graven
	u zult graven	
Conditional	ik zou graven	wij zouden graven
	jij zou graven	jullie zouden graven
	hij zou graven	zij zouden graven
	u zou(dt) graven	
Present Perfect	ik heb gegraven	wij hebben gegraven
	jij hebt (heb je?) gegraven	jullie hebben gegraven
	hij heeft gegraven	zij hebben gegraven
	u hebt (heeft) gegraven	
Past Perfect	ik had gegraven	wij hadden gegraven
	jij had gegraven	jullie hadden gegraven
	hij had gegraven	zij hadden gegraven
	u had gegraven	
Future Perfect	ik zal gegraven hebben	wij zullen gegraven hebben
	jij zult (zal) gegraven hebben	jullie zullen gegraven hebben
	hij zal gegraven hebben	zij zullen gegraven hebben
	u zult gegraven hebben	
Conditional Perfect	ik zou gegraven hebben	wij zouden gegraven hebben
	jij zou gegraven hebben	jullie zouden gegraven hebben
	hij zou gegraven hebben	zij zouden gegraven hebben
	u zou(dt) gegraven hebben	

INDICATIVE PASSIVE (SYNOPSIS)

Present	worden + gegraven	*Past Perfect*	was + gegraven
Past	werden + gegraven		
Future	zullen + gegraven worden	*Future Perfect*	zullen + gegraven zijn
Conditional	zouden + gegraven worden	*Conditional Perfect*	zouden + gegraven zijn
Present Perfect	zijn + gegraven		

grijpen, greep, gegrepen	**grijpen**
grijp, grijpt, grijpt u	*to catch, grasp*
grijpen, hebben gegrepen; worden gegrepen, zijn gegrepen	

INDICATIVE ACTIVE

Present	ik grijp	wij grijpen
	jij grijpt (grijp je?)	jullie grijpen
	hij grijpt	zij grijpen
	u grijpt	

Past	ik greep	wij grepen
	jij greep	jullie grepen
	hij greep	zij grepen
	u greep	

Future	ik zal grijpen	wij zullen grijpen
	jij zult (zal) grijpen	jullie zullen grijpen
	hij zal grijpen	zij zullen grijpen
	u zult grijpen	

Conditional	ik zou grijpen	wij zouden grijpen
	jij zou grijpen	jullie zouden grijpen
	hij zou grijpen	zij zouden grijpen
	u zou(dt) grijpen	

Present Perfect	ik heb gegrepen	wij hebben gegrepen
	jij hebt (heb je?) gegrepen	jullie hebben gegrepen
	hij heeft gegrepen	zij hebben gegrepen
	u hebt (heeft) gegrepen	

Past Perfect	ik had gegrepen	wij hadden gegrepen
	jij had gegrepen	jullie hadden gegrepen
	hij had gegrepen	zij hadden gegrepen
	u had gegrepen	

Future Perfect	ik zal gegrepen hebben	wij zullen gegrepen hebben
	jij zult (zal) gegrepen hebben	jullie zullen gegrepen hebben
	hij zal gegrepen hebben	zij zullen gegrepen hebben
	u zult gegrepen hebben	

Conditional Perfect	ik zou gegrepen hebben	wij zouden gegrepen hebben
	jij zou gegrepen hebben	jullie zouden gegrepen hebben
	hij zou gegrepen hebben	zij zouden gegrepen hebben
	u zou(dt) gegrepen hebben	

INDICATIVE PASSIVE (SYNOPSIS)

Present	worden + gegrepen	*Past Perfect*	was + gegrepen
Past	werden + gegrepen		
Future	zullen + gegrepen worden	*Future Perfect*	zullen + gegrepen zijn
Conditional	zouden + gegrepen worden	*Conditional Perfect*	zouden + gegrepen zijn
Present Perfect	zijn + gegrepen		

groeien, groeide, gegroeid
groei, groeit, groeit u
groeien, zijn gegroeid

groeien
to grow*

INDICATIVE ACTIVE

Present	ik groei	wij groeien
	jij groeit (groei je?)	jullie groeien
	hij groeit	zij groeien
	u groeit	
Past	ik groeide	wij groeiden
	jij groeide	jullie groeiden
	hij groeide	zij groeiden
	u groeide	
Future	ik zal groeien	wij zullen groeien
	jij zult (zal) groeien	jullie zullen groeien
	hij zal groeien	zij zullen groeien
	u zult groeien	
Conditional	ik zou groeien	wij zouden groeien
	jij zou groeien	jullie zouden groeien
	hij zou groeien	zij zouden groeien
	u zou(dt) groeien	
Present Perfect	ik ben gegroeid	wij zijn gegroeid
	jij bent (ben je?) gegroeid	jullie zijn gegroeid
	hij is gegroeid	zij zijn gegroeid
	u bent (is) gegroeid	
Past Perfect	ik was gegroeid	wij waren gegroeid
	jij was gegroeid	jullie waren gegroeid
	hij was gegroeid	zij waren gegroeid
	u was gegroeid	
Future Perfect	ik zal gegroeid zijn	wij zullen gegroeid zijn
	jij zult (zal) gegroeid zijn	jullie zullen gegroeid zijn
	hij zal gegroeid zijn	zij zullen gegroeid zijn
	u zult gegroeid zijn	
Conditional Perfect	ik zou gegroeid zijn	wij zouden gegroeid zijn
	jij zou gegroeid zijn	jullie zouden gegroeid zijn
	hij zou gegroeid zijn	zij zouden gegroeid zijn
	u zou(dt) gegroeid zijn	

---

*groeien means "to grow" in the sense of "to become larger" and is always intransitive; "to grow" meaning "to cultivate" is rendered by *kweken*.

PRINCIPAL PARTS:	*groeten, groette, gegroet*
IMPERATIVE:	*groet, groet, groet u*
INFINITIVES:	*groeten, hebben gegroet; worden gegroet, zijn gegroet*

INDICATIVE ACTIVE

Present	ik groet	wij groeten
	jij groet (groet je?)	jullie groeten
	hij groet	zij groeten
	u groet	

Past	ik groette	wij groetten
	jij groette	jullie groetten
	hij groette	zij groetten
	u groette	

Future	ik zal groeten	wij zullen groeten
	jij zult (zal) groeten	jullie zullen groeten
	hij zal groeten	zij zullen groeten
	u zult groeten	

Conditional	ik zou groeten	wij zouden groeten
	jij zou groeten	jullie zouden groeten
	hij zou groeten	zij zouden groeten
	u zou(dt) groeten	

Present	ik heb gegroet	wij hebben gegroet
Perfect	jij hebt (heb je?) gegroet	jullie hebben gegroet
	hij heeft gegroet	zij hebben gegroet
	u hebt (heeft) gegroet	

Past	ik had gegroet	wij hadden gegroet
Perfect	jij had gegroet	jullie hadden gegroet
	hij had gegroet	zij hadden gegroet
	u had gegroet	

Future	ik zal gegroet hebben	wij zullen gegroet hebben
Perfect	jij zult (zal) gegroet hebben	jullie zullen gegroet hebben
	hij zal gegroet hebben	zij zullen gegroet hebben
	u zult gegroet hebben	

Conditional	ik zou gegroet hebben	wij zouden gegroet hebben
Perfect	jij zou gegroet hebben	jullie zouden gegroet hebben
	hij zou gegroet hebben	zij zouden gegroet hebben
	u zou(dt) gegroet hebben	

INDICATIVE PASSIVE (SYNOPSIS)

Present	worden + gegroet	*Past*	was + gegroet
Past	werden + gegroet	*Perfect*	
Future	zullen + gegroet worden	*Future*	zullen + gegroet zijn
Conditional	zouden + gegroet worden	*Perfect*	
Present	zijn + gegroet	*Conditional*	zouden + gegroet zijn
Perfect		*Perfect*	

PRINCIPAL PARTS: *haasten, haastte, gehaast*
IMPERATIVE: *haast, haast, haast u*
INFINITIVES: *haasten, hebben gehaast; worden gehaast, zijn gehaast*

INDICATIVE ACTIVE

Present	ik haast	wij haasten
	jij haast (haast je?)	jullie haasten
	hij haast	zij haasten
	u haast	
Past	ik haastte	wij haastten
	jij haastte	jullie haastten
	hij haastte	zij haastten
	u haastte	
Future	ik zal haasten	wij zullen haasten
	jij zult (zal) haasten	jullie zullen haasten
	hij zal haasten	zij zullen haasten
	u zult haasten	
Conditional	ik zou haasten	wij zouden haasten
	jij zou haasten	jullie zouden haasten
	hij zou haasten	zij zouden haasten
	u zou(dt) haasten	
Present Perfect	ik heb gehaast	wij hebben gehaast
	jij hebt (heb je?) gehaast	jullie hebben gehaast
	hij heeft gehaast	zij hebben gehaast
	u hebt (heeft) gehaast	
Past Perfect	ik had gehaast	wij hadden gehaast
	jij had gehaast	jullie hadden gehaast
	hij had gehaast	zij hadden gehaast
	u had gehaast	
Future Perfect	ik zal gehaast hebben	wij zullen gehaast hebben
	jij zult (zal) gehaast hebben	jullie zullen gehaast hebben
	hij zal gehaast hebben	zij zullen gehaast hebben
	u zult gehaast hebben	
Conditional Perfect	ik zou gehaast hebben	wij zouden gehaast hebben
	jij zou gehaast hebben	jullie zouden gehaast hebben
	hij zou gehaast hebben	zij zouden gehaast hebben
	u zou(dt) gehaast hebben	

INDICATIVE PASSIVE (SYNOPSIS)

Present	worden + gehaast	*Past Perfect*	was + gehaast
Past	werden + gehaast		
Future	zullen + gehaast worden	*Future Perfect*	zullen + gehaast zijn
Conditional	zouden + gehaast worden		
		Conditional Perfect	zouden + gehaast zijn
Present Perfect	zijn + gehaast		

---

*This is used both as a transitive verb "to cause someone to hurry" and as an intransitive verb "to be in a hurry." The Dutch equivalent of "to be in a hurry" requires a reflexive construction, e.g., "ik haast me, jij haast je" (I hurry, you hurry).

PRINCIPAL PARTS: *halen, haalde, gehaald*
IMPERATIVE: *haal, haalt, haalt u*
INFINITIVES: *halen, hebben gehaald; worden gehaald, zijn gehaald*

halen
to fetch, get, go for

INDICATIVE ACTIVE

Present	ik haal	wij halen
	jij haalt (haal je?)	jullie halen
	hij haalt	zij halen
	u haalt	

Past	ik haalde	wij haalden
	jij haalde	jullie haalden
	hij haalde	zij haalden
	u haalde	

Future	ik zal halen	wij zullen halen
	jij zult (zal) halen	jullie zullen halen
	hij zal halen	zij zullen halen
	u zult halen	

Conditional	ik zou halen	wij zouden halen
	jij zou halen	jullie zouden halen
	hij zou halen	zij zouden halen
	u zou(dt) halen	

Present Perfect	ik heb gehaald	wij hebben gehaald
	jij hebt (heb je?) gehaald	jullie hebben gehaald
	hij heeft gehaald	zij hebben gehaald
	u hebt (heeft) gehaald	

Past Perfect	ik had gehaald	wij hadden gehaald
	jij had gehaald	jullie hadden gehaald
	hij had gehaald	zij hadden gehaald
	u had gehaald	

Future Perfect	ik zal gehaald hebben	wij zullen gehaald hebben
	jij zult (zal) gehaald hebben	jullie zullen gehaald hebben
	hij zal gehaald hebben	zij zullen gehaald hebben
	u zult gehaald hebben	

Conditional Perfect	ik zou gehaald hebben	wij zouden gehaald hebben
	jij zou gehaald hebben	jullie zouden gehaald hebben
	hij zou gehaald hebben	zij zouden gehaald hebben
	u zou(dt) gehaald hebben	

INDICATIVE PASSIVE (SYNOPSIS)

Present	worden + gehaald	*Past Perfect*	was + gehaald
Past	werden + gehaald		
Future	zullen + gehaald worden	*Future Perfect*	zullen + gehaald zijn
Conditional	zouden + gehaald worden		
Present Perfect	zijn + gehaald	*Conditional Perfect*	zouden + gehaald zijn

PRINCIPAL PARTS:	*hangen, hing, gehangen*
IMPERATIVE:	*hang, hangt, hangt u*
INFINITIVES:	*hangen, hebben gehangen; worden gehangen, zijn gehangen*

INDICATIVE ACTIVE

Present	ik hang	wij hangen
	jij hangt (hang je?)	jullie hangen
	hij hangt	zij hangen
	u hangt	
Past	ik hing	wij hingen
	jij hing	jullie hingen
	hij hing	zij hingen
	u hing	
Future	ik zal hangen	wij zullen hangen
	jij zult (zal) hangen	jullie zullen hangen
	hij zal hangen	zij zullen hangen
	u zult hangen	
Conditional	ik zou hangen	wij zouden hangen
	jij zou hangen	jullie zouden hangen
	hij zou hangen	zij zouden hangen
	u zou(dt) hangen	
Present	ik heb gehangen	wij hebben gehangen
Perfect	jij hebt (heb je?) gehangen	jullie hebben gehangen
	hij heeft gehangen	zij hebben gehangen
	u hebt (heeft) gehangen	
Past	ik had gehangen	wij hadden gehangen
Perfect	jij had gehangen	jullie hadden gehangen
	hij had gehangen	zij hadden gehangen
	u had gehangen	
Future	ik zal gehangen hebben	wij zullen gehangen hebben
Perfect	jij zult (zal) gehangen hebben	jullie zullen gehangen hebben
	hij zal gehangen hebben	zij zullen gehangen hebben
	u zult gehangen hebben	
Conditional	ik zou gehangen hebben	wij zouden gehangen hebben
Perfect	jij zou gehangen hebben	jullie zouden gehangen hebben
	hij zou gehangen hebben	zij zouden gehangen hebben
	u zou(dt) gehangen hebben	

INDICATIVE PASSIVE (SYNOPSIS)

Present	worden + gehangen	*Past Perfect*	was + gehangen
Past	werden + gehangen		
Future	zullen + gehangen worden	*Future Perfect*	zullen + gehangen zijn
Conditional	zouden + gehangen worden	*Conditional Perfect*	zouden + gehangen zijn
Present Perfect	zijn + gehangen		

---

*This verb is both transitive and intransitive.

PRINCIPAL PARTS:	*hebben, had, gehad*	**hebben***
IMPERATIVE:	*heb, hebt, hebt u*	*to have*
INFINITIVES:	*hebben, hebben gehad*	

INDICATIVE ACTIVE

Present	ik heb	wij hebben
	jij hebt (heb je?)	jullie hebben
	hij heeft	zij hebben
	u hebt (heeft)	

Past	ik had	wij hadden
	jij had	jullie hadden
	hij had	zij hadden
	u had	

Future	ik zal hebben	wij zullen hebben
	jij zult (zal) hebben	jullie zullen hebben
	hij zal hebben	zij zullen hebben
	u zult hebben	

Conditional	ik zou hebben	wij zouden hebben
	jij zou hebben	jullie zouden hebben
	hij zou hebben	zij zouden hebben
	u zou(dt) hebben	

Present Perfect	ik heb gehad	wij hebben gehad
	jij hebt (heb je?) gehad	jullie hebben gehad
	hij heeft gehad	zij hebben gehad
	u hebt (heeft) gehad	

Past Perfect	ik had gehad	wij hadden gehad
	jij had gehad	jullie hadden gehad
	hij had gehad	zij hadden gehad
	u had gehad	

Future Perfect	ik zal gehad hebben	wij zullen gehad hebben
	jij zult (zal) gehad hebben	jullie zullen gehad hebben
	hij zal gehad hebben	zij zullen gehad hebben
	u zult gehad hebben	

Conditional Perfect	ik zou gehad hebben	wij zouden gehad hebben
	jij zou gehad hebben	jullie zouden gehad hebben
	hij zou gehad hebben	zij zouden gehad hebben
	u zou(dt) gehad hebben	

---

*hebben also serves as the auxiliary for all transitive and some intransitive verbs in the present and past perfect tense, and combines with their past participle to form the perfect infinitive.

PRINCIPAL PARTS:	*heffen, hief, geheven*	**heffen**
IMPERATIVE:	*hef, heft, heft u*	*to raise, lift,*
INFINITIVES:	*heffen, hebben geheven; worden geheven, zijn geheven*	*levy (taxes)*

INDICATIVE ACTIVE

Present	ik hef	wij heffen
	jij heft (hef je?)	jullie heffen
	hij heft	zij heffen
	u heft	

Past	ik hief	wij hieven
	jij hief	jullie hieven
	hij hief	zij hieven
	u hief	

Future	ik zal heffen	wij zullen heffen
	jij zult (zal) heffen	jullie zullen heffen
	hij zal heffen	zij zullen heffen
	u zult heffen	

Conditional	ik zou heffen	wij zouden heffen
	jij zou heffen	jullie zouden heffen
	hij zou heffen	zij zouden heffen
	u zou(dt) heffen	

Present	ik heb geheven	wij hebben geheven
Perfect	jij hebt (heb je?) geheven	jullie hebben geheven
	hij heeft geheven	zij hebben geheven
	u hebt (heeft) geheven	

Past	ik had geheven	wij hadden geheven
Perfect	jij had geheven	jullie hadden geheven
	hij had geheven	zij hadden geheven
	u had geheven	

Future	ik zal geheven hebben	wij zullen geheven hebben
Perfect	jij zult (zal) geheven hebben	jullie zullen geheven hebben
	hij zal geheven hebben	zij zullen geheven hebben
	u zult geheven hebben	

Conditional	ik zou geheven hebben	wij zouden geheven hebben
Perfect	jij zou geheven hebben	jullie zouden geheven hebben
	hij zou geheven hebben	zij zouden geheven hebben
	u zou(dt) geheven hebben	

INDICATIVE PASSIVE (SYNOPSIS)

Present	worden + geheven	*Past Perfect*	was + geheven
Past	werden + geheven		
Future	zullen + geheven worden	*Future Perfect*	zullen + geheven zijn
Conditional	zouden + geheven worden		
Present Perfect	zijn + geheven	*Conditional Perfect*	zouden + geheven zijn

PRINCIPAL PARTS: *helpen, hielp, geholpen*
IMPERATIVE: *help, helpt, helpt u*
INFINITIVES: *helpen, hebben geholpen; worden geholpen, zijn geholpen*

helpen
to help

INDICATIVE ACTIVE

Present	ik help	wij helpen
	jij helpt (help je?)	jullie helpen
	hij helpt	zij helpen
	u helpt	

Past	ik hielp	wij hielpen
	jij hielp	jullie hielpen
	hij hielp	zij hielpen
	u hielp	

Future	ik zal helpen	wij zullen helpen
	jij zult (zal) helpen	jullie zullen helpen
	hij zal helpen	zij zullen helpen
	u zult helpen	

Conditional	ik zou helpen	wij zouden helpen
	jij zou helpen	jullie zouden helpen
	hij zou helpen	zij zouden helpen
	u zou(dt) helpen	

Present Perfect	ik heb geholpen	wij hebben geholpen
	jij hebt (heb je?) geholpen	jullie hebben geholpen
	hij heeft geholpen	zij hebben geholpen
	u hebt (heeft) geholpen	

Past Perfect	ik had geholpen	wij hadden geholpen
	jij had geholpen	jullie hadden geholpen
	hij had geholpen	zij hadden geholpen
	u had geholpen	

Future Perfect	ik zal geholpen hebben	wij zullen geholpen hebben
	jij zult (zal) geholpen hebben	jullie zullen geholpen hebben
	hij zal geholpen hebben	zij zullen geholpen hebben
	u zult geholpen hebben	

Conditional Perfect	ik zou geholpen hebben	wij zouden geholpen hebben
	jij zou geholpen hebben	jullie zouden geholpen hebben
	hij zou geholpen hebben	zij zouden geholpen hebben
	u zou(dt) geholpen hebben	

INDICATIVE PASSIVE (SYNOPSIS)

Present	worden + geholpen	Past Perfect	was + geholpen
Past	werden + geholpen		
Future	zullen + geholpen worden	Future Perfect	zullen + geholpen zijn
Conditional	zouden + geholpen worden	Conditional Perfect	zouden + geholpen zijn
Present Perfect	zijn + geholpen		

PRINCIPAL PARTS: *herinneren, herinnerde, herinnerd*
IMPERATIVE: *herinner, herinnert, herinnert u*
INFINITIVES: *herinneren, hebben herinnerd;*
worden herinnerd, zijn herinnerd

herinneren
to remind*;
to recall, remember†

INDICATIVE ACTIVE

Present	ik herinner	wij herinneren
	jij herinnert (herinner je?)	jullie herinneren
	hij herinnert	zij herinneren
	u herinnert	

Past	ik herinnerde	wij herinnerden
	jij herinnerde	jullie herinnerden
	hij herinnerde	zij herinnerden
	u herinnerde	

Future	ik zal herinneren	wij zullen herinneren
	jij zult (zal) herinneren	jullie zullen herinneren
	hij zal herinneren	zij zullen herinneren
	u zult herinneren	

Conditional	ik zou herinneren	wij zouden herinneren
	jij zou herinneren	jullie zouden herinneren
	hij zou herinneren	zij zouden herinneren
	u zou(dt) herinneren	

Present *Perfect*	ik heb herinnerd	wij hebben herinnerd
	jij hebt (heb je?) herinnerd	jullie hebben herinnerd
	hij heeft herinnerd	zij hebben herinnerd
	u hebt (heeft) herinnerd	

Past *Perfect*	ik had herinnerd	wij hadden herinnerd
	jij had herinnerd	jullie hadden herinnerd
	hij had herinnerd	zij hadden herinnerd
	u had herinnerd	

Future *Perfect*	ik zal herinnerd hebben	wij zullen herinnerd hebben
	jij zult (zal) herinnerd hebben	jullie zullen herinnerd hebben
	hij zal herinnerd hebben	zij zullen herinnerd hebben
	u zult herinnerd hebben	

Conditional *Perfect*	ik zou herinnerd hebben	wij zouden herinnerd hebben
	jij zou herinnerd hebben	jullie zouden herinnerd hebben
	hij zou herinnerd hebben	zij zouden herinnerd hebben
	u zou(dt) herinnerd hebben	

INDICATIVE PASSIVE (SYNOPSIS)

Present	worden + herinnerd	*Past* *Perfect*	was + herinnerd
Past	werden + herinnerd		
Future	zullen + herinnerd worden	*Future* *Perfect*	zullen + herinnerd zijn
Conditional	zouden + herinnerd worden	*Conditional* *Perfect*	zouden + herinnerd zijn
Present *Perfect*	zijn + herinnerd		

*Note the following formula: "iemand *aan* iets herinneren" (to remind someone of something).

†A reflexive construction is required: "Ik herinner *me* zijn naam niet" (I don't recall his name).

PRINCIPAL PARTS:	*heten, heette, geheten*
IMPERATIVE:	*heet, heet, heet u*
INFINITIVES:	*heten, hebben geheten;*
	worden geheten, zijn geheten

heten
to be called, be named;
to bid, command

INDICATIVE ACTIVE

Present	ik heet	wij heten
	jij heet (heet je?)	jullie heten
	hij heet	zij heten
	u heet	
Past	ik heette	wij heetten
	jij heette	jullie heetten
	hij heette	zij heetten
	u heette	
Future	ik zal heten	wij zullen heten
	jij zult (zal) heten	jullie zullen heten
	hij zal heten	zij zullen heten
	u zult heten	
Conditional	ik zou heten	wij zouden heten
	jij zou heten	jullie zouden heten
	hij zou heten	zij zouden heten
	u zou(dt) heten	
Present Perfect	ik heb geheten	wij hebben geheten
	jij hebt (heb je?) geheten	jullie hebben geheten
	hij heeft geheten	zij hebben geheten
	u hebt (heeft) geheten	
Past Perfect	ik had geheten	wij hadden geheten
	jij had geheten	jullie hadden geheten
	hij had geheten	zij hadden geheten
	u had geheten	
Future Perfect	ik zal geheten hebben	wij zullen geheten hebben
	jij zult (zal) geheten hebben	jullie zullen geheten hebben
	hij zal geheten hebben	zij zullen geheten hebben
	u zult geheten hebben	
Conditional Perfect	ik zou geheten hebben	wij zouden geheten hebben
	jij zou geheten hebben	jullie zouden geheten hebben
	hij zou geheten hebben	zij zouden geheten hebben
	u zou(dt) geheten hebben	

INDICATIVE PASSIVE (SYNOPSIS)*

Present	worden + geheten	*Past Perfect*	was + geheten
Past	werden + geheten		
Future	zullen + geheten worden	*Future Perfect*	zullen + geheten zijn
Conditional	zouden + geheten worden		
Present Perfect	zijn + geheten	*Conditional Perfect*	zouden + geheten zijn

*Passive forms refer primarily to *heten* meaning "to bid, command"; *heten* meaning "to be called, be named" may be used in the passive in very formal style, but the active voice, which is passive in <u>meaning</u> if not in form, is most common.

PRINCIPAL PARTS:	*horen, hoorde, gehoord*	**horen**
IMPERATIVE:	*hoor, hoort, hoort u*	*to hear*;*
INFINITIVES:	*horen, hebben gehoord; worden gehoord,*	*to belong, be proper*
	zijn gehoord	

INDICATIVE ACTIVE

Present	ik hoor	wij horen
	jij hoort (hoor je?)	jullie horen
	hij hoort	zij horen
	u hoort	

Past	ik hoorde	wij hoorden
	jij hoorde	jullie hoorden
	hij hoorde	zij hoorden
	u hoorde	

Future	ik zal horen	wij zullen horen
	jij zult (zal) horen	jullie zullen horen
	hij zal horen	zij zullen horen
	u zult horen	

Conditional	ik zou horen	wij zouden horen
	jij zou horen	jullie zouden horen
	hij zou horen	zij zouden horen
	u zou(dt) horen	

Present Perfect	ik heb gehoord	wij hebben gehoord
	jij hebt (heb je?) gehoord	jullie hebben gehoord
	hij heeft gehoord	zij hebben gehoord
	u hebt (heeft) gehoord	

Past Perfect	ik had gehoord	wij hadden gehoord
	jij had gehoord	jullie hadden gehoord
	hij had gehoord	zij hadden gehoord
	u had gehoord	

Future Perfect	ik zal gehoord hebben	wij zullen gehoord hebben
	jij zult (zal) gehoord hebben	jullie zullen gehoord hebben
	hij zal gehoord hebben	zij zullen gehoord hebben
	u zult gehoord hebben	

Conditional Perfect	ik zou gehoord hebben	wij zouden gehoord hebben
	jij zou gehoord hebben	jullie zouden gehoord hebben
	hij zou gehoord hebben	zij zouden gehoord hebben
	u zou(dt) gehoord hebben	

INDICATIVE PASSIVE (SYNOPSIS)*

Present	worden + gehoord	*Past Perfect*	was + gehoord
Past	werden + gehoord		
Future	zullen + gehoord worden	*Future Perfect*	zullen + gehoord zijn
Conditional	zouden + gehoord worden	*Conditional Perfect*	zouden + gehoord zijn
Present Perfect	zijn + gehoord		

---

*Passive forms are possible only with the meaning "to hear."

PRINCIPAL PARTS:	*houden, hield, gehouden*
IMPERATIVE:	*houd, houdt, houdt u*
INFINITIVES:	*houden, hebben gehouden;*
	worden gehouden, zijn gehouden

houden
to hold, keep, contain;
*to love, be fond of**

INDICATIVE ACTIVE

Present	ik hou(d)	wij houden
	jij houdt (hou je?)	jullie houden
	hij houdt	zij houden
	u houdt	

Past	ik hield	wij hielden
	jij hield	jullie hielden
	hij hield	zij hielden
	u hield	

Future	ik zal houden	wij zullen houden
	jij zult (zal) houden	jullie zullen houden
	hij zal houden	zij zullen houden
	u zult houden	

Conditional	ik zou houden	wij zouden houden
	jij zou houden	jullie zouden houden
	hij zou houden	zij zouden houden
	u zou(dt) houden	

Present Perfect	ik heb gehouden	wij hebben gehouden
	jij hebt (heb je?) gehouden	jullie hebben gehouden
	hij heeft gehouden	zij hebben gehouden
	u hebt (heeft) gehouden	

Past Perfect	ik had gehouden	wij hadden gehouden
	jij had gehouden	jullie hadden gehouden
	hij had gehouden	zij hadden gehouden
	u had gehouden	

Future Perfect	ik zal gehouden hebben	wij zullen gehouden hebben
	jij zult (zal) gehouden hebben	jullie zullen gehouden hebben
	hij zal gehouden hebben	zij zullen gehouden hebben
	u zult gehouden hebben	

Conditional Perfect	ik zou gehouden hebben	wij zouden gehouden hebben
	jij zou gehouden hebben	jullie zouden gehouden hebben
	hij zou gehouden hebben	zij zouden gehouden hebben
	u zou(dt) gehouden hebben	

INDICATIVE PASSIVE (SYNOPSIS)

Present	worden + gehouden	Past Perfect	was + gehouden
Past	werden + gehouden	Future Perfect	zullen + gehouden zijn
Future	zullen + gehouden worden		
Conditional	zouden + gehouden worden	Conditional Perfect	zouden + gehouden zijn
Present Perfect	zijn + gehouden		

*The preposition *van* follows for this meaning of the verb, e.g., "Hij houdt van haar" (He is fond of her).

92

PRINCIPAL PARTS:	*houwen, hieuw, gehouwen*	**houwen**
IMPERATIVE:	*houw, houwt, houwt u*	*to cut, hack, hew*
INFINITIVES:	*houwen, hebben gehouwen; worden gehouwen, zijn gehouwen*	

INDICATIVE ACTIVE

Present	ik houw	wij houwen
	jij houwt (houw je?)	jullie houwen
	hij houwt	zij houwen
	u houwt	

Past	ik hieuw	wij hieuwen
	jij hieuw	jullie hieuwen
	hij hieuw	zij hieuwen
	u hieuw	

Future	ik zal houwen	wij zullen houwen
	jij zult (zal) houwen	jullie zullen houwen
	hij zal houwen	zij zullen houwen
	u zult houwen	

Conditional	ik zou houwen	wij zouden houwen
	jij zou houwen	jullie zouden houwen
	hij zou houwen	zij zouden houwen
	u zou(dt) houwen	

Present	ik heb gehouwen	wij hebben gehouwen
Perfect	jij hebt (heb je?) gehouwen	jullie hebben gehouwen
	hij heeft gehouwen	zij hebben gehouwen
	u hebt (heeft) gehouwen	

Past	ik had gehouwen	wij hadden gehouwen
Perfect	jij had gehouwen	jullie hadden gehouwen
	hij had gehouwen	zij hadden gehouwen
	u had gehouwen	

Future	ik zal gehouwen hebben	wij zullen gehouwen hebben
Perfect	jij zult (zal) gehouwen hebben	jullie zullen gehouwen hebben
	hij zal gehouwen hebben	zij zullen gehouwen hebben
	u zult gehouwen hebben	

Conditional	ik zou gehouwen hebben	wij zouden gehouwen hebben
Perfect	jij zou gehouwen hebben	jullie zouden gehouwen hebben
	hij zou gehouwen hebben	zij zouden gehouwen hebben
	u zou(dt) gehouwen hebben	

INDICATIVE PASSIVE (SYNOPSIS)

Present	worden + gehouwen	*Past Perfect*	was + gehouwen
Past	werden + gehouwen		
Future	zullen + gehouwen worden	*Future Perfect*	zullen + gehouwen zijn
Conditional	zouden + gehouwen worden	*Conditional Perfect*	zouden + gehouwen zijn
Present Perfect	zijn + gehouwen		

PRINCIPAL PARTS:	*huren, huurde, gehuurd*	**huren**
IMPERATIVE:	*huur, huurt, huurt u*	*to rent (from)**
INFINITIVES:	*huren, hebben gehuurd; worden gehuurd, zijn gehuurd*	

INDICATIVE ACTIVE

Present	ik huur	wij huren
	jij huurt (huur je?)	jullie huren
	hij huurt	zij huren
	u huurt	

Past	ik huurde	wij huurden
	jij huurde	jullie huurden
	hij huurde	zij huurden
	u huurde	

Future	ik zal huren	wij zullen huren
	jij zult (zal) huren	jullie zullen huren
	hij zal huren	zij zullen huren
	u zult huren	

Conditional	ik zou huren	wij zouden huren
	jij zou huren	jullie zouden huren
	hij zou huren	zij zouden huren
	u zou(dt) huren	

Present Perfect	ik heb gehuurd	wij hebben gehuurd
	jij hebt (heb je?) gehuurd	jullie hebben gehuurd
	hij heeft gehuurd	zij hebben gehuurd
	u hebt (heeft) gehuurd	

Past Perfect	ik had gehuurd	wij hadden gehuurd
	jij had gehuurd	jullie hadden gehuurd
	hij had gehuurd	zij hadden gehuurd
	u had gehuurd	

Future Perfect	ik zal gehuurd hebben	wij zullen gehuurd hebben
	jij zult (zal) gehuurd hebben	jullie zullen gehuurd hebben
	hij zal gehuurd hebben	zij zullen gehuurd hebben
	u zult gehuurd hebben	

Conditional Perfect	ik zou gehuurd hebben	wij zouden gehuurd hebben
	jij zou gehuurd hebben	jullie zouden gehuurd hebben
	hij zou gehuurd hebben	zij zouden gehuurd hebben
	u zou(dt) gehuurd hebben	

INDICATIVE PASSIVE (SYNOPSIS)

Present	worden + gehuurd	*Past Perfect*	was + gehuurd
Past	werden + gehuurd		
Future	zullen + gehuurd worden	*Future Perfect*	zullen + gehuurd zijn
Conditional	zouden + gehuurd worden		
Present Perfect	zijn + gehuurd	*Conditional Perfect*	zouden + gehuurd zijn

---

*"to rent (to)" is rendered by the verb *verhuren*.

kennen, kende, gekend
ken, kent, kent u
kennen, hebben gekend

kennen
to know, be acquainted with

INDICATIVE ACTIVE

Present	ik ken	wij kennen
	jij kent (ken je?)	jullie kennen
	hij kent	zij kennen
	u kent	
Past	ik kende	wij kenden
	jij kende	jullie kenden
	hij kende	zij kenden
	u kende	
Future	ik zal kennen	wij zullen kennen
	jij zult (zal) kennen	jullie zullen kennen
	hij zal kennen	zij zullen kennen
	u zult kennen	
Conditional	ik zou kennen	wij zouden kennen
	jij zou kennen	jullie zouden kennen
	hij zou kennen	zij zouden kennen
	u zou(dt) kennen	
Present Perfect	ik heb gekend	wij hebben gekend
	jij hebt (heb je?) gekend	jullie hebben gekend
	hij heeft gekend	zij hebben gekend
	u hebt (heeft) gekend	
Past Perfect	ik had gekend	wij hadden gekend
	jij had gekend	jullie hadden gekend
	hij had gekend	zij hadden gekend
	u had gekend	
Future Perfect	ik zal gekend hebben	wij zullen gekend hebben
	jij zult (zal) gekend hebben	jullie zullen gekend hebben
	hij zal gekend hebben	zij zullen gekend hebben
	u zult gekend hebben	
Conditional Perfect	ik zou gekend hebben	wij zouden gekend hebben
	jij zou gekend hebben	jullie zouden gekend hebben
	hij zou gekend hebben	zij zouden gekend hebben
	u zou(dt) gekend hebben	

PRINCIPAL PARTS: *kiezen, koos, gekozen*
IMPERATIVE: *kies, kiest, kiest u*
INFINITIVES: *kiezen, hebben gekozen; worden gekozen, zijn gekozen*

kiezen
to choose, select

INDICATIVE ACTIVE

Present	ik kies jij kiest (kies je?) hij kiest u kiest	wij kiezen jullie kiezen zij kiezen
Past	ik koos jij koos hij koos u koos	wij kozen jullie kozen zij kozen
Future	ik zal kiezen jij zult (zal) kiezen hij zal kiezen u zult kiezen	wij zullen kiezen jullie zullen kiezen zij zullen kiezen
Conditional	ik zou kiezen jij zou kiezen hij zou kiezen u zou(dt) kiezen	wij zouden kiezen jullie zouden kiezen zij zouden kiezen
Present Perfect	ik heb gekozen jij hebt (heb je?) gekozen hij heeft gekozen u hebt (heeft) gekozen	wij hebben gekozen jullie hebben gekozen zij hebben gekozen
Past Perfect	ik had gekozen jij had gekozen hij had gekozen u had gekozen	wij hadden gekozen jullie hadden gekozen zij hadden gekozen
Future Perfect	ik zal gekozen hebben jij zult (zal) gekozen hebben hij zal gekozen hebben u zult gekozen hebben	wij zullen gekozen hebben jullie zullen gekozen hebben zij zullen gekozen hebben
Conditional Perfect	ik zou gekozen hebben jij zou gekozen hebben hij zou gekozen hebben u zou(dt) gekozen hebben	wij zouden gekozen hebben jullie zouden gekozen hebben zij zouden gekozen hebben

INDICATIVE PASSIVE (SYNOPSIS)

Present	worden + gekozen	Past Perfect	was + gekozen
Past	werden + gekozen		
Future	zullen + gekozen worden	Future Perfect	zullen + gekozen zijn
Conditional	zouden + gekozen worden		
Present Perfect	zijn + gekozen	Conditional Perfect	zouden + gekozen zijn

PRINCIPAL PARTS:	*kijken, keek, gekeken*
IMPERATIVE:	*kijk, kijkt, kijkt u*
INFINITIVES:	*kijken, hebben gekeken*

INDICATIVE ACTIVE

Present	ik kijk	wij kijken
	jij kijkt (kijk je?)	jullie kijken
	hij kijkt	zij kijken
	u kijkt	
Past	ik keek	wij keken
	jij keek	jullie keken
	hij keek	zij keken
	u keek	
Future	ik zal kijken	wij zullen kijken
	jij zult (zal) kijken	jullie zullen kijken
	hij zal kijken	zij zullen kijken
	u zult kijken	
Conditional	ik zou kijken	wij zouden kijken
	jij zou kijken	jullie zouden kijken
	hij zou kijken	zij zouden kijken
	u zou(dt) kijken	
Present Perfect	ik heb gekeken	wij hebben gekeken
	jij hebt (heb je?) gekeken	jullie hebben gekeken
	hij heeft gekeken	zij hebben gekeken
	u hebt (heeft) gekeken	
Past Perfect	ik had gekeken	wij hadden gekeken
	jij had gekeken	jullie hadden gekeken
	hij had gekeken	zij hadden gekeken
	u had gekeken	
Future Perfect	ik zal gekeken hebben	wij zullen gekeken hebben
	jij zult (zal) gekeken hebben	jullie zullen gekeken hebben
	hij zal gekeken hebben	zij zullen gekeken hebben
	u zult gekeken hebben	
Conditional Perfect	ik zou gekeken hebben	wij zouden gekeken hebben
	jij zou gekeken hebben	jullie zouden gekeken hebben
	hij zou gekeken hebben	zij zouden gekeken hebben
	u zou(dt) gekeken hebben	

INDICATIVE PASSIVE

Note that this verb does not form a regular passive, but that it occurs commonly in impersonal passive constructions. "Er wordt te veel naar de televisie gekeken" (Too much time is spent watching television).

---

*kijken normally functions as an intransitive verb. That which one looks at or upon becomes the object of a preposition, usually *op* or *naar*. Thus: "Hij kijkt op zijn horloge" (He looks at his watch), and "Wij kijken naar de televisie" (We look at television).

PRINCIPAL PARTS: *klimmen, klom, geklommen*
IMPERATIVE: *klim, klimt, klimt u*
INFINITIVES: *klimmen, hebben (zijn) geklommen*

klimmen
to climb, mount, ascend

INDICATIVE ACTIVE

Present	ik klim	wij klimmen
	jij klimt (klim je?)	jullie klimmen
	hij klimt	zij klimmen
	u klimt	

Past	ik klom	wij klommen
	jij klom	jullie klommen
	hij klom	zij klommen
	u klom	

Future	ik zal klimmen	wij zullen klimmen
	jij zult (zal) klimmen	jullie zullen klimmen
	hij zal klimmen	zij zullen klimmen
	u zult klimmen	

Conditional	ik zou klimmen	wij zouden klimmen
	jij zou klimmen	jullie zouden klimmen
	hij zou klimmen	zij zouden klimmen
	u zou(dt) klimmen	

Present Perfect*	ik heb geklommen	wij hebben geklommen
	jij hebt (heb je?) geklommen	jullie hebben geklommen
	hij heeft geklommen	zij hebben geklommen
	u hebt (heeft) geklommen	

Past Perfect*	ik had geklommen	wij hadden geklommen
	jij had geklommen	jullie hadden geklommen
	hij had geklommen	zij hadden geklommen
	u had geklommen	

Future Perfect*	ik zal geklommen hebben	wij zullen geklommen hebben
	jij zult (zal) geklommen hebben	jullie zullen geklommen hebben
	hij zal geklommen hebben	zij zullen geklommen hebben
	u zult geklommen hebben	

Conditional Perfect*	ik zou geklommen hebben	wij zouden geklommen hebben
	jij zou geklommen hebben	jullie zouden geklommen hebben
	hij zou geklommen hebben	zij zouden geklommen hebben
	u zou(dt) geklommen hebben	

---

*klimmen is conjugated here with the auxiliary *hebben*. If, however, the idea of motion <u>toward</u> a place is conveyed—by the preposition *op*, for example—*zijn* is used as the auxiliary in the present perfect <u>and</u> past perfect. In the future perfect and conditional perfect, *zijn* would replace *hebben* in forming the perfect infinitive.

PRINCIPAL PARTS: *klinken, klonk, geklonken*
IMPERATIVE: *klink, klinkt, klinkt u*
INFINITIVES: *klinken, hebben geklonken;*
worden geklonken, zijn geklonken

klinken
to ring, sound*;
to clink (glasses);
to rivet

INDICATIVE ACTIVE

Present	ik klink	wij klinken
	jij klinkt (klink je?)	jullie klinken
	hij klinkt	zij klinken
	u klinkt	

Past	ik klonk	wij klonken
	jij klonk	jullie klonken
	hij klonk	zij klonken
	u klonk	

Future	ik zal klinken	wij zullen klinken
	jij zult (zal) klinken	jullie zullen klinken
	hij zal klinken	zij zullen klinken
	u zult klinken	

Conditional	ik zou klinken	wij zouden klinken
	jij zou klinken	jullie zouden klinken
	hij zou klinken	zij zouden klinken
	u zou(dt) klinken	

Present Perfect	ik heb geklonken	wij hebben geklonken
	jij hebt (heb je?) geklonken	jullie hebben geklonken
	hij heeft geklonken	zij hebben geklonken
	u hebt (heeft) geklonken	

Past Perfect	ik had geklonken	wij hadden geklonken
	jij had geklonken	jullie hadden geklonken
	hij had geklonken	zij hadden geklonken
	u had geklonken	

Future Perfect	ik zal geklonken hebben	wij zullen geklonken hebben
	jij zult (zal) geklonken hebben	jullie zullen geklonken hebben
	hij zal geklonken hebben	zij zullen geklonken hebben
	u zult geklonken hebben	

Conditional Perfect	ik zou geklonken hebben	wij zouden geklonken hebben
	jij zou geklonken hebben	jullie zouden geklonken hebben
	hij zou geklonken hebben	zij zouden geklonken hebben
	u zou(dt) geklonken hebben	

INDICATIVE PASSIVE (SYNOPSIS)†

Present	worden + geklonken	*Past Perfect*	was + geklonken
Past	werden + geklonken		
Future	zullen + geklonken worden	*Future Perfect*	zullen + geklonken zijn
Conditional	zouden + geklonken worden	*Conditional Perfect*	zouden + geklonken zijn
Present Perfect	zijn + geklonken		

*Note the following usage: "haar stem klinkt zoet; dat klinkt formeel" (her voice sounds sweet; that sounds formal).
†Passive forms are possible only with the meanings "to clink" and "to rivet."

PRINCIPAL PARTS: *kloppen, klopte, geklopt*
IMPERATIVE: *klop, klopt, klopt u*
INFINITIVES: *kloppen, hebben geklopt; worden geklopt, zijn geklopt*

kloppen

to knock, tap, rap, beat, throb

INDICATIVE ACTIVE

Present	ik klop	wij kloppen
	jij klopt (klop je?)	jullie kloppen
	hij klopt	zij kloppen
	u klopt	

Past	ik klopte	wij klopten
	jij klopte	jullie klopten
	hij klopte	zij klopten
	u klopte	

Future	ik zal kloppen	wij zullen kloppen
	jij zult (zal) kloppen	jullie zullen kloppen
	hij zal kloppen	zij zullen kloppen
	u zult kloppen	

Conditional	ik zou kloppen	wij zouden kloppen
	jij zou kloppen	jullie zouden kloppen
	hij zou kloppen	zij zouden kloppen
	u zou(dt) kloppen	

Present Perfect	ik heb geklopt	wij hebben geklopt
	jij hebt (heb je?) geklopt	jullie hebben geklopt
	hij heeft geklopt	zij hebben geklopt
	u hebt (heeft) geklopt	

Past Perfect	ik had geklopt	wij hadden geklopt
	jij had geklopt	jullie hadden geklopt
	hij had geklopt	zij hadden geklopt
	u had geklopt	

Future Perfect	ik zal geklopt hebben	wij zullen geklopt hebben
	jij zult (zal) geklopt hebben	jullie zullen geklopt hebben
	hij zal geklopt hebben	zij zullen geklopt hebben
	u zult geklopt hebben	

Conditional Perfect	ik zou geklopt hebben	wij zouden geklopt hebben
	jij zou geklopt hebben	jullie zouden geklopt hebben
	hij zou geklopt hebben	zij zouden geklopt hebben
	u zou(dt) geklopt hebben	

INDICATIVE PASSIVE (SYNOPSIS)*

Present	worden + geklopt	*Past Perfect*	was + geklopt
Past	werden + geklopt		
Future	zullen + geklopt worden	*Future Perfect*	zullen + geklopt zijn
Conditional	zouden + geklopt worden	*Conditional Perfect*	zouden + geklopt zijn
Present Perfect	zijn + geklopt		

---

*An impersonal passive construction often occurs with *kloppen*, e.g., "Er wordt geklopt" (Someone is knocking at the door).

PRINCIPAL PARTS:	*koken, kookte, gekookt*
IMPERATIVE:	*kook, kookt, kookt u*
INFINITIVES:	*koken, hebben gekookt; worden gekookt, zijn gekookt*

INDICATIVE ACTIVE

Present	ik kook	wij koken
	jij kookt (kook je?)	jullie koken
	hij kookt	zij koken
	u kookt	
Past	ik kookte	wij kookten
	jij kookte	jullie kookten
	hij kookte	zij kookten
	u kookte	
Future	ik zal koken	wij zullen koken
	jij zult (zal) koken	jullie zullen koken
	hij zal koken	zij zullen koken
	u zult koken	
Conditional	ik zou koken	wij zouden koken
	jij zou koken	jullie zouden koken
	hij zou koken	zij zouden koken
	u zou(dt) koken	
Present	ik heb gekookt	wij hebben gekookt
Perfect	jij hebt (heb je?) gekookt	jullie hebben gekookt
	hij heeft gekookt	zij hebben gekookt
	u hebt (heeft) gekookt	
Past	ik had gekookt	wij hadden gekookt
Perfect	jij had gekookt	jullie hadden gekookt
	hij had gekookt	zij hadden gekookt
	u had gekookt	
Future	ik zal gekookt hebben	wij zullen gekookt hebben
Perfect	jij zult (zal) gekookt hebben	jullie zullen gekookt hebben
	hij zal gekookt hebben	zij zullen gekookt hebben
	u zult gekookt hebben	
Conditional	ik zou gekookt hebben	wij zouden gekookt hebben
Perfect	jij zou gekookt hebben	jullie zouden gekookt hebben
	hij zou gekookt hebben	zij zouden gekookt hebben
	u zou(dt) gekookt hebben	

INDICATIVE PASSIVE (SYNOPSIS)

Present	worden + gekookt		*Past Perfect*	was + gekookt
Past	werden + gekookt			
Future	zullen + gekookt worden		*Future Perfect*	zullen + gekookt zijn
Conditional	zouden + gekookt worden		*Conditional Perfect*	zouden + gekookt zijn
Present Perfect	zijn + gekookt			

---

*koken can also be used intransitively as in "het water kookt" (the water is boiling), and in the general sense of "ik kan goed koken" (I am a good cook).

PRINCIPAL PARTS: *komen, kwam, gekomen*
IMPERATIVE: *kom*, komt, komt u*
INFINITIVES: *komen, zijn gekomen*

komen
to come

INDICATIVE ACTIVE

Present	ik kom jij komt (kom je?) hij komt u komt	wij komen jullie komen zij komen
Past	ik kwam jij kwam hij kwam u kwam	wij kwamen† jullie kwamen zij kwamen
Future	ik zal komen jij zult (zal) komen hij zal komen u zult komen	wij zullen komen jullie zullen komen zij zullen komen
Conditional	ik zou komen jij zou komen hij zou komen u zou(dt) komen	wij zouden komen jullie zouden komen zij zouden komen
Present *Perfect*	ik ben gekomen jij bent (ben je?) gekomen hij is gekomen u bent (is) gekomen	wij zijn gekomen jullie zijn gekomen zij zijn gekomen
Past *Perfect*	ik was gekomen jij was gekomen hij was gekomen u was gekomen	wij waren gekomen jullie waren gekomen zij waren gekomen
Future *Perfect*	ik zal gekomen zijn jij zult (zal) gekomen zijn hij zal gekomen zijn u zult gekomen zijn	wij zullen gekomen zijn jullie zullen gekomen zijn zij zullen gekomen zijn
Conditional *Perfect*	ik zou gekomen zijn jij zou gekomen zijn hij zou gekomen zijn u zou(dt) gekomen zijn	wij zouden gekomen zijn jullie zouden gekomen zijn zij zouden gekomen zijn

---

*Note the irregular quantity of the *o* vowel. In the imperative and present singular it is short, while in the infinitive and present plural it is long.

†Note that the *a* vowel is long in the plural, while it is short in the singular.

PRINCIPAL PARTS:	*kopen, kocht, gekocht*	**kopen**
IMPERATIVE:	*koop, koopt, koopt u*	*to buy*
INFINITIVES:	*kopen, hebben gekocht; worden gekocht, zijn gekocht*	

INDICATIVE ACTIVE

Present	ik koop	wij kopen
	jij koopt (koop je?)	jullie kopen
	hij koopt	zij kopen
	u koopt	

Past	ik kocht	wij kochten
	jij kocht	jullie kochten
	hij kocht	zij kochten
	u kocht	

Future	ik zal kopen	wij zullen kopen
	jij zult (zal) kopen	jullie zullen kopen
	hij zal kopen	zij zullen kopen
	u zult kopen	

Conditional	ik zou kopen	wij zouden kopen
	jij zou kopen	jullie zouden kopen
	hij zou kopen	zij zouden kopen
	u zou(dt) kopen	

Present Perfect	ik heb gekocht	wij hebben gekocht
	jij hebt (heb je?) gekocht	jullie hebben gekocht
	hij heeft gekocht	zij hebben gekocht
	u hebt (heeft) gekocht	

Past Perfect	ik had gekocht	wij hadden gekocht
	jij had gekocht	jullie hadden gekocht
	hij had gekocht	zij hadden gekocht
	u had gekocht	

Future Perfect	ik zal gekocht hebben	wij zullen gekocht hebben
	jij zult (zal) gekocht hebben	jullie zullen gekocht hebben
	hij zal gekocht hebben	zij zullen gekocht hebben
	u zult gekocht hebben	

Conditional Perfect	ik zou gekocht hebben	wij zouden gekocht hebben
	jij zou gekocht hebben	jullie zouden gekocht hebben
	hij zou gekocht hebben	zij zouden gekocht hebben
	u zou(dt) gekocht hebben	

INDICATIVE PASSIVE (SYNOPSIS)

Present	worden + gekocht	*Past Perfect*	was + gekocht
Past	werden + gekocht		
Future	zullen + gekocht worden	*Future Perfect*	zullen + gekocht zijn
Conditional	zouden + gekocht worden		
Present Perfect	zijn + gekocht	*Conditional Perfect*	zouden + gekocht zijn

PRINCIPAL PARTS: *kosten, kostte, gekost*
IMPERATIVE: *Does not occur.*
INFINITIVES: *kosten, hebben gekost*

kosten*
to cost

INDICATIVE ACTIVE

Present	het kost (kosten)
Past	het kostte (kostten)
Future	het zal kosten (zullen kosten)
Conditional	het zou kosten (zouden kosten)
Present Perfect	het heeft gekost (hebben gekost)
Past Perfect	het had gekost (hadden gekost)
Future Perfect	het zal gekost hebben (zullen gekost hebben)
Conditional Perfect	het zou gekost hebben (zouden gekost hebben)

---

*kosten is normally an impersonal verb used only in the third person, singular and plural. It is conjugated here in the singular; third person plural forms follow in parentheses.

PRINCIPAL PARTS: *krijgen, kreeg, gekregen*
IMPERATIVE: *Does not occur.* *
INFINITIVES: *krijgen, hebben gekregen; worden gekregen, zijn gekregen*

krijgen
to get, receive, obtain, acquire

INDICATIVE ACTIVE

Present	ik krijg	wij krijgen
	jij krijgt (krijg je?)	jullie krijgen
	hij krijgt	zij krijgen
	u krijgt	

Past	ik kreeg	wij kregen
	jij kreeg	jullie kregen
	hij kreeg	zij kregen
	u kreeg	

Future	ik zal krijgen	wij zullen krijgen
	jij zult (zal) krijgen	jullie zullen krijgen
	hij zal krijgen	zij zullen krijgen
	u zult krijgen	

Conditional	ik zou krijgen	wij zouden krijgen
	jij zou krijgen	jullie zouden krijgen
	hij zou krijgen	zij zouden krijgen
	u zou(dt) krijgen	

Present Perfect	ik heb gekregen	wij hebben gekregen
	jij hebt (heb je?) gekregen	jullie hebben gekregen
	hij heeft gekregen	zij hebben gekregen
	u hebt (heeft) gekregen	

Past Perfect	ik had gekregen	wij hadden gekregen
	jij had gekregen	jullie hadden gekregen
	hij had gekregen	zij hadden gekregen
	u had gekregen	

Future Perfect	ik zal gekregen hebben	wij zullen gekregen hebben
	jij zult (zal) gekregen hebben	jullie zullen gekregen hebben
	hij zal gekregen hebben	zij zullen gekregen hebben
	u zult gekregen hebben	

Conditional Perfect	ik zou gekregen hebben	wij zouden gekregen hebben
	jij zou gekregen hebben	jullie zouden gekregen hebben
	hij zou gekregen hebben	zij zouden gekregen hebben
	u zou(dt) gekregen hebben	

INDICATIVE PASSIVE (SYNOPSIS)

Present	worden + gekregen	Past Perfect	was + gekregen
Past	werden + gekregen		
Future	zullen + gekregen worden	Future Perfect	zullen + gekregen zijn
Conditional	zouden + gekregen worden		
Present Perfect	zijn + gekregen	Conditional Perfect	zouden + gekregen zijn

*In English we say, "Get that!" and the like, but it is difficult to construct a convincing example of *krijgen* in the imperative.

PRINCIPAL PARTS:	*kruipen, kroop, gekropen*	**kruipen**
IMPERATIVE:	*kruip, kruipt, kruipt u*	*to creep, crawl*
INFINITIVES:	*kruipen, hebben (zijn) gekropen*	

INDICATIVE ACTIVE

Present	ik kruip	wij kruipen
	jij kruipt (kruip je?)	jullie kruipen
	hij kruipt	zij kruipen
	u kruipt	

Past	ik kroop	wij kropen
	jij kroop	jullie kropen
	hij kroop	zij kropen
	u kroop	

Future	ik zal kruipen	wij zullen kruipen
	jij zult (zal) kruipen	jullie zullen kruipen
	hij zal kruipen	zij zullen kruipen
	u zult kruipen	

Conditional	ik zou kruipen	wij zouden kruipen
	jij zou kruipen	jullie zouden kruipen
	hij zou kruipen	zij zouden kruipen
	u zou(dt) kruipen	

Present Perfect*	ik heb gekropen	wij hebben gekropen
	jij hebt (heb je?) gekropen	jullie hebben gekropen
	hij heeft gekropen	zij hebben gekropen
	u hebt (heeft) gekropen	

Past Perfect*	ik had gekropen	wij hadden gekropen
	jij had gekropen	jullie hadden gekropen
	hij had gekropen	zij hadden gekropen
	u had gekropen	

Future Perfect*	ik zal gekropen hebben	wij zullen gekropen hebben
	jij zult (zal) gekropen hebben	jullie zullen gekropen hebben
	hij zal gekropen hebben	zij zullen gekropen hebben
	u zult gekropen hebben	

Conditional Perfect*	ik zou gekropen hebben	wij zouden gekropen hebben
	jij zou gekropen hebben	jullie zouden gekropen hebben
	hij zou gekropen hebben	zij zouden gekropen hebben
	u zou(dt) gekropen hebben	

INDICATIVE PASSIVE

Note that this verb does not form a regular passive, but that it occurs commonly in impersonal passive constructions. For example, "In een crèche wordt er veel meer gekropen dan gelopen" (In a day-nursery there is more crawling than walking).

---

*kruipen is conjugated here with the auxiliary *hebben*. If, however, the idea of motion <u>toward</u> a place is conveyed—by the preposition *naar*, for example—*zijn* is used as the auxiliary in the present perfect and past perfect. In the future perfect and conditional perfect, *zijn* would replace *hebben* in forming the perfect infinitive.

PRINCIPAL PARTS: *kunnen, kon, gekund*
IMPERATIVE: *Does not occur.*
INFINITIVES: *kunnen, hebben gekund*

INDICATIVE ACTIVE

Present	ik kan	wij kunnen
	jij kunt* (kan)	jullie kunnen
	hij kan	zij kunnen
	u kunt (kan)	

Past	ik kon	wij konden
	jij kon	jullie konden
	hij kon	zij konden
	u kon	

Future	ik zal kunnen	wij zullen kunnen
	jij zult (zal) kunnen	jullie zullen kunnen
	hij zal kunnen	zij zullen kunnen
	u zult kunnen	

Conditional	ik zou kunnen	wij zouden kunnen
	jij zou kunnen	jullie zouden kunnen
	hij zou kunnen	zij zouden kunnen
	u zou(dt) kunnen	

Present Perfect†	ik heb gekund	wij hebben gekund
	jij hebt (heb je?) gekund	jullie hebben gekund
	hij heeft gekund	zij hebben gekund
	u hebt (heeft) gekund	

Past Perfect†	ik had gekund	wij hadden gekund
	jij had gekund	jullie hadden gekund
	hij had gekund	zij hadden gekund
	u had gekund	

Future Perfect†	ik zal gekund hebben	wij zullen gekund hebben
	jij zult (zal) gekund hebben	jullie zullen gekund hebben
	hij zal gekund hebben	zij zullen gekund hebben
	u zult gekund hebben	

Conditional Perfect†	ik zou gekund hebben	wij zouden gekund hebben
	jij zou gekund hebben	jullie zouden gekund hebben
	hij zou gekund hebben	zij zouden gekund hebben
	u zou(dt) gekund hebben	

---

*The *-t* is dropped when the verb precedes the pronoun. Thus, *jij kunt/kun je.*

†See the section "Modal Verbs" on pages 17 through 21 for a discussion of double infinitive constructions.

PRINCIPAL PARTS: *lachen, lachte, gelachen*
IMPERATIVE: *lach, lacht, lacht u*
INFINITIVES: *lachen, hebben gelachen*

lachen
to laugh

INDICATIVE ACTIVE

Present	ik lach	wij lachen
	jij lacht (lach je?)	jullie lachen
	hij lacht	zij lachen
	u lacht	
Past	ik lachte	wij lachten
	jij lachte	jullie lachten
	hij lachte	zij lachten
	u lachte	
Future	ik zal lachen	wij zullen lachen
	jij zult (zal) lachen	jullie zullen lachen
	hij zal lachen	zij zullen lachen
	u zult lachen	
Conditional	ik zou lachen	wij zouden lachen
	jij zou lachen	jullie zouden lachen
	hij zou lachen	zij zouden lachen
	u zou(dt) lachen	
Present Perfect	ik heb gelachen	wij hebben gelachen
	jij hebt (heb je?) gelachen	jullie hebben gelachen
	hij heeft gelachen	zij hebben gelachen
	u hebt (heeft) gelachen	
Past Perfect	ik had gelachen	wij hadden gelachen
	jij had gelachen	jullie hadden gelachen
	hij had gelachen	zij hadden gelachen
	u had gelachen	
Future Perfect	ik zal gelachen hebben	wij zullen gelachen hebben
	jij zult (zal) gelachen hebben	jullie zullen gelachen hebben
	hij zal gelachen hebben	zij zullen gelachen hebben
	u zult gelachen hebben	
Conditional Perfect	ik zou gelachen hebben	wij zouden gelachen hebben
	jij zou gelachen hebben	jullie zouden gelachen hebben
	hij zou gelachen hebben	zij zouden gelachen hebben
	u zou(dt) gelachen hebben	

INDICATIVE PASSIVE

Note that this verb does not form a regular passive, but that it commonly appears in impersonal passive constructions. For example, "Er wordt hartelijk om gelachen" (One has a good laugh over it).

PRINCIPAL PARTS: *laden, laadde, geladen*
IMPERATIVE: *laad, laadt, laadt u*
INFINITIVES: *laden, hebben geladen; worden geladen, zijn geladen*

laden
to load

INDICATIVE ACTIVE

Present	ik laad	wij laden
	jij laadt (laad je?)	jullie laden
	hij laadt	zij laden
	u laadt	

Past	ik laadde	wij laadden
	jij laadde	jullie laadden
	hij laadde	zij laadden
	u laadde	

Future	ik zal laden	wij zullen laden
	jij zult (zal) laden	jullie zullen laden
	hij zal laden	zij zullen laden
	u zult laden	

Conditional	ik zou laden	wij zouden laden
	jij zou laden	jullie zouden laden
	hij zou laden	zij zouden laden
	u zou(dt) laden	

Present Perfect	ik heb geladen	wij hebben geladen
	jij hebt (heb je?) geladen	jullie hebben geladen
	hij heeft geladen	zij hebben geladen
	u hebt (heeft) geladen	

Past Perfect	ik had geladen	wij hadden geladen
	jij had geladen	jullie hadden geladen
	hij had geladen	zij hadden geladen
	u had geladen	

Future Perfect	ik zal geladen hebben	wij zullen geladen hebben
	jij zult (zal) geladen hebben	jullie zullen geladen hebben
	hij zal geladen hebben	zij zullen geladen hebben
	u zult geladen hebben	

Conditional Perfect	ik zou geladen hebben	wij zouden geladen hebben
	jij zou geladen hebben	jullie zouden geladen hebben
	hij zou geladen hebben	zij zouden geladen hebben
	u zou(dt) geladen hebben	

INDICATIVE PASSIVE (SYNOPSIS)

Present	worden + geladen	*Past Perfect*	was + geladen
Past	werden + geladen		
Future	zullen + geladen worden	*Future Perfect*	zullen + geladen zijn
Conditional	zouden + geladen worden		
Present Perfect	zijn + geladen	*Conditional Perfect*	zouden + geladen zijn

PRINCIPAL PARTS: *laten, liet, gelaten*
IMPERATIVE: *laat, laat, laat u*
INFINITIVES: *laten, hebben gelaten;*
worden gelaten, zijn gelaten

laten

to let, allow, omit,
refrain from, cause, have done*

INDICATIVE ACTIVE

Present	ik laat	wij laten
	jij laat (laat je?)	jullie laten
	hij laat	zij laten
	u laat	

Past	ik liet	wij lieten
	jij liet	jullie lieten
	hij liet	zij lieten
	u liet	

Future	ik zal laten	wij zullen laten
	jij zult (zal) laten	jullie zullen laten
	hij zal laten	zij zullen laten
	u zult laten	

Conditional	ik zou laten	wij zouden laten
	jij zou laten	jullie zouden laten
	hij zou laten	zij zouden laten
	u zou(dt) laten	

Present Perfect	ik heb gelaten	wij hebben gelaten
	jij hebt (heb je?) gelaten	jullie hebben gelaten
	hij heeft gelaten	zij hebben gelaten
	u hebt (heeft) gelaten	

Past Perfect	ik had gelaten	wij hadden gelaten
	jij had gelaten	jullie hadden gelaten
	hij had gelaten	zij hadden gelaten
	u had gelaten	

Future Perfect	ik zal gelaten hebben	wij zullen gelaten hebben
	jij zult (zal) gelaten hebben	jullie zullen gelaten hebben
	hij zal gelaten hebben	zij zullen gelaten hebben
	u zult gelaten hebben	

Conditional Perfect	ik zou gelaten hebben	wij zouden gelaten hebben
	jij zou gelaten hebben	jullie zouden gelaten hebben
	hij zou gelaten hebben	zij zouden gelaten hebben
	u zou(dt) gelaten hebben	

INDICATIVE PASSIVE (SYNOPSIS)

Present	worden + gelaten		Past Perfect	was + gelaten
Past	werden + gelaten			
Future	zullen + gelaten worden		Future Perfect	zullen + gelaten zijn
Conditional	zouden + gelaten worden			
Present Perfect	zijn + gelaten		Conditional Perfect	zouden + gelaten zijn

---

*Note the following construction: "Wij lieten een huis bouwen" (We had a house built).

PRINCIPAL PARTS:	*leggen, legde, gelegd*
IMPERATIVE:	*leg, legt, legt u*
INFINITIVES:	*leggen, hebben gelegd; worden gelegd, zijn gelegd*

INDICATIVE ACTIVE

Present	ik leg	wij leggen
	jij legt (leg je?)	jullie leggen
	hij legt	zij leggen
	u legt	

Past	ik legde	wij legden
	jij legde	jullie legden
	hij legde	zij legden
	u legde	

Future	ik zal leggen	wij zullen leggen
	jij zult (zal) leggen	jullie zullen leggen
	hij zal leggen	zij zullen leggen
	u zult leggen	

Conditional	ik zou leggen	wij zouden leggen
	jij zou leggen	jullie zouden leggen
	hij zou leggen	zij zouden leggen
	u zou(dt) leggen	

Present Perfect	ik heb gelegd	wij hebben gelegd
	jij hebt (heb je?) gelegd	jullie hebben gelegd
	hij heeft gelegd	zij hebben gelegd
	u hebt (heeft) gelegd	

Past Perfect	ik had gelegd	wij hadden gelegd
	jij had gelegd	jullie hadden gelegd
	hij had gelegd	zij hadden gelegd
	u had gelegd	

Future Perfect	ik zal gelegd hebben	wij zullen gelegd hebben
	jij zult (zal) gelegd hebben	jullie zullen gelegd hebben
	hij zal gelegd hebben	zij zullen gelegd hebben
	u zult gelegd hebben	

Conditional Perfect	ik zou gelegd hebben	wij zouden gelegd hebben
	jij zou gelegd hebben	jullie zouden gelegd hebben
	hij zou gelegd hebben	zij zouden gelegd hebben
	u zou(dt) gelegd hebben	

INDICATIVE PASSIVE (SYNOPSIS)

Present	worden + gelegd	*Past Perfect*	was + gelegd
Past	werden + gelegd		
Future	zullen + gelegd worden	*Future Perfect*	zullen + gelegd zijn
Conditional	zouden + gelegd worden		
Present Perfect	zijn + gelegd	*Conditional Perfect*	zouden + gelegd zijn

PRINCIPAL PARTS:	*leiden, leidde, geleid*	**leiden**
IMPERATIVE:	*leid, leidt, leidt u*	*to lead, guide*
INFINITIVES:	*leiden, hebben geleid; worden geleid, zijn geleid*	

INDICATIVE ACTIVE

Present	ik leid	wij leiden
	jij leidt (leid je?)	jullie leiden
	hij leidt	zij leiden
	u leidt	

Past	ik leidde	wij leidden
	jij leidde	jullie leidden
	hij leidde	zij leidden
	u leidde	

Future	ik zal leiden	wij zullen leiden
	jij zult (zal) leiden	jullie zullen leiden
	hij zal leiden	zij zullen leiden
	u zult leiden	

Conditional	ik zou leiden	wij zouden leiden
	jij zou leiden	jullie zouden leiden
	hij zou leiden	zij zouden leiden
	u zou(dt) leiden	

Present Perfect	ik heb geleid	wij hebben geleid
	jij hebt (heb je?) geleid	jullie hebben geleid
	hij heeft geleid	zij hebben geleid
	u hebt (heeft) geleid	

Past Perfect	ik had geleid	wij hadden geleid
	jij had geleid	jullie hadden geleid
	hij had geleid	zij hadden geleid
	u had geleid	

Future Perfect	ik zal geleid hebben	wij zullen geleid hebben
	jij zult (zal) geleid hebben	jullie zullen geleid hebben
	hij zal geleid hebben	zij zullen geleid hebben
	u zult geleid hebben	

Conditional Perfect	ik zou geleid hebben	wij zouden geleid hebben
	jij zou geleid hebben	jullie zouden geleid hebben
	hij zou geleid hebben	zij zouden geleid hebben
	u zou(dt) geleid hebben	

INDICATIVE PASSIVE (SYNOPSIS)

Present	worden + geleid	Past Perfect	was + geleid
Past	werden + geleid		
Future	zullen + geleid worden	Future Perfect	zullen + geleid zijn
Conditional	zouden + geleid worden		
Present Perfect	zijn + geleid	Conditional Perfect	zouden + geleid zijn

PRINCIPAL PARTS: *lenen, leende, geleend*
IMPERATIVE: *leen, leent, leent u*
INFINITIVES: *lenen, hebben geleend; worden geleend, zijn geleend*

lenen
to lend*;
to borrow†

INDICATIVE ACTIVE

Present	ik leen	wij lenen
	jij leent (leen je?)	jullie lenen
	hij leent	zij lenen
	u leent	

Past	ik leende	wij leenden
	jij leende	jullie leenden
	hij leende	zij leenden
	u leende	

Future	ik zal lenen	wij zullen lenen
	jij zult (zal) lenen	jullie zullen lenen
	hij zal lenen	zij zullen lenen
	u zult lenen	

Conditional	ik zou lenen	wij zouden lenen
	jij zou lenen	jullie zouden lenen
	hij zou lenen	zij zouden lenen
	u zou(dt) lenen	

Present *Perfect*	ik heb geleend	wij hebben geleend
	jij hebt (heb je?) geleend	jullie hebben geleend
	hij heeft geleend	zij hebben geleend
	u hebt (heeft) geleend	

Past *Perfect*	ik had geleend	wij hadden geleend
	jij had geleend	jullie hadden geleend
	hij had geleend	zij hadden geleend
	u had geleend	

Future *Perfect*	ik zal geleend hebben	wij zullen geleend hebben
	jij zult (zal) geleend hebben	jullie zullen geleend hebben
	hij zal geleend hebben	zij zullen geleend hebben
	u zult geleend hebben	

Conditional *Perfect*	ik zou geleend hebben	wij zouden geleend hebben
	jij zou geleend hebben	jullie zouden geleend hebben
	hij zou geleend hebben	zij zouden geleend hebben
	u zou(dt) geleend hebben	

INDICATIVE PASSIVE (SYNOPSIS)

Present	worden + geleend	*Past* *Perfect*	was + geleend
Past	werden + geleend		
Future	zullen + geleend worden	*Future* *Perfect*	zullen + geleend zijn
Conditional	zouden + geleend worden		
Present *Perfect*	zijn + geleend	*Conditional* *Perfect*	zouden + geleend zijn

---

*Note the following preposition: "Ik leen het boek *aan* hem" (I lend him the book).
†Note the change in prepositions: "Ik leen het boek *van* hem" (I borrow the book from him).

PRINCIPAL PARTS: *leren, leerde, geleerd*
IMPERATIVE: *leer, leert, leert u*
INFINITIVES: *leren, hebben geleerd; worden geleerd, zijn geleerd*

leren
to teach*;
to learn*

INDICATIVE ACTIVE

Present	ik leer jij leert (leer je?) hij leert u leert	wij leren jullie leren zij leren
Past	ik leerde jij leerde hij leerde u leerde	wij leerden jullie leerden zij leerden
Future	ik zal leren jij zult (zal) leren hij zal leren u zult leren	wij zullen leren jullie zullen leren zij zullen leren
Conditional	ik zou leren jij zou leren hij zou leren u zou(dt) leren	wij zouden leren jullie zouden leren zij zouden leren
Present Perfect	ik heb geleerd jij hebt (heb je?) geleerd hij heeft geleerd u hebt (heeft) geleerd	wij hebben geleerd jullie hebben geleerd zij hebben geleerd
Past Perfect	ik had geleerd jij had geleerd hij had geleerd u had geleerd	wij hadden geleerd jullie hadden geleerd zij hadden geleerd
Future Perfect	ik zal geleerd hebben jij zult (zal) geleerd hebben hij zal geleerd hebben u zult geleerd hebben	wij zullen geleerd hebben jullie zullen geleerd hebben zij zullen geleerd hebben
Conditional Perfect	ik zou geleerd hebben jij zou geleerd hebben hij zou geleerd hebben u zou(dt) geleerd hebben	wij zouden geleerd hebben jullie zouden geleerd hebben zij zouden geleerd hebben

INDICATIVE PASSIVE (SYNOPSIS)

Present	worden + geleerd	*Past Perfect*	was + geleerd
Past	werden + geleerd	*Future Perfect*	zullen + geleerd zijn
Future	zullen + geleerd worden	*Conditional Perfect*	zouden + geleerd zijn
Conditional	zouden + geleerd worden		
Present Perfect	zijn + geleerd		

*One can almost always distinguish the two opposite meanings of this verb from sentence context, e.g., "Hij leert Piet lezen" (He is <u>teaching</u> Piet to read), "Hij heeft het gedicht van buiten geleerd" (He has <u>learned</u> the poem by heart).

PRINCIPAL PARTS:	*leven, leefde, geleefd*
IMPERATIVE:	*leef, leeft, leeft u*
INFINITIVES:	*leven, hebben geleefd*

INDICATIVE ACTIVE

Present	ik leef	wij leven
	jij leeft (leef je?)	jullie leven
	hij leeft	zij leven
	u leeft	
Past	ik leefde	wij leefden
	jij leefde	jullie leefden
	hij leefde	zij leefden
	u leefde	
Future	ik zal leven	wij zullen leven
	jij zult (zal) leven	jullie zullen leven
	hij zal leven	zij zullen leven
	u zult leven	
Conditional	ik zou leven	wij zouden leven
	jij zou leven	jullie zouden leven
	hij zou leven	zij zouden leven
	u zou(dt) leven	
Present Perfect	ik heb geleefd	wij hebben geleefd
	jij hebt (heb je?) geleefd	jullie hebben geleefd
	hij heeft geleefd	zij hebben geleefd
	u hebt (heeft) geleefd	
Past Perfect	ik had geleefd	wij hadden geleefd
	jij had geleefd	jullie hadden geleefd
	hij had geleefd	zij hadden geleefd
	u had geleefd	
Future Perfect	ik zal geleefd hebben	wij zullen geleefd hebben
	jij zult (zal) geleefd hebben	jullie zullen geleefd hebben
	hij zal geleefd hebben	zij zullen geleefd hebben
	u zult geleefd hebben	
Conditional Perfect	ik zou geleefd hebben	wij zouden geleefd hebben
	jij zou geleefd hebben	jullie zouden geleefd hebben
	hij zou geleefd hebben	zij zouden geleefd hebben
	u zou(dt) geleefd hebben	

PRINCIPAL PARTS: *lezen, las, gelezen*
IMPERATIVE: *lees, leest, leest u*
INFINITIVES: *lezen, hebben gelezen; worden gelezen, zijn gelezen*

lezen
to read, gather, glean

INDICATIVE ACTIVE

Present	ik lees	wij lezen
	jij leest (lees je?)	jullie lezen
	hij leest	zij lezen
	u leest	

Past	ik las	wij lazen *
	jij las	jullie lazen
	hij las	zij lazen
	u las	

Future	ik zal lezen	wij zullen lezen
	jij zult (zal) lezen	jullie zullen lezen
	hij zal lezen	zij zullen lezen
	u zult lezen	

Conditional	ik zou lezen	wij zouden lezen
	jij zou lezen	jullie zouden lezen
	hij zou lezen	zij zouden lezen
	u zou(dt) lezen	

Present Perfect	ik heb gelezen	wij hebben gelezen
	jij hebt (heb je?) gelezen	jullie hebben gelezen
	hij heeft gelezen	zij hebben gelezen
	u hebt (heeft) gelezen	

Past Perfect	ik had gelezen	wij hadden gelezen
	jij had gelezen	jullie hadden gelezen
	hij had gelezen	zij hadden gelezen
	u had gelezen	

Future Perfect	ik zal gelezen hebben	wij zullen gelezen hebben
	jij zult (zal) gelezen hebben	jullie zullen gelezen hebben
	hij zal gelezen hebben	zij zullen gelezen hebben
	u zult gelezen hebben	

Conditional Perfect	ik zou gelezen hebben	wij zouden gelezen hebben
	jij zou gelezen hebben	jullie zouden gelezen hebben
	hij zou gelezen hebben	zij zouden gelezen hebben
	u zou(dt) gelezen hebben	

INDICATIVE PASSIVE (SYNOPSIS)

Present	worden + gelezen	*Past Perfect*	was + gelezen
Past	werden + gelezen		
Future	zullen + gelezen worden	*Future Perfect*	zullen + gelezen zijn
Conditional	zouden + gelezen worden	*Conditional Perfect*	zouden + gelezen zijn
Present Perfect	zijn + gelezen		

*Note that the *a* vowel is long in the plural, while it is short in the singular.

PRINCIPAL PARTS: *liegen, loog, gelogen*
IMPERATIVE: *lieg, liegt, liegt u*
INFINITIVES: *liegen, hebben gelogen*

INDICATIVE ACTIVE

Present	ik lieg	wij liegen
	jij liegt (lieg je?)	jullie liegen
	hij liegt	zij liegen
	u liegt	

Past	ik loog	wij logen
	jij loog	jullie logen
	hij loog	zij logen
	u loog	

Future	ik zal liegen	wij zullen liegen
	jij zult (zal) liegen	jullie zullen liegen
	hij zal liegen	zij zullen liegen
	u zult liegen	

Conditional	ik zou liegen	wij zouden liegen
	jij zou liegen	jullie zouden liegen
	hij zou liegen	zij zouden liegen
	u zou(dt) liegen	

Present *Perfect*	ik heb gelogen	wij hebben gelogen
	jij hebt (heb je?) gelogen	jullie hebben gelogen
	hij heeft gelogen	zij hebben gelogen
	u hebt (heeft) gelogen	

Past *Perfect*	ik had gelogen	wij hadden gelogen
	jij had gelogen	jullie hadden gelogen
	hij had gelogen	zij hadden gelogen
	u had gelogen	

Future *Perfect*	ik zal gelogen hebben	wij zullen gelogen hebben
	jij zult (zal) gelogen hebben	jullie zullen gelogen hebben
	hij zal gelogen hebben	zij zullen gelogen hebben
	u zult gelogen hebben	

Conditional *Perfect*	ik zou gelogen hebben	wij zouden gelogen hebben
	jij zou gelogen hebben	jullie zouden gelogen heben
	hij zou gelogen hebben	zij zouden gelogen hebben
	u zou(dt) gelogen hebben	

INDICATIVE PASSIVE

Note that this verb does not form a regular passive, but that it appears commonly in impersonal passive constructions. For example, "Er wordt op een schaamteloze manier gelogen" (The most brazen lies are being told).

PRINCIPAL PARTS: *liggen, lag, gelegen*
IMPERATIVE: *lig, ligt, ligt u*
INFINITIVES: *liggen, hebben gelegen*

liggen
to lie, be situated

INDICATIVE ACTIVE

Present	ik lig	wij liggen
	jij ligt (lig je?)	jullie liggen
	hij ligt	zij liggen
	u ligt	
Past	ik lag	wij lagen*
	jij lag	jullie lagen
	hij lag	zij lagen
	u lag	
Future	ik zal liggen	wij zullen liggen
	jij zult (zal) liggen	jullie zullen liggen
	hij zal liggen	zij zullen liggen
	u zult liggen	
Conditional	ik zou liggen	wij zouden liggen
	jij zou liggen	jullie zouden liggen
	hij zou liggen	zij zouden liggen
	u zou(dt) liggen	
Present Perfect	ik heb gelegen	wij hebben gelegen
	jij hebt (heb je?) gelegen	jullie hebben gelegen
	hij heeft gelegen	zij hebben gelegen
	u hebt (heeft) gelegen	
Past Perfect	ik had gelegen	wij hadden gelegen
	jij had gelegen	jullie hadden gelegen
	hij had gelegen	zij hadden gelegen
	u had gelegen	
Future Perfect	ik zal gelegen hebben	wij zullen gelegen hebben
	jij zult (zal) gelegen hebben	jullie zullen gelegen hebben
	hij zal gelegen hebben	zij zullen gelegen hebben
	u zult gelegen hebben	
Conditional Perfect	ik zou gelegen hebben	wij zouden gelegen hebben
	jij zou gelegen hebben	jullie zouden gelegen hebben
	hij zou gelegen hebben	zij zouden gelegen hebben
	u zou(dt) gelegen hebben	

INDICATIVE PASSIVE

Note that this verb does not form a regular passive, but that it occurs commonly in impersonal passive constructions. For example, "Er wordt bij mooi weer veel in de zon gelegen" (People often sunbathe when the weather is nice).

---

*Note that the *a* vowel is long in the plural, while it is short in the singular.

PRINCIPAL PARTS: *lijden, leed, geleden*
IMPERATIVE: *lijd, lijdt, lijdt u*
INFINITIVES: *lijden, hebben geleden; worden geleden, zijn geleden*

INDICATIVE ACTIVE

Present	ik lijd	wij lijden
	jij lijdt (lijd je?)	jullie lijden
	hij lijdt	zij lijden
	u lijdt	
Past	ik leed	wij leden
	jij leed	jullie leden
	hij leed	zij leden
	u leed	
Future	ik zal lijden	wij zullen lijden
	jij zult (zal) lijden	jullie zullen lijden
	hij zal lijden	zij zullen lijden
	u zult lijden	
Conditional	ik zou lijden	wij zouden lijden
	jij zou lijden	jullie zouden lijden
	hij zou lijden	zij zouden lijden
	u zou(dt) lijden	
Present Perfect	ik heb geleden	wij hebben geleden
	jij hebt (heb je?) geleden	jullie hebben geleden
	hij heeft geleden	zij hebben geleden
	u hebt (heeft) geleden	
Past Perfect	ik had geleden	wij hadden geleden
	jij had geleden	jullie hadden geleden
	hij had geleden	zij hadden geleden
	u had geleden	
Future Perfect	ik zal geleden hebben	wij zullen geleden hebben
	jij zult (zal) geleden hebben	jullie zullen geleden hebben
	hij zal geleden hebben	zij zullen geleden hebben
	u zult geleden hebben	
Conditional Perfect	ik zou geleden hebben	wij zouden geleden hebben
	jij zou geleden hebben	jullie zouden geleden hebben
	hij zou geleden hebben	zij zouden geleden hebben
	u zou(dt) geleden hebben	

INDICATIVE PASSIVE (SYNOPSIS)

Present	worden + geleden		*Past Perfect*	was + geleden
Past	werden + geleden			
Future	zullen + geleden worden		*Future Perfect*	zullen + geleden zijn
Conditional	zouden + geleden worden		*Conditional*	zouden + geleden zijn
Present Perfect	zijn + geleden			

*In connection with the modal verb *mogen*, this verb takes on the meaning "to like." Thus, "Zij mag hem wel lijden" (She rather likes him).

PRINCIPAL PARTS:	*lijken, leek, geleken*
IMPERATIVE:	*Does not occur.*
INFINITIVES:	*lijken, hebben geleken*

lijken
to be like, look like*;
to seem, appear†

INDICATIVE ACTIVE

Present	ik lijk	wij lijken
	jij lijkt (lijk je?)	jullie lijken
	hij lijkt	zij lijken
	u lijkt	

Past	ik leek	wij leken
	jij leek	jullie leken
	hij leek	zij leken
	u leek	

Future	ik zal lijken	wij zullen lijken
	jij zult (zal) lijken	jullie zullen lijken
	hij zal lijken	zij zullen lijken
	u zult lijken	

Conditional	ik zou lijken	wij zouden lijken
	jij zou lijken	jullie zouden lijken
	hij zou lijken	zij zouden lijken
	u zou(dt) lijken	

Present Perfect	ik heb geleken	wij hebben geleken
	jij hebt (heb je?) geleken	jullie hebben geleken
	hij heeft geleken	zij hebben geleken
	u hebt (heeft) geleken	

Past Perfect	ik had geleken	wij hadden geleken
	jij had geleken	jullie hadden geleken
	hij had geleken	zij hadden geleken
	u had geleken	

Future Perfect	ik zal geleken hebben	wij zullen geleken hebben
	jij zult (zal) geleken hebben	jullie zullen geleken hebben
	hij zal geleken hebben	zij zullen geleken hebben
	u zult geleken hebben	

Conditional Perfect	ik zou geleken hebben	wij zouden geleken hebben
	jij zou geleken hebben	jullie zouden geleken hebben
	hij zou geleken hebben	zij zouden geleken hebben
	u zou(dt) geleken hebben	

---

*The preposition *op* often follows this verb. Thus, "Ik lijk op mijn vader" (I look like my father).

†A dependent clause introduced by *alsof* often follows. Thus, "Het lijkt alsof . . ." (It appears that . . .).

PRINCIPAL PARTS:	*lopen, liep, gelopen*	**lopen**
IMPERATIVE:	*loop, loopt, loopt u*	*to walk, run;*
INFINITIVES:	*lopen, hebben (zijn) gelopen*	*run (trains, clocks, machines, rivers, etc.)*

INDICATIVE ACTIVE

Present	ik loop	wij lopen
	jij loopt (loop je?)	jullie lopen
	hij loopt	zij lopen
	u loopt	

Past	ik liep	wij liepen
	jij liep	jullie liepen
	hij liep	zij liepen
	u liep	

Future	ik zal lopen	wij zullen lopen
	jij zult (zal) lopen	jullie zullen lopen
	hij zal lopen	zij zullen lopen
	u zult lopen	

Conditional	ik zou lopen	wij zouden lopen
	jij zou lopen	jullie zouden lopen
	hij zou lopen	zij zouden lopen
	u zou(dt) lopen	

*Present Perfect**	ik heb gelopen	wij hebben gelopen
	jij hebt (heb je?) gelopen	jullie hebben gelopen
	hij heeft gelopen	zij hebben gelopen
	u hebt (heeft) gelopen	

*Past Perfect**	ik had gelopen	wij hadden gelopen
	jij had gelopen	jullie hadden gelopen
	hij had gelopen	zij hadden gelopen
	u had gelopen	

*Future Perfect**	ik zal gelopen hebben	wij zullen gelopen hebben
	jij zult (zal) gelopen hebben	jullie zullen gelopen hebben
	hij zal gelopen hebben	zij zullen gelopen hebben
	u zult gelopen hebben	

*Conditional Perfect**	ik zou gelopen hebben	wij zouden gelopen hebben
	jij zou gelopen hebben	jullie zouden gelopen hebben
	hij zou gelopen hebben	zij zouden gelopen hebben
	u zou(dt) gelopen hebben	

INDICATIVE PASSIVE

Note that this verb does not form a regular passive, but that it occurs commonly in impersonal passive constructions. For example, "Er wordt gelopen en gesprongen" (There is running and jumping).

---

*lopen is conjugated here with the auxiliary *hebben*. If, however, the idea of motion toward a place is conveyed—by the preposition *naar*, for example—*zijn* is used as the auxiliary in the present perfect and past perfect. In the future perfect and conditional perfect, *zijn* would replace *hebben* in forming the perfect infinitive.

PRINCIPAL PARTS: *luisteren, luisterde, geluisterd*
IMPERATIVE: *luister, luistert, luistert u*
INFINITIVES: *luisteren, hebben geluisterd*

luisteren
to listen (to)*;
to obey, follow*

INDICATIVE ACTIVE

Present	ik luister	wij luisteren
	jij luistert (luister je?)	jullie luisteren
	hij luistert	zij luisteren
	u luistert	

Past	ik luisterde	wij luisterden
	jij luisterde	jullie luisterden
	hij luisterde	zij luisterden
	u luisterde	

Future	ik zal luisteren	wij zullen luisteren
	jij zult (zal) luisteren	jullie zullen luisteren
	hij zal luisteren	zij zullen luisteren
	u zult luisteren	

Conditional	ik zou luisteren	wij zouden luisteren
	jij zou luisteren	jullie zouden luisteren
	hij zou luisteren	zij zouden luisteren
	u zou(dt) luisteren	

Present Perfect	ik heb geluisterd	wij hebben geluisterd
	jij hebt (heb je?) geluisterd	jullie hebben geluisterd
	hij heeft geluisterd	zij hebben geluisterd
	u hebt (heeft) geluisterd	

Past Perfect	ik had geluisterd	wij hadden geluisterd
	jij had geluisterd	jullie hadden geluisterd
	hij had geluisterd	zij hadden geluisterd
	u had geluisterd	

Future Perfect	ik zal geluisterd hebben	wij zullen geluisterd hebben
	jij zult (zal) geluisterd hebben	jullie zullen geluisterd hebben
	hij zal geluisterd hebben	zij zullen geluisterd hebben
	u zult geluisterd hebben	

Conditional Perfect	ik zou geluisterd hebben	wij zouden geluisterd hebben
	jij zou geluisterd hebben	jullie zouden geluisterd hebben
	hij zou geluisterd hebben	zij zouden geluisterd hebben
	u zou(dt) geluisterd hebben	

INDICATIVE PASSIVE

Note that this verb does not form a regular passive, but that it occurs commonly in impersonal passive constructions. For example, "Er wordt dagelijks door miljoenen mensen naar dat programma geluisterd" (Millions of people listen daily to that program).

---

*The preposition *naar* often follows. Thus, "Hij luistert naar de radio; hij luistert naar goede raad" (He listens to the radio; he follows good advice).

PRINCIPAL PARTS:	*lukken, lukte, gelukt*	**lukken***
IMPERATIVE:	*Does not occur.*	*to succeed*
INFINITIVES:	*lukken, zijn gelukt*	

INDICATIVE ACTIVE

Present	het lukt (lukken)
Past	het lukte (lukten)
Future	het zal lukken (zullen lukken)
Conditional	het zou lukken (zouden lukken)
Present Perfect	het is gelukt (zijn gelukt)
Past Perfect	het was gelukt (waren gelukt)
Future Perfect	het zal gelukt zijn (zullen gelukt zijn)
Conditional Perfect	het zou gelukt zijn (zouden gelukt zijn)

---

* Impersonal *lukken* is conjugated here in the third person singular; third person plural forms follow in parentheses. The person who succeeds follows the verb in the objective case. Thus, Het lukte me. . . het lukte hem. . ."(I succeeded in. . . he succeeded in. . .).

PRINCIPAL PARTS: *maken, maakte, gemaakt*
IMPERATIVE: *maak, maakt, maakt u*
INFINITIVES: *maken, hebben gemaakt; worden gemaakt, zijn gemaakt*

maken
to make, do

INDICATIVE ACTIVE

Present	ik maak	wij maken
	jij maakt (maak je?)	jullie maken
	hij maakt	zij maken
	u maakt	

Past	ik maakte	wij maakten
	jij maakte	jullie maakten
	hij maakte	zij maakten
	u maakte	

Future	ik zal maken	wij zullen maken
	jij zult (zal) maken	jullie zullen maken
	hij zal maken	zij zullen maken
	u zult maken	

Conditional	ik zou maken	wij zouden maken
	jij zou maken	jullie zouden maken
	hij zou maken	zij zouden maken
	u zou(dt) maken	

Present Perfect	ik heb gemaakt	wij hebben gemaakt
	jij hebt (heb je?) gemaakt	jullie hebben gemaakt
	hij heeft gemaakt	zij hebben gemaakt
	u hebt (heeft) gemaakt	

Past Perfect	ik had gemaakt	wij hadden gemaakt
	jij had gemaakt	jullie hadden gemaakt
	hij had gemaakt	zij hadden gemaakt
	u had gemaakt	

Future perfect	ik zal gemaakt hebben	wij zullen gemaakt gebben
	jij zult (zal) gemaakt hebben	jullie zullen gemaakt hebben
	hij zal gemaakt hebben	zij zullen gemaakt hebben
	u zult gemaakt hebben	

Conditional Perfect	ik zou gemaakt hebben	wij zouden gemaakt hebben
	jij zou gemaakt hebben	jullie zouden gemaakt hebben
	hij zou gemaakt hebben	zij zouden gemaakt hebben
	u zou(dt) gemaakt hebben	

INDICATIVE PASSIVE (SYNOPSIS)

Present	worden + gemaakt	Past Perfect	was + gemaakt
Past	werden + gemaakt		
Future	zullen + gemaakt worden	Future Perfect	zullen + gemaakt zijn
Conditional	zouden + gemaakt worden	Conditional Perfect	zouden + gemaakt zijn
Present Perfect	zijn + gemaakt		

PRINCIPAL PARTS:	*meten, mat, gemeten*	**meten**
IMPERATIVE:	*meet, meet, meet u*	*to measure*
INFINITIVES:	*meten, hebben gemeten; worden gemeten, zijn gemeten*	

INDICATIVE ACTIVE

Present	ik meet	wij meten
	jij meet (meet je?)	jullie meten
	hij meet	zij meten
	u meet	

Past	ik mat	wij maten*
	jij mat	jullie maten
	hij mat	zij maten
	u mat	

Future	ik zal meten	wij zullen meten
	jij zult (zal) meten	jullie zullen meten
	hij zal meten	zij zullen meten
	u zult meten	

Conditional	ik zou meten	wij zouden meten
	jij zou meten	jullie zouden meten
	hij zou meten	zij zouden meten
	u zou(dt) meten	

Present	ik heb gemeten	wij hebben gemeten
Perfect	jij hebt (heb je?) gemeten	jullie hebben gemeten
	hij heeft gemeten	zij hebben gemeten
	u hebt (heeft) gemeten	

Past	ik had gemeten	wij hadden gemeten
Perfect	jij had gemeten	jullie hadden gemeten
	hij had gemeten	zij hadden gemeten
	u had gemeten	

Future	ik zal gemeten hebben	wij zullen gemeten hebben
Perfect	jij zult (zal) gemeten hebben	jullie zullen gemeten hebben
	hij zal gemeten hebben	zij zullen gemeten hebben
	u zult gemeten hebben	

Conditional	ik zou gemeten hebben	wij zouden gemeten hebben
Perfect	jij zou gemeten hebben	jullie zouden gemeten hebben
	hij zou gemeten hebben	zij zouden gemeten hebben
	u zou(dt) gemeten hebben	

INDICATIVE PASSIVE (SYNOPSIS)

Present	worden + gemeten	*Past Perfect*	was + gemeten
Past	werden + gemeten		
Future	zullen + gemeten worden	*Future Perfect*	zullen + gemeten zijn
Conditional	zouden + gemeten worden	*Conditional Perfect*	zouden + gemeten zijn
Present Perfect	zijn + gemeten		

*Note that the *a* vowel is long in the plural, while it is short in the singular.

PRINCIPAL PARTS: *mijden, meed, gemeden*
IMPERATIVE: *mijd, mijdt, mijdt u*
INFINITIVES: *mijden, hebben gemeden; worden gemeden, zijn gemeden*

mijden
to avoid, shun

INDICATIVE ACTIVE

Present	ik mijd	wij mijden
	jij mijdt (mijd je?)	jullie mijden
	hij mijdt	zij mijden
	u mijdt	

Past	ik meed	wij meden
	jij meed	jullie meden
	hij meed	zij meden
	u meed	

Future	ik zal mijden	wij zullen mijden
	jij zult (zal) mijden	jullie zullen mijden
	hij zal mijden	zij zullen mijden
	u zult mijden	

Conditional	ik zou mijden	wij zouden mijden
	jij zou mijden	jullie zouden mijden
	hij zou mijden	zij zouden mijden
	u zou(dt) mijden	

Present Perfect	ik heb gemeden	wij hebben gemeden
	jij hebt (heb je?) gemeden	jullie hebben gemeden
	hij heeft gemeden	zij hebben gemeden
	u hebt (heeft) gemeden	

Past Perfect	ik had gemeden	wij hadden gemeden
	jij had gemeden	jullie hadden gemeden
	hij had gemeden	zij hadden gemeden
	u had gemeden	

Future Perfect	ik zal gemeden hebben	wij zullen gemeden hebben
	jij zult (zal) gemeden hebben	jullie zullen gemeden hebben
	hij zal gemeden hebben	zij zullen gemeden hebben
	u zult gemeden hebben	

Conditional Perfect	ik zou gemeden hebben	wij zouden gemeden hebben
	jij zou gemeden hebben	jullie zouden gemeden hebben
	hij zou gemeden hebben	zij zouden gemeden hebben
	u zou(dt) gemeden hebben	

INDICATIVE PASSIVE (SYNOPSIS)

Present	worden + gemeden	Past Perfect	was + gemeden
Past	werden + gemeden		
Future	zullen + gemeden worden	Future Perfect	zullen + gemeden zijn
Conditional	zouden + gemeden worden	Conditional Perfect	zouden + gemeden zijn
Present Perfect	zijn + gemeden		

PRINCIPAL PARTS: *moeten, moest, gemoeten*
IMPERATIVE: *Does not occur.*
INFINITIVES: *moeten, hebben gemoeten*

moeten

to have to, must, be obliged to

INDICATIVE ACTIVE

Present	ik moet	wij moeten
	jij moet (moet je?)	jullie moeten
	hij moet	zij moeten
	u moet	

Past	ik moest	wij moesten
	jij moest	jullie moesten
	hij moest	zij moesten
	u moest	

Future	ik zal moeten	wij zullen moeten
	jij zult (zal) moeten	jullie zullen moeten
	hij zal moeten	zij zullen moeten
	u zult moeten	

Conditional	ik zou moeten	wij zouden moeten
	jij zou moeten	jullie zouden moeten
	hij zou moeten	zij zouden moeten
	u zou(dt) moeten	

*Present Perfect**	ik heb gemoeten	wij hebben gemoeten
	jij hebt (heb je?) gemoeten	jullie hebben gemoeten
	hij heeft gemoeten	zij hebben gemoeten
	u hebt (heeft) gemoeten	

*Past Perfect**	ik had gemoeten	wij hadden gemoeten
	jij had gemoeten	jullie hadden gemoeten
	hij had gemoeten	zij hadden gemoeten
	u had gemoeten	

*Future Perfect**	ik zal gemoeten hebben	wij zullen gemoeten hebben
	jij zult (zal) gemoeten hebben	jullie zullen gemoeten hebben
	hij zal gemoeten hebben	zij zullen gemoeten hebben
	u zult gemoeten hebben	

*Conditional Perfect**	ik zou gemoeten hebben	wij zouden gemoeten hebben
	jij zou gemoeten hebben	jullie zouden gemoeten hebben
	hij zou gemoeten hebben	zij zouden gemoeten hebben
	u zou(dt) gemoeten hebben	

---

*See the section "Modal Verbs" on pages 17 through 21 for a discussion of double infinitive constructions.

PRINCIPAL PARTS: *mogen, mocht, gemoogd (gemogen)*† **mogen**
IMPERATIVE: *Does not occur.*   *to be allowed to, be permitted to, like;*
INFINITIVES: *mogen, hebben gemoogd (gemogen)*†   *may**

INDICATIVE ACTIVE

Present	ik mag	wij mogen
	jij mag (mag je?)	jullie mogen
	hij mag	zij mogen
	u mag	

Past	ik mocht	wij mochten
	jij mocht	jullie mochten
	hij mocht	zij mochten
	u mocht	

Future	ik zal mogen	wij zullen mogen
	jij zult (zal) mogen	jullie zullen mogen
	hij zal mogen	zij zullen mogen
	u zult mogen	

Conditional	ik zou mogen	wij zouden mogen
	jij zou mogen	jullie zouden mogen
	hij zou mogen	zij zouden mogen
	u zou(dt) mogen	

Present Perfect‡	ik heb gemoogd	wij hebben gemoogd
	jij hebt (heb je?) gemoogd	jullie hebben gemoogd
	hij heeft gemoogd	zij hebben gemoogd
	u hebt (heeft) gemoogd	

Past Perfect‡	ik had gemoogd	wij hadden gemoogd
	jij had gemoogd	jullie hadden gemoogd
	hij had gemoogd	zij hadden gemoogd
	u had gemoogd	

Future Perfect‡	ik zal gemoogd hebben	wij zullen gemoogd hebben
	jij zult (zal) gemoogd hebben	jullie zullen gemoogd hebben
	hij zal gemoogd hebben	zij zullen gemoogd hebben
	u zult gemoogd hebben	

Conditional Perfect‡	ik zou gemoogd hebben	wij zouden gemoogd hebben
	jij zou gemoogd hebben	jullie zouden gemoogd hebben
	hij zou gemoogd hebben	zij zouden gemoogd hebben
	u zou(dt) gemoogd hebben	

---

*Note the following: "Het mag wel waar zijn" (It may well be true).

†*gemoogd* is the more frequent form in modern Dutch.

‡See the section "Modal Verbs" on pages 17 through 21 for a discussion of double infinitive constructions.

PRINCIPAL PARTS:	*nemen, nam, genomen*
IMPERATIVE:	*neem, neemt, neemt u*
INFINITIVES:	*nemen, hebben genomen; worden genomen, zijn genomen*

INDICATIVE ACTIVE

Present	ik neem	wij nemen
	jij neemt (neem je?)	jullie nemen
	hij neemt	zij nemen
	u neemt	

Past	ik nam	wij namen*
	jij nam	jullie namen
	hij nam	zij namen
	u nam	

Future	ik zal nemen	wij zullen nemen
	jij zult (zal) nemen	jullie zullen nemen
	hij zal nemen	zij zullen nemen
	u zult nemen	

Conditional	ik zou nemen	wij zouden nemen
	jij zou nemen	jullie zouden nemen
	hij zou nemen	zij zouden nemen
	u zou(dt) nemen	

Present	ik heb genomen	wij hebben genomen
Perfect	jij hebt (heb je?) genomen	jullie hebben genomen
	hij heeft genomen	zij hebben genomen
	u hebt (heeft) genomen	

Past	ik had genomen	wij hadden genomen
Perfect	jij had genomen	jullie hadden genomen
	hij had genomen	zij hadden genomen
	u had genomen	

Future	ik zal genomen hebben	wij zullen genomen hebben
Perfect	jij zult (zal) genomen hebben	jullie zullen genomen hebben
	hij zal genomen hebben	zij zullen genomen hebben
	u zult genomen hebben	

Conditional	ik zou genomen hebben	wij zouden genomen hebben
Perfect	jij zou genomen hebben	jullie zouden genomen hebben
	hij zou genomen hebben	zij zouden genomen hebben
	u zou(dt) genomen hebben	

INDICATIVE PASSIVE (SYNOPSIS)

Present	worden + genomen	*Past Perfect*	was + genomen
Past	werden + genomen		
Future	zullen + genomen worden	*Future Perfect*	zullen + genomen zijn
Conditional	zouden + genomen worden	*Conditional Perfect*	zouden + genomen zijn
Present Perfect	zijn + genomen		

---

*Note that the *a* vowel is long in the plural, while it is short in the singular.

PRINCIPAL PARTS:	*noemen, noemde, genoemd*	**noemen**
IMPERATIVE:	*noem, noemt, noemt u*	*to name, call*
INFINITIVES:	*noemen, hebben genoemd; worden genoemd, zijn genoemd*	

INDICATIVE ACTIVE

Present	ik noem	wij noemen
	jij noemt (noem je?)	jullie noemen
	hij noemt	zij noemen
	u noemt	

Past	ik noemde	wij noemden
	jij noemde	jullie noemden
	hij noemde	zij noemden
	u noemde	

Future	ik zal noemen	wij zullen noemen
	jij zult (zal) noemen	jullie zullen noemen
	hij zal noemen	zij zullen noemen
	u zult noemen	

Conditional	ik zou noemen	wij zouden noemen
	jij zou noemen	jullie zouden noemen
	hij zou noemen	zij zouden noemen
	u zou(dt) noemen	

Present Perfect	ik heb genoemd	wij hebben genoemd
	jij hebt (heb je?) genoemd	jullie hebben genoemd
	hij heeft genoemd	zij hebben genoemd
	u hebt (heeft) genoemd	

Past Perfect	ik had genoemd	wij hadden genoemd
	jij had genoemd	jullie hadden genoemd
	hij had genoemd	zij hadden genoemd
	u had genoemd	

Future Perfect	ik zal genoemd hebben	wij zullen genoemd hebben
	jij zult (zal) genoemd hebben	jullie zullen genoemd hebben
	hij zal genoemd hebben	zij zullen genoemd hebben
	u zult genoemd hebben	

Conditional Perfect	ik zou genoemd hebben	wij zouden genoemd hebben
	jij zou genoemd hebben	jullie zouden genoemd hebben
	hij zou genoemd hebben	zij zouden genoemd hebben
	u zou(dt) genoemd hebben	

INDICATIVE PASSIVE (SYNOPSIS)

Present	worden + genoemd	*Past Perfect*	was + genoemd
Past	werden + genoemd		
Future	zullen + genoemd worden	*Future Perfect*	zullen + genoemd zijn
Conditional	zouden + genoemd worden		
Present Perfect	zijn + genoemd	*Conditional Perfect*	zouden + genoemd zijn

PRINCIPAL PARTS: *ontmoeten, ontmoette, ontmoet*
IMPERATIVE: *ontmoet, ontmoet, ontmoet u*
INFINITIVES: *ontmoeten, hebben ontmoet; worden ontmoet, zijn ontmoet*

ontmoeten
to meet, encounter

INDICATIVE ACTIVE

Present	ik ontmoet	wij ontmoeten
	jij ontmoet (ontmoet je?)	jullie ontmoeten
	hij ontmoet	zij ontmoeten
	u ontmoet	
Past	ik ontmoette	wij ontmoetten
	jij ontmoette	jullie ontmoetten
	hij ontmoette	zij ontmoetten
	u ontmoette	
Future	ik zal ontmoeten	wij zullen ontmoeten
	jij zult (zal) ontmoeten	jullie zullen ontmoeten
	hij zal ontmoeten	zij zullen ontmoeten
	u zult ontmoeten	
Conditional	ik zou ontmoeten	wij zouden ontmoeten
	jij zou ontmoeten	jullie zouden ontmoeten
	hij zou ontmoeten	zij zouden ontmoeten
	u zou(dt) ontmoeten	
Present Perfect	ik heb ontmoet	wij hebben ontmoet
	jij hebt (heb je?) ontmoet	jullie hebben ontmoet
	hij heeft ontmoet	zij hebben ontmoet
	u hebt (heeft) ontmoet	
Past Perfect	ik had ontmoet	wij hadden ontmoet
	jij had ontmoet	jullie hadden ontmoet
	hij had ontmoet	zij hadden ontmoet
	u had ontmoet	
Future Perfect	ik zal ontmoet hebben	wij zullen ontmoet hebben
	jij zult (zal) ontmoet hebben	jullie zullen ontmoet hebben
	hij zal ontmoet hebben	zij zullen ontmoet hebben
	u zult ontmoet hebben	
Conditional Perfect	ik zou ontmoet hebben	wij zouden ontmoet hebben
	jij zou ontmoet hebben	jullie zouden ontmoet hebben
	hij zou ontmoet hebben	zij zouden ontmoet hebben
	u zou(dt) ontmoet hebben	

INDICATIVE PASSIVE (SYNOPSIS)

Present	worden + ontmoet		*Past Perfect*	was + ontmoet
Past	werden + ontmoet			
Future	zullen + ontmoet worden		*Future Perfect*	zullen + ontmoet zijn
Conditional	zouden + ontmoet worden			
Present Perfect	zijn + ontmoet		*Conditional Perfect*	zouden + ontmoet zijn

PRINCIPAL PARTS: *plaatsen, plaatste, geplaatst*
IMPERATIVE: *plaats, plaatst, plaatst u*
INFINITIVES: *plaatsen, hebben geplaatst; worden geplaatst, zijn geplaatst*

plaatsen
to place, put

INDICATIVE ACTIVE

Present		
	ik plaats	wij plaatsen
	jij plaatst (plaats je?)	jullie plaatsen
	hij plaatst	zij plaatsen
	u plaatst	

Past		
	ik plaatste	wij plaatsten
	jij plaatste	jullie plaatsten
	hij plaatste	zij plaatsten
	u plaatste	

Future		
	ik zal plaatsen	wij zullen plaatsen
	jij zult (zal) plaatsen	jullie zullen plaatsen
	hij zal plaatsen	zij zullen plaatsen
	u zult plaatsen	

Conditional		
	ik zou plaatsen	wij zouden plaatsen
	jij zou plaatsen	jullie zouden plaatsen
	hij zou plaatsen	zij zouden plaatsen
	u zou(dt) plaatsen	

Present Perfect		
	ik heb geplaatst	wij hebben geplaatst
	jij hebt (heb je?) geplaatst	jullie hebben geplaatst
	hij heeft geplaatst	zij hebben geplaatst
	u hebt (heeft) geplaatst	

Past Perfect		
	ik had geplaatst	wij hadden geplaatst
	jij had geplaatst	jullie hadden geplaatst
	hij had geplaatst	zij hadden geplaatst
	u had geplaatst	

Future Perfect		
	ik zal geplaatst hebben	wij zullen geplaatst hebben
	jij zult (zal) geplaatst hebben	jullie zullen geplaatst hebben
	hij zal geplaatst hebben	zij zullen geplaatst hebben
	u zult geplaatst hebben	

Conditional Perfect		
	ik zou geplaatst hebben	wij zouden geplaatst hebben
	jij zou geplaatst hebben	jullie zouden geplaatst hebben
	hij zou geplaatst hebben	zij zouden geplaatst hebben
	u zou(dt) geplaatst hebben	

INDICATIVE PASSIVE (SYNOPSIS)

Present	worden + geplaatst	Past Perfect	was + geplaatst
Past	werden + geplaatst		
Future	zullen + geplaatst worden	Future Perfect	zullen + geplaatst zijn
Conditional	zouden + geplaatst worden		
Present Perfect	zijn + geplaatst	Conditional Perfect	zouden + geplaatst zijn

PRINCIPAL PARTS:	*praten, praatte, gepraat*	**praten**
IMPERATIVE:	*praat, praat, praat u*	*to talk, chat*
INFINITIVES:	*praten, hebben gepraat*	

INDICATIVE ACTIVE

Present	ik praat jij praat (praat je?) hij praat u praat	wij praten jullie praten zij praten
Past	ik praatte jij praatte hij praatte u praatte	wij praatten jullie praatten zij praatten
Future	ik zal praten jij zult (zal) praten hij zal praten u zult praten	wij zullen praten jullie zullen praten zij zullen praten
Conditional	ik zou praten jij zou praten hij zou praten u zou(dt) praten	wij zouden praten jullie zouden praten zij zouden praten
Present Perfect	ik heb gepraat jij hebt (heb je?) gepraat hij heeft gepraat u hebt (heeft) gepraat	wij hebben gepraat jullie hebben gepraat zij hebben gepraat
Past Perfect	ik had gepraat jij had gepraat hij had gepraat u had gepraat	wij hadden gepraat jullie hadden gepraat zij hadden gepraat
Future Perfect	ik zal gepraat hebben jij zult (zal) gepraat hebben hij zal gepraat hebben u zult gepraat hebben	wij zullen gepraat hebben jullie zullen gepraat hebben zij zullen gepraat hebben
Conditional Perfect	ik zou gepraat hebben jij zou gepraat hebben hij zou gepraat hebben u zou(dt) gepraat hebben	wij zouden gepraat hebben jullie zouden gepraat hebben zij zouden gepraat hebben

INDICATIVE PASSIVE (SYNOPSIS)

Note that this verb does not form a regular passive, but that it commonly appears in impersonal passive constructions. For example, "Daar wordt nog altijd over gepraat" (It is still being discussed).

PRINCIPAL PARTS: *prijzen, prees, geprezen*
IMPERATIVE: *prijs, prijst, prijst u*
INFINITIVES: *prijzen, hebben geprezen; worden geprezen, zijn geprezen*

INDICATIVE ACTIVE

Present	ik prijs	wij prijzen
	jij prijst (prijs je?)	jullie prijzen
	hij prijst	zij prijzen
	u prijst	

Past	ik prees	wij prezen
	jij prees	jullie prezen
	hij prees	zij prezen
	u prees	

Future	ik zal prijzen	wij zullen prijzen
	jij zult (zal) prijzen	jullie zullen prijzen
	hij zal prijzen	zij zullen prijzen
	u zult prijzen	

Conditional	ik zou prijzen	wij zouden prijzen
	jij zou prijzen	jullie zouden prijzen
	hij zou prijzen	zij zouden prijzen
	u zou(dt) prijzen	

Present Perfect	ik heb geprezen	wij hebben geprezen
	jij hebt (heb je?) geprezen	jullie hebben geprezen
	hij heeft geprezen	zij hebben geprezen
	u hebt (heeft) geprezen	

Past Perfect	ik had geprezen	wij hadden geprezen
	jij had geprezen	jullie hadden geprezen
	hij had geprezen	zij hadden geprezen
	u had geprezen	

Future Perfect	ik zal geprezen hebben	wij zullen geprezen hebben
	jij zult (zal) geprezen hebben	jullie zullen geprezen hebben
	hij zal geprezen hebben	zij zullen geprezen hebben
	u zult geprezen hebben	

Conditional Perfect	ik zou geprezen hebben	wij zouden geprezen hebben
	jij zou geprezen hebben	jullie zouden geprezen hebben
	hij zou geprezen hebben	zij zouden geprezen hebben
	u zou(dt) geprezen hebben	

INDICATIVE PASSIVE (SYNOPSIS)

Present	worden + geprezen		*Past Perfect*	was + geprezen
Past	werden + geprezen			
Future	zullen + geprezen worden		*Future Perfect*	zullen + geprezen zijn
Conditional	zouden + geprezen worden		*Conditional Perfect*	zouden + geprezen zijn
Present Perfect	zijn + geprezen			

proberen, probeerde, geprobeerd
probeer, probeert, probeert u
proberen, hebben geprobeerd; worden geprobeerd, zijn geprobeerd

proberen
to try, attempt

INDICATIVE ACTIVE

Present	ik probeer	wij proberen
	jij probeert (probeer je?)	jullie proberen
	hij probeert	zij proberen
	u probeert	
Past	ik probeerde	wij probeerden
	jij probeerde	jullie probeerden
	hij probeerde	zij probeerden
	u probeerde	
Future	ik zal proberen	wij zullen proberen
	jij zult (zal) proberen	jullie zullen proberen
	hij zal proberen	zij zullen proberen
	u zult proberen	
Conditional	ik zou proberen	wij zouden proberen
	jij zou proberen	jullie zouden proberen
	hij zou proberen	zij zouden proberen
	u zou(dt) proberen	
Present Perfect	ik heb geprobeerd	wij hebben geprobeerd
	jij hebt (heb je?) geprobeerd	jullie hebben geprobeerd
	hij heeft geprobeerd	zij hebben geprobeerd
	u hebt (heeft) geprobeerd	
Past Perfect	ik had geprobeerd	wij hadden geprobeerd
	jij had geprobeerd	jullie hadden geprobeerd
	hij had geprobeerd	zij hadden geprobeerd
	u had geprobeerd	
Future Perfect	ik zal geprobeerd hebben	wij zullen geprobeerd hebben
	jij zult (zal) geprobeerd hebben	jullie zullen geprobeerd hebben
	hij zal geprobeerd hebben	zij zullen geprobeerd hebben
	u zult geprobeerd hebben	
Conditional Perfect	ik zou geprobeerd hebben	wij zouden geprobeerd hebben
	jij zou geprobeerd hebben	jullie zouden geprobeerd hebben
	hij zou geprobeerd hebben	zij zouden geprobeerd hebben
	u zou(dt) geprobeerd hebben	

INDICATIVE PASSIVE (SYNOPSIS)

Present	worden + geprobeerd		*Past Perfect*	was + geprobeerd
Past	werden + geprobeerd			
Future	zullen + geprobeerd worden		*Future Perfect*	zullen + geprobeerd zijn
Conditional	zouden + geprobeerd worden		*Conditional Perfect*	zouden + geprobeerd zijn
Present Perfect	zijn + geprobeerd			

135

raden, raadde (ried),* geraden
raad, raadt, raadt u
raden, hebben geraden; worden geraden, zijn geraden

raden
to advise, guess

INDICATIVE ACTIVE

Present

ik raad
jij raadt (raad je?)
hij raadt
u raadt

wij raden
jullie raden
zij raden

Past

ik raadde
jij raadde
hij raadde
u raadde

wij raadden
jullie raadden
zij raadden

Future

ik zal raden
jij zult (zal) raden
hij zal raden
u zult raden

wij zullen raden
jullie zullen raden
zij zullen raden

Conditional

ik zou raden
jij zou raden
hij zou raden
u zou(dt) raden

wij zouden raden
jullie zouden raden
zij zouden raden

Present Perfect

ik heb geraden
jij hebt (heb je?) geraden
hij heeft geraden
u hebt (heeft) geraden

wij hebben geraden
jullie hebben geraden
zij hebben geraden

Past Perfect

ik had geraden
jij had geraden
hij had geraden
u had geraden

wij hadden geraden
jullie hadden geraden
zij hadden geraden

Future Perfect

ik zal geraden hebben
jij zult (zal) geraden hebben
hij zal geraden hebben
u zult geraden hebben

wij zullen geraden hebben
jullie zullen geraden hebben
zij zullen geraden hebben

Conditional Perfect

ik zou geraden hebben
jij zou geraden hebben
hij zou geraden hebben
u zou(dt) geraden hebben

wij zouden geraden hebben
jullie zouden geraden hebben
zij zouden geraden hebben

INDICATIVE PASSIVE (SYNOPSIS)

Present	worden + geraden	*Past Perfect*	was + geraden
Past	werden + geraden		
Future	zullen + geraden worden	*Future Perfect*	zullen + geraden zijn
Conditional	zouden + geraden worden	*Conditional Perfect*	zouden + geraden zijn
Present Perfect	zijn + geraden		

---

*The strong froms *ried* (singular) and *rieden* (plural) are also found in the past tense.

PRINCIPAL PARTS: *raken, raakte, geraakt*
IMPERATIVE: *raak, raakt, raakt u*
INFINITIVES: *raken, hebben (zijn*) geraakt;*
worden geraakt, zijn geraakt

raken
to hit, touch;
to affect, concern;
to get, become*

INDICATIVE ACTIVE

Present	ik raak	wij raken
	jij raakt (raak je?)	jullie raken
	hij raakt	zij raken
	u raakt	

Past	ik raakte	wij raakten
	jij raakte	jullie raakten
	hij raakte	zij raakten
	u raakte	

Future	ik zal raken	wij zullen raken
	jij zult (zal) raken	jullie zullen raken
	hij zal raken	zij zullen raken
	u zult raken	

Conditional	ik zou raken	wij zouden raken
	jij zou raken	jullie zouden raken
	hij zou raken	zij zouden raken
	u zou(dt) raken	

Present	ik heb geraakt	wij hebben geraakt
Perfect	jij hebt (heb je?) geraakt	jullie hebben geraakt
	hij heeft geraakt	zij hebben geraakt
	u hebt (heeft) geraakt	

Past	ik had geraakt	wij hadden geraakt
Perfect	jij had geraakt	jullie hadden geraakt
	hij had geraakt	zij hadden geraakt
	u had geraakt	

Future	ik zal geraakt hebben	wij zullen geraakt hebben
Perfect	jij zult (zal) geraakt hebben	jullie zullen geraakt hebben
	hij zal geraakt hebben	zij zullen geraakt hebben
	u zult geraakt hebben	

Conditional	ik zou geraakt hebben	wij zouden geraakt hebben
Perfect	jij zou geraakt hebben	jullie zouden geraakt hebben
	hij zou geraakt hebben	zij zouden geraakt hebben
	u zou(dt) geraakt hebben	

INDICATIVE PASSIVE (SYNOPSIS)

Present	worden + geraakt	*Past Perfect*	was + geraakt
Past	werden + geraakt		
Future	zullen + geraakt worden	*Future Perfect*	zullen + geraakt zijn
Conditional	zouden + geraakt worden	*Conditional Perfect*	zouden + geraakt zijn
Present Perfect	zijn + geraakt		

---

*Intransitive *raken* takes the auxiliary *zijn*.

PRINCIPAL PARTS:	*regenen, regende, geregend*
IMPERATIVE:	*Does not occur.*
INFINITIVES:	*regenen, hebben geregend*

INDICATIVE ACTIVE

Present	het regent
Past	het regende
Future	het zal regenen
Conditional	het zou regenen
Present Perfect	het heeft geregend
Past Perfect	het had geregend
Future Perfect	het zal geregend hebben
Conditional Perfect	het zou geregend hebben

---

*regenen is used almost exclusively as an impersonal verb in the active voice.

PRINCIPAL PARTS: *reizen, reisde, gereisd*
IMPERATIVE: *reis, reist, reist u*
INFINITIVES: *reizen, hebben (zijn) gereisd*

INDICATIVE ACTIVE

Present	ik reis	wij reizen
	jij reist (reis je?)	jullie reizen
	hij reist	zij reizen
	u reist	
Past	ik reisde	wij reisden
	jij reisde	jullie reisden
	hij reisde	zij reisden
	u reisde	
Future	ik zal reizen	wij zullen reizen
	jij zult (zal) reizen	jullie zullen reizen
	hij zal reizen	zij zullen reizen
	u zult reizen	
Conditional	ik zou reizen	wij zouden reizen
	jij zou reizen	jullie zouden reizen
	hij zou reizen	zij zouden reizen
	u zou(dt) reizen	
*Present Perfect**	ik heb gereisd	wij hebben gereisd
	jij hebt (heb je?) gereisd	jullie hebben gereisd
	hij heeft gereisd	zij hebben gereisd
	u hebt (heeft) gereisd	
*Past Perfect**	ik had gereisd	wij hadden gereisd
	jij had gereisd	jullie hadden gereisd
	hij had gereisd	zij hadden gereisd
	u had gereisd	
*Future Perfect**	ik zal gereisd hebben	wij zullen gereisd hebben
	jij zult (zal) gereisd hebben	jullie zullen gereisd hebben
	hij zal gereisd hebben	zij zullen gereisd hebben
	u zult gereisd hebben	
*Conditional Perfect**	ik zou gereisd hebben	wij zouden gereisd hebben
	jij zou gereisd hebben	jullie zouden gereisd hebben
	hij zou gereisd hebben	zij zouden gereisd hebben
	u zou(dt) gereisd hebben	

INDICATIVE PASSIVE

Note that this verb does not form a regular passive, but that it commonly appears in impersonal passive constructions. For example, "Er wordt in de zomer druk gereisd" (People travel a great deal during the summer).

---

reizen is conjugated here with the auxiliary *hebben*. If, however, the idea of motion <u>toward</u> a place is conveyed—by the preposition *naar*, for example—*zijn* is used as the auxiliary in the present perfect and past perfect. In the future perfect and conditional perfect, *zijn* would replace *hebben* in forming the perfect infinitive.

PRINCIPAL PARTS: *rekenen, rekende, gerekend*
IMPERATIVE: *reken, rekent, rekent u*
INFINITIVES: *rekenen, hebben gerekend; worden gerekend, zijn gerekend*

rekenen

to count, calculate, compute, reckon

INDICATIVE ACTIVE

Present		
	ik reken	wij rekenen
	jij rekent (reken je?)	jullie rekenen
	hij rekent	zij rekenen
	u rekent	

Past		
	ik rekende	wij rekenden
	jij rekende	jullie rekenden
	hij rekende	zij rekenden
	u rekende	

Future		
	ik zal rekenen	wij zullen rekenen
	jij zult (zal) rekenen	jullie zullen rekenen
	hij zal rekenen	zij zullen rekenen
	u zult rekenen	

Conditional		
	ik zou rekenen	wij zouden rekenen
	jij zou rekenen	jullie zouden rekenen
	hij zou rekenen	zij zouden rekenen
	u zou(dt) rekenen	

Present Perfect		
	ik heb gerekend	wij hebben gerekend
	jij hebt (heb je?) gerekend	jullie hebben gerekend
	hij heeft gerekend	zij hebben gerekend
	u hebt (heeft) gerekend	

Past Perfect		
	ik had gerekend	wij hadden gerekend
	jij had gerekend	jullie hadden gerekend
	hij had gerekend	zij hadden gerekend
	u had gerekend	

Future Perfect		
	ik zal gerekend hebben	wij zullen gerekend hebben
	jij zult (zal) gerekend hebben	jullie zullen gerekend hebben
	hij zal gerekend hebben	zij zullen gerekend hebben
	u zult gerekend hebben	

Conditional Perfect		
	ik zou gerekend hebben	wij zouden gerekend hebben
	jij zou gerekend hebben	jullie zouden gerekend hebben
	hij zou gerekend hebben	zij zouden gerekend hebben
	u zou(dt) gerekend hebben	

INDICATIVE PASSIVE (SYNOPSIS)

Present	worden + gerekend		Past Perfect	was + gerekend
Past	werden + gerekend			
Future	zullen + gerekend worden		Future Perfect	zullen + gerekend zijn
Conditional	zouden + gerekend worden		Conditional Perfect	zouden + gerekend zijn
Present Perfect	zijn + gerekend			

PRINCIPAL PARTS:	*repareren, repareerde, gerepareerd*
IMPERATIVE:	*repareer, repareert, repareert u*
INFINITIVES:	*repareren, hebben gerepareerd; worden gerepareerd, zijn gerepareerd*

INDICATIVE ACTIVE

Present	ik repareer	wij repareren
	jij repareert (repareer je?)	jullie repareren
	hij repareert	zij repareren
	u repareert	

Past	ik repareerde	wij repareerden
	jij repareerde	jullie repareerden
	hij repareerde	zij repareerden
	u repareerde	

Future	ik zal repareren	wij zullen repareren
	jij zult (zal) repareren	jullie zullen repareren
	hij zal repareren	zij zullen repareren
	u zult repareren	

Conditional	ik zou repareren	wij zouden repareren
	jij zou repareren	jullie zouden repareren
	hij zou repareren	zij zouden repareren
	u zou(dt) repareren	

Present Perfect	ik heb gerepareerd	wij hebben gerepareerd
	jij hebt (heb je?) gerepareerd	jullie hebben gerepareerd
	hij heeft gerepareerd	zij hebben gerepareerd
	u hebt (heeft) gerepareerd	

Past Perfect	ik had gerepareerd	wij hadden gerepareerd
	jij had gerepareerd	jullie hadden gerepareerd
	hij had gerepareerd	zij hadden gerepareerd
	u had gerepareerd	

Future Perfect	ik zal gerepareerd hebben	wij zullen gerepareerd hebben
	jij zult (zal) gerepareerd hebben	jullie zullen gerepareerd hebben
	hij zal gerepareerd hebben	zij zullen gerepareerd hebben
	u zult gerepareerd hebben	

Conditional Perfect	ik zou gerepareerd hebben	wij zouden gerepareerd hebben
	jij zou gerepareerd hebben	jullie zouden gerepareerd hebben
	hij zou gerepareerd hebben	zij zouden gerepareerd hebben
	u zou(dt) gerepareerd hebben	

INDICATIVE PASSIVE (SYNOPSIS)

Present	worden + gerepareerd	*Past Perfect*	was + gerepareerd
Past	werden + gerepareerd		
Future	zullen + gerepareerd worden	*Future Perfect*	zullen + gerepareerd zijn
Conditional	zouden + gerepareerd worden	*Conditional Perfect*	zouden + gerepareerd zijn
Present Perfect	zijn + gerepareerd		

PRINCIPAL PARTS:	*rijden, reed, gereden*	**rijden**
IMPERATIVE:	*rijd, rijdt, rijdt u*	*to ride, drive**
INFINITIVES:	*rijden, hebben (zijn*) gereden; worden gereden, zijn gereden*	

INDICATIVE ACTIVE

Present	ik rij(d)	wij rijden
	jij rijdt (rij je?)	jullie rijden
	hij rijdt	zij rijden
	u rijdt	

Past	ik reed	wij reden
	jij reed	jullie reden
	hij reed	zij reden
	u reed	

Future	ik zal rijden	wij zullen rijden
	jij zult (zal) rijden	jullie zullen rijden
	hij zal rijden	zij zullen rijden
	u zult rijden	

Conditional	ik zou rijden	wij zouden rijden
	jij zou rijden	jullie zouden rijden
	hij zou rijden	zij zouden rijden
	u zou(dt) rijden	

Present Perfect	ik heb gereden	wij hebben gereden
	jij hebt (heb je?) gereden	jullie hebben gereden
	hij heeft gereden	zij hebben gereden
	u hebt (heeft) gereden	

Past Perfect	ik had gereden	wij hadden gereden
	jij had gereden	jullie hadden gereden
	hij had gereden	zij hadden gereden
	u had gereden	

Future Perfect	ik zal gereden hebben	wij zullen gereden hebben
	jij zult (zal) gereden hebben	jullie zullen gereden hebben
	hij zal gereden hebben	zij zullen gereden hebben
	u zult gereden hebben	

Conditional Perfect	ik zou gereden hebben	wij zouden gereden hebben
	jij zou gereden hebben	jullie zouden gereden hebben
	hij zou gereden hebben	zij zouden gereden hebben
	u zou(dt) gereden hebben	

INDICATIVE PASSIVE (SYNOPSIS)

Present	worden + gereden	*Past Perfect*	was + gereden
Past	werden + gereden		
Future	zullen + gereden worden	*Future Perfect*	zullen + gereden zijn
Conditional	zouden + gereden worden	*Conditional Perfect*	zouden + gereden zijn
Present Perfect	zijn + gereden		

---

*This verb is both transitive and intransitive. Intransitive *rijden* takes the auxiliary *zijn* when motion <u>toward</u> a place is indicated.

PRINCIPAL PARTS:	*rijzen, rees, gerezen*
IMPERATIVE:	*rijs, rijst, rijst u*
INFINITIVES:	*rijzen, zijn gerezen*

INDICATIVE ACTIVE

Present	ik rijs	wij rijzen
	jij rijst (rijs je?)	jullie rijzen
	hij rijst	zij rijzen
	u rijst	

Past	ik rees	wij rezen
	jij rees	jullie rezen
	hij rees	zij rezen
	u rees	

Future	ik zal rijzen	wij zullen rijzen
	jij zult (zal) rijzen	jullie zullen rijzen
	hij zal rijzen	zij zullen rijzen
	u zult rijzen	

Conditional	ik zou rijzen	wij zouden rijzen
	jij zou rijzen	jullie zouden rijzen
	hij zou rijzen	zij zouden rijzen
	u zou(dt) rijzen	

Present Perfect	ik ben gerezen	wij zijn gerezen
	jij bent (ben je?) gerezen	jullie zijn gerezen
	hij is gerezen	zij zijn gerezen
	u bent (is) gerezen	

Past Perfect	ik was gerezen	wij waren gerezen
	jij was gerezen	jullie waren gerezen
	hij was gerezen	zij waren gerezen
	u was gerezen	

Future Perfect	ik zal gerezen zijn	wij zullen gerezen zijn
	jij zult (zal) gerezen zijn	jullie zullen gerezen zijn
	hij zal gerezen zijn	zij zullen gerezen zijn
	u zult gerezen zijn	

Conditional Perfect	ik zou gerezen zijn	wij zouden gerezen zijn
	jij zou gerezen zijn	jullie zouden gerezen zijn
	hij zou gerezen zijn	zij zouden gerezen zijn
	u zou(dt) gerezen zijn	

PRINCIPAL PARTS: *roepen, riep, geroepen*
IMPERATIVE: *roep, roept, roept u*
INFINITIVES: *roepen, hebben geroepen; worden geroepen, zijn geroepen*

roepen
to call, shout

INDICATIVE ACTIVE

Present	ik roep	wij roepen
	jij roept (roep je?)	jullie roepen
	hij roept	zij roepen
	u roept	
Past	ik riep	wij riepen
	jij riep	jullie riepen
	hij riep	zij riepen
	u riep	
Future	ik zal roepen	wij zullen roepen
	jij zult (zal) roepen	jullie zullen roepen
	hij zal roepen	zij zullen roepen
	u zult roepen	
Conditional	ik zou roepen	wij zouden roepen
	jij zou roepen	jullie zouden roepen
	hij zou roepen	zij zouden roepen
	u zou(dt) roepen	
Present Perfect	ik heb geroepen	wij hebben geroepen
	jij hebt (heb je?) geroepen	jullie hebben geroepen
	hij heeft geroepen	zij hebben geroepen
	u hebt (heeft) geroepen	
Past Perfect	ik had geroepen	wij hadden geroepen
	jij had geroepen	jullie hadden geroepen
	hij had geroepen	zij hadden geroepen
	u had geroepen	
Future Perfect	ik zal geroepen hebben	wij zullen geroepen hebben
	jij zult (zal) geroepen hebben	jullie zullen geroepen hebben
	hij zal geroepen hebben	zij zullen geroepen hebben
	u zult geroepen hebben	
Conditional Perfect	ik zou geroepen hebben	wij zouden geroepen hebben
	jij zou geroepen hebben	jullie zouden geroepen hebben
	hij zou geroepen hebben	zij zouden geroepen hebben
	u zou(dt) geroepen hebben	

INDICATIVE PASSIVE (SYNOPSIS)

Present	worden + geroepen	*Past Perfect*	was + geroepen
Past	werden + geroepen		
Future	zullen + geroepen worden	*Future Perfect*	zullen + geroepen zijn
Conditional	zouden + geroepen worden	*Conditional Perfect*	zouden + geroepen zijn
Present Perfect	zijn + geroepen		

PRINCIPAL PARTS:	*roken, rookte, gerookt*
IMPERATIVE:	*rook, rookt, rookt u*
INFINITIVES:	*roken, hebben gerookt; worden gerookt, zijn gerookt*

INDICATIVE ACTIVE

Present	ik rook	wij roken
	jij rookt (rook je?)	jullie roken
	hij rookt	zij roken
	u rookt	

Past	ik rookte	wij rookten
	jij rookte	jullie rookten
	hij rookte	zij rookten
	u rookte	

Future	ik zal roken	wij zullen roken
	jij zult (zal) roken	jullie zullen roken
	hij zal roken	zij zullen roken
	u zult roken	

Conditional	ik zou roken	wij zouden roken
	jij zou roken	jullie zouden roken
	hij zou roken	zij zouden roken
	u zou(dt) roken	

Present Perfect	ik heb gerookt	wij hebben gerookt
	jij hebt (heb je?) gerookt	jullie hebben gerookt
	hij heeft gerookt	zij hebben gerookt
	u hebt (heeft) gerookt	

Past Perfect	ik had gerookt	wij hadden gerookt
	jij had gerookt	jullie hadden gerookt
	hij had gerookt	zij hadden gerookt
	u had gerookt	

Future Perfect	ik zal gerookt hebben	wij zullen gerookt hebben
	jij zult (zal) gerookt hebben	jullie zullen gerookt hebben
	hij zal gerookt hebben	zij zullen gerookt hebben
	u zult gerookt hebben	

Conditional Perfect	ik zou gerookt hebben	wij zouden gerookt hebben
	jij zou gerookt hebben	jullie zouden gerookt hebben
	hij zou gerookt hebben	zij zouden gerookt hebben
	u zou(dt) gerookt hebben	

INDICATIVE PASSIVE (SYNOPSIS)

Present	worden + gerookt	*Past Perfect*	was + gerookt
Past	werden + gerookt		
Future	zullen + gerookt worden	*Future Perfect*	zullen + gerookt zijn
Conditional	zouden + gerookt worden	*Conditional Perfect*	zouden + gerookt zijn
Present Perfect	zijn + gerookt		

---

*This verb is both transitive and intransitive.

PRINCIPAL PARTS:	*ruiken (rieken†), rook, geroken*
IMPERATIVE:	*ruik, ruikt, ruikt u*
INFINITIVES:	*ruiken, hebben geroken; worden geroken, zijn geroken*

INDICATIVE ACTIVE

Present	ik ruik	wij ruiken
	jij ruikt (ruik je?)	jullie ruiken
	hij ruikt	zij ruiken
	u ruikt	
Past	ik rook	wij roken
	jij rook	jullie roken
	hij rook	zij roken
	u rook	
Future	ik zal ruiken	wij zullen ruiken
	jij zult (zal) ruiken	jullie zullen ruiken
	hij zal ruiken	zij zullen ruiken
	u zult ruiken	
Conditional	ik zou ruiken	wij zouden ruiken
	jij zou ruiken	jullie zouden ruiken
	hij zou ruiken	zij zouden ruiken
	u zou(dt) ruiken	
Present Perfect	ik heb geroken	wij hebben geroken
	jij hebt (heb je?) geroken	jullie hebben geroken
	hij heeft geroken	zij hebben geroken
	u hebt (heeft) geroken	
Past Perfect	ik had geroken	wij hadden geroken
	jij had geroken	jullie hadden geroken
	hij had geroken	zij hadden geroken
	u had geroken	
Future Perfect	ik zal geroken hebben	wij zullen geroken hebben
	jij zult (zal) geroken hebben	jullie zullen geroken hebben
	hij zal geroken hebben	zij zullen geroken hebben
	u zult geroken hebben	
Conditional Perfect	ik zou geroken hebben	wij zouden geroken hebben
	jij zou geroken hebben	jullie zouden geroken hebben
	hij zou geroken hebben	zij zouden geroken hebben
	u zou(dt) geroken hebben	

INDICATIVE PASSIVE (SYNOPSIS)

Present	worden + geroken		Past Perfect	was + geroken
Past	werden + geroken			
Future	zullen + geroken worden		Future Perfect	zullen + geroken zijn
Conditional	zouden + geroken worden		Conditional Perfect	zouden + geroken zijn
Present Perfect	zijn + geroken			

---

*This verb is both transitive and intransitive. Note the following intransitive usage: "Hij ruikt naar bier" (He smells of beer).

†The infinitive form *rieken* is regional.

PRINCIPAL PARTS:	*scheiden, scheidde, gescheiden*	**scheiden**
IMPERATIVE:	*scheid, scheidt, scheidt u*	*to divide, sever, take leave;*
INFINITIVES:	*scheiden, hebben (zijn*) gescheiden;*	*to die*;*
	worden gescheiden, zijn gescheiden	*to divorce‡*

INDICATIVE ACTIVE

Present	ik scheid	wij scheiden
	jij scheidt (scheid je?)	jullie scheiden
	hij scheidt	zij scheiden
	u scheidt	
Past	ik scheidde	wij scheidden
	jij scheidde	jullie scheidden
	hij scheidde	zij scheidden
	u scheidde	
Future	ik zal scheiden	wij zullen scheiden
	jij zult (zal) scheiden	jullie zullen scheiden
	hij zal scheiden	zij zullen scheiden
	u zult scheiden	
Conditional	ik zou scheiden	wij zouden scheiden
	jij zou scheiden	jullie zouden scheiden
	hij zou scheiden	zij zouden scheiden
	u zou(dt) scheiden	
Present Perfect	ik heb gescheiden	wij hebben gescheiden
	jij hebt (heb je?) gescheiden	jullie hebben gescheiden
	hij heeft gescheiden	zij hebben gescheiden
	u hebt (heeft) gescheiden	
Past Perfect	ik had gescheiden	wij hadden gescheiden
	jij had gescheiden	jullie hadden gescheiden
	hij had gescheiden	zij hadden gescheiden
	u had gescheiden	
Future Perfect	ik zal gescheiden hebben	wij zullen gescheiden hebben
	jij zult (zal) gescheiden hebben	jullie zullen gescheiden hebben
	hij zal gescheiden hebben	zij zullen gescheiden hebben
	u zult gescheiden hebben	
Conditional Perfect	ik zou gescheiden hebben	wij zouden gescheiden hebben
	jij zou gescheiden hebben	jullie zouden gescheiden hebben
	hij zou gescheiden hebben	zij zouden gescheiden hebben
	u zou(dt) gescheiden hebben	

INDICATIVE PASSIVE (SYNOPSIS)

Present	worden + gescheiden	*Past Perfect*	was + gescheiden
Past	werden + gescheiden		
Future	zullen + gescheiden worden	*Future Perfect*	zullen + gescheiden zijn
Conditional	zouden + gescheiden worden	*Conditional Perfect*	zouden + gescheiden zijn
Present Perfect	zijn + gescheiden		

---

*Intransitive *scheiden* is conjugated with the auxiliary *zijn*.

†Most common is a reflexive construction of the type, "Zij liet zich van hem scheiden" (She divorced him).

PRINCIPAL PARTS: *schenken, schonk, geschonken*
IMPERATIVE: *schenk, schenkt, schenkt u*
INFINITIVES: *schenken, hebben geschonken;*
worden geschonken, zijn geschonken

schenken
to pour*;
to give, bestow

INDICATIVE ACTIVE

Present	ik schenk	wij schenken
	jij schenkt (schenk je?)	jullie schenken
	hij schenkt	zij schenken
	u schenkt	
Past	ik schonk	wij schonken
	jij schonk	jullie schonken
	hij schonk	zij schonken
	u schonk	
Future	ik zal schenken	wij zullen schenken
	jij zult (zal) schenken	jullie zullen schenken
	hij zal schenken	zij zullen schenken
	u zult schenken	
Conditional	ik zou schenken	wij zouden schenken
	jij zou schenken	jullie zouden schenken
	hij zou schenken	zij zouden schenken
	u zou(dt) schenken	
Present	ik heb geschonken	wij hebben geschonken
Perfect	jij hebt (heb je?) geschonken	jullie hebben geschonken
	hij heeft geschonken	zij hebben geschonken
	u hebt (heeft) geschonken	
Past	ik had geschonken	wij hadden geschonken
Perfect	jij had geschonken	jullie hadden geschonken
	hij had geschonken	zij hadden geschonken
	u had geschonken	
Future	ik zal geschonken hebben	wij zullen geschonken hebben
Perfect	jij zult (zal) geschonken hebben	jullie zullen geschonken hebben
	hij zal geschonken hebben	zij zullen geschonken hebben
	u zult geschonken hebben	
Conditional	ik zou geschonken hebben	wij zouden geschonken hebben
Perfect	jij zou geschonken hebben	jullie zouden geschonken hebben
	hij zou geschonken hebben	zij zouden geschonken hebben
	u zou(dt) geschonken hebben	

INDICATIVE PASSIVE (SYNOPSIS)

Present	worden + geschonken	*Past Perfect*	was + geschonken
Past	werden + geschonken		
Future	zullen + geschonken worden	*Future Perfect*	zullen + geschonken zijn
Conditional	zouden + geschonken worden	*Conditional Perfect*	zouden + geschonken zijn
Present Perfect	zijn + geschonken		

*schenken also is used intransitively in the sense "to serve drinks."

PRINCIPAL PARTS: *scheppen, schiep, geschapen* **scheppen**
IMPERATIVE: *schep, schept, schept u* *to create*
INFINITIVES: *scheppen, hebben geschapen; worden geschapen, zijn geschapen*

INDICATIVE ACTIVE

Present	ik schep	wij scheppen
	jij schept (schep je?)	jullie scheppen
	hij schept	zij scheppen
	u schept	
Past	ik schiep	wij schiepen
	jij schiep	jullie schiepen
	hij schiep	zij schiepen
	u schiep	
Future	ik zal scheppen	wij zullen scheppen
	jij zult (zal) scheppen	jullie zullen scheppen
	hij zal scheppen	zij zullen scheppen
	u zult scheppen	
Conditional	ik zou scheppen	wij zouden scheppen
	jij zou scheppen	jullie zouden scheppen
	hij zou scheppen	zij zouden scheppen
	u zou(dt) scheppen	
Present	ik heb geschapen	wij hebben geschapen
Perfect	jij hebt (heb je?) geschapen	jullie hebben geschapen
	hij heeft geschapen	zij hebben geschapen
	u hebt (heeft) geschapen	
Past	ik had geschapen	wij hadden geschapen
Perfect	jij had geschapen	jullie hadden geschapen
	hij had geschapen	zij hadden geschapen
	u had geschapen	
Future	ik zal geschapen hebben	wij zullen geschapen hebben
Perfect	jij zult (zal) geschapen hebben	jullie zullen geschapen hebben
	hij zal geschapen hebben	zij zullen geschapen hebben
	u zult geschapen hebben	
Conditional	ik zou geschapen hebben	wij zouden geschapen hebben
Perfect	jij zou geschapen hebben	jullie zouden geschapen hebben
	hij zou geschapen hebben	zij zouden geschapen hebben
	u zou(dt) geschapen hebben	

INDICATIVE PASSIVE (SYNOPSIS)

Present	worden + geschapen	*Past Perfect*	was + geschapen
Past	werden + geschapen		
Future	zullen + geschapen worden	*Future Perfect*	zullen + geschapen zijn
Conditional	zouden + geschapen worden		
Present Perfect	zijn + geschapen	*Conditional Perfect*	zouden + geschapen zijn

149

PRINCIPAL PARTS:	*scheren, schoor, geschoren*	**scheren**
IMPERATIVE:	*scheer, scheert, scheert u*	*to shave*;*
INFINITIVES:	*scheren, hebben geschoren;*	*to shear, clip*
	worden geschoren, zijn geschoren	

INDICATIVE ACTIVE

Present	ik scheer	wij scheren	
	jij scheert (scheer je?)	jullie scheren	
	hij scheert	zij scheren	
	u scheert		
Past	ik schoor	wij schoren	
	jij schoor	jullie schoren	
	hij schoor	zij schoren	
	u schoor		
Future	ik zal scheren	wij zullen scheren	
	jij zult (zal) scheren	jullie zullen scheren	
	hij zal scheren	zij zullen scheren	
	u zult scheren		
Conditional	ik zou scheren	wij zouden scheren	
	jij zou scheren	jullie zouden scheren	
	hij zou scheren	zij zouden scheren	
	u zou(dt) scheren		
Present Perfect	ik heb geschoren	wij hebben geschoren	
	jij hebt (heb je?) geschoren	jullie hebben geschoren	
	hij heeft geschoren	zij hebben geschoren	
	u hebt (heeft) geschoren		
Past Perfect	ik had geschoren	wij hadden geschoren	
	jij had geschoren	jullie hadden geschoren	
	hij had geschoren	zij hadden geschoren	
	u had geschoren		
Future Perfect	ik zal geschoren hebben	wij zullen geschoren hebben	
	jij zult (zal) geschoren hebben	jullie zullen geschoren hebben	
	hij zal geschoren hebben	zij zullen geschoren hebben	
	u zult geschoren hebben		
Conditional Perfect	ik zou geschoren hebben	wij zouden geschoren hebben	
	jij zou geschoren hebben	jullie zouden geschoren hebben	
	hij zou geschoren hebben	zij zouden geschoren hebben	
	u zou(dt) geschoren hebben		

INDICATIVE PASSIVE (SYNOPSIS)

Present	worden + geschoren	*Past Perfect*	was + geschoren
Past	werden + geschoren		
Future	zullen + geschoren worden	*Future Perfect*	zullen + geschoren zijn
Conditional	zouden + geschoren worden	*Conditional Perfect*	zouden + geschoren zijn
Present Perfect	zijn + geschoren		

---

*When the subject shaves himself, Dutch requires a reflexive pronoun as direct object. Thus, "Ik scheer *me* iedere dag" (I shave every day).

PRINCIPAL PARTS:	*schieten, schoot, geschoten*	**schieten**
IMPERATIVE:	*schiet, schiet, schiet u*	*to shoot, fire;*
INFINITIVES:	*schieten, hebben (zijn*) geschoten;*	*to flash (thought, pain, etc.)**
	worden geschoten, zijn geschoten	

INDICATIVE ACTIVE

Present	ik schiet	wij schieten
	jij schiet (schiet je?)	jullie schieten
	hij schiet	zij schieten
	u schiet	

Past	ik schoot	wij schoten
	jij schoot	jullie schoten
	hij schoot	zij schoten
	u schoot	

Future	ik zal schieten	wij zullen schieten
	jij zult (zal) schieten	jullie zullen schieten
	hij zal schieten	zij zullen schieten
	u zult schieten	

Conditional	ik zou schieten	wij zouden schieten
	jij zou schieten	jullie zouden schieten
	hij zou schieten	zij zouden schieten
	u zou(dt) schieten	

Present Perfect	ik heb geschoten	wij hebben geschoten
	jij hebt (heb je?) geschoten	jullie hebben geschoten
	hij heeft geschoten	zij hebben geschoten
	u hebt (heeft) geschoten	

Past Perfect	ik had geschoten	wij hadden geschoten
	jij had geschoten	jullie hadden geschoten
	hij had geschoten	zij hadden geschoten
	u had geschoten	

Future Perfect	ik zal geschoten hebben	wij zullen geschoten hebben
	jij zult (zal) geschoten hebben	jullie zullen geschoten hebben
	hij zal geschoten hebben	zij zullen geschoten hebben
	u zult geschoten hebben	

Conditional Perfect	ik zou geschoten hebben	wij zouden geschoten hebben
	jij zou geschoten hebben	jullie zouden geschoten hebben
	hij zou geschoten hebben	zij zouden geschoten hebben
	u zou(dt) geschoten hebben	

INDICATIVE PASSIVE (SYNOPSIS)

Present	worden + geschoten	*Past Perfect*	was + geschoten
Past	werden + geschoten		
Future	zullen + geschoten worden	*Future Perfect*	zullen + geschoten zijn
Conditional	zouden + geschoten worden	*Conditional Perfect*	zouden + geschoten zijn
Present Perfect	zijn + geschoten		

*Intransitive *schieten* meaning "to flash" is conjugated with the auxiliary *zijn*.

151

PRINCIPAL PARTS:	*schijnen, scheen, geschenen*	**schijnen**
IMPERATIVE:	*schijn, schijnt, schijnt u*	*to shine;*
INFINITIVES:	*schijnen, hebben geschenen*	*to seem, appear**

INDICATIVE ACTIVE

Present	ik schijn	wij schijnen
	jij schijnt (schijn je?)	jullie schijnen
	hij schijnt	zij schijnen
	u schijnt	

Past	ik scheen	wij schenen
	jij scheen	jullie schenen
	hij scheen	zij schenen
	u scheen	

Future	ik zal schijnen	wij zullen schijnen
	jij zult (zal) schijnen	jullie zullen schijnen
	hij zal schijnen	zij zullen schijnen
	u zult schijnen	

Conditional	ik zou schijnen	wij zouden schijnen
	jij zou schijnen	jullie zouden schijnen
	hij zou schijnen	zij zouden schijnen
	u zou(dt) schijnen	

Present Perfect	ik heb geschenen	wij hebben geschenen
	jij hebt (heb je?) geschenen	jullie hebben geschenen
	hij heeft geschenen	zij hebben geschenen
	u hebt (heeft) geschenen	

Past Perfect	ik had geschenen	wij hadden geschenen
	jij had geschenen	jullie hadden geschenen
	hij had geschenen	zij hadden geschenen
	u had geschenen	

Future Perfect	ik zal geschenen hebben	wij zullen geschenen hebben
	jij zult (zal) geschenen hebben	jullie zullen geschenen hebben
	hij zal geschenen hebben	zij zullen geschenen hebben
	u zult geschenen hebben	

Conditional Perfect	ik zou geschenen hebben	wij zouden geschenen hebben
	jij zou geschenen hebben	jullie zouden geschenen hebben
	hij zou geschenen hebben	zij zouden geschenen hebben
	u zou(dt) geschenen hebben	

---

*An infinitive clause frequently follows. Thus, "Hij schijnt rijk te zijn" (He appears to be rich).

PRINCIPAL PARTS: *schrijven, schreef, geschreven*
IMPERATIVE: *schrijf, schrijft, schrijft u*
INFINITIVES: *schrijven, hebben geschreven; worden geschreven, zijn geschreven*

schrijven
to write

INDICATIVE ACTIVE

Present	ik schrijf	wij schrijven
	jij schrijft (schrijf je?)	jullie schrijven
	hij schrijft	zij schrijven
	u schrijft	
Past	ik schreef	wij schreven
	jij schreef	jullie schreven
	hij schreef	zij schreven
	u schreef	
Future	ik zal schrijven	wij zullen schrijven
	jij zult (zal) schrijven	jullie zullen schrijven
	hij zal schrijven	zij zullen schrijven
	u zult schrijven	
Conditional	ik zou schrijven	wij zouden schrijven
	jij zou schrijven	jullie zouden schrijven
	hij zou schrijven	zij zouden schrijven
	u zou(dt) schrijven	
Present	ik heb geschreven	wij hebben geschreven
Perfect	jij hebt (heb je?) geschreven	jullie hebben geschreven
	hij heeft geschreven	zij hebben geschreven
	u hebt (heeft) geschreven	
Past	ik had geschreven	wij hadden geschreven
Perfect	jij had geschreven	jullie hadden geschreven
	hij had geschreven	zij hadden geschreven
	u had geschreven	
Future	ik zal geschreven hebben	wij zullen geschreven hebben
Perfect	jij zult (zal) geschreven hebben	jullie zullen geschreven hebben
	hij zal geschreven hebben	zij zullen geschreven hebben
	u zult geschreven hebben	
Conditional	ik zou geschreven hebben	wij zouden geschreven hebben
Perfect	jij zou geschreven hebben	jullie zouden geschreven hebben
	hij zou geschreven hebben	zij zouden geschreven hebben
	u zou(dt) geschreven hebben	

INDICATIVE PASSIVE (SYNOPSIS)

Present	worden + geschreven	*Past Perfect*	was + geschreven
Past	werden + geschreven		
Future	zullen + geschreven worden	*Future Perfect*	zullen + geschreven zijn
Conditional	zouden + geschreven worden	*Conditional Perfect*	zouden + geschreven zijn
Present Perfect	zijn + geschreven		

PRINCIPAL PARTS:	*schrikken, schrok, geschrokken*	**schrikken***
IMPERATIVE:	*schrik, schrikt, schrikt u*	*to be frightened*
INFINITIVES:	*schrikken, zijn geschrokken*	

INDICATIVE ACTIVE

Present	ik schrik	wij schrikken
	jij schrikt (schrik je?)	jullie schrikken
	hij schrikt	zij schrikken
	u schrikt	

Past	ik schrok	wij schrokken
	jij schrok	jullie schrokken
	hij schrok	zij schrokken
	u schrok	

Future	ik zal schrikken	wij zullen schrikken
	jij zult (zal) schrikken	jullie zullen schrikken
	hij zal schrikken	zij zullen schrikken
	u zult schrikken	

Conditional	ik zou schrikken	wij zouden schrikken
	jij zou schrikken	jullie zouden schrikken
	hij zou schrikken	zij zouden schrikken
	u zou(dt) schrikken	

Present *Perfect*	ik ben geschrokken	wij zijn geschrokken
	jij bent (ben je?) geschrokken	jullie zijn geschrokken
	hij is geschrokken	zij zijn geschrokken
	u bent (is) geschrokken	

Past *Perfect*	ik was geschrokken	wij waren geschrokken
	jij was geschrokken	jullie waren geschrokken
	hij was geschrokken	zij waren geschrokken
	u was geschrokken	

Future *Perfect*	ik zal geschrokken zijn	wij zullen geschrokken zijn
	jij zult (zal) geschrokken zijn	jullie zullen geschrokken zijn
	hij zal geschrokken zijn	zij zullen geschrokken zijn
	u zult geschrokken zijn	

Conditional *Perfect*	ik zou geschrokken zijn	wij zouden geschrokken zijn
	jij zou geschrokken zijn	jullie zouden geschrokken zijn
	hij zou geschrokken zijn	zij zouden geschrokken zijn
	u zou(dt) geschrokken zijn	

---

*schrikken is actually two verbs, the intransitive one conjugated here and the transitive verb meaning "to frighten." The latter has the principal parts *schrikken, schrikte, geschrikt* and takes the auxiliary *hebben*.

PRINCIPAL PARTS*: *schuilen, schuilde, geschuild*
IMPERATIVE: *schuil, schuilt, schuilt u*
INFINITIVES: *schuilen, hebben geschuild*

schuilen
to hide, take shelter

INDICATIVE ACTIVE

Present	ik schuil	wij schuilen
	jij schuilt (schuil je?)	jullie schuilen
	hij schuilt	zij schuilen
	u schuilt	
Past	ik schuilde	wij schuilden
	jij schuilde	jullie schuilden
	hij schuilde	zij schuilden
	u schuilde	
Future	ik zal schuilen	wij zullen schuilen
	jij zult (zal) schuilen	jullie zullen schuilen
	hij zal schuilen	zij zullen schuilen
	u zult schuilen	
Conditional	ik zou schuilen	wij zouden schuilen
	jij zou schuilen	jullie zouden schuilen
	hij zou schuilen	zij zouden schuilen
	u zou(dt) schuilen	
Present Perfect	ik heb geschuild	wij hebben geschuild
	jij hebt (heb je?) geschuild	jullie hebben geschuild
	hij heeft geschuild	zij hebben geschuild
	u hebt (heeft) geschuild	
Past Perfect	ik had geschuild	wij hadden geschuild
	jij had geschuild	jullie hadden geschuild
	hij had geschuild	zij hadden geschuild
	u had geschuild	
Future Perfect	ik zal geschuild hebben	wij zullen geschuild hebben
	jij zult (zal) geschuild hebben	jullie zullen geschuild hebben
	hij zal geschuild hebben	zij zullen geschuild hebben
	u zult geschuild hebben	
Conditional Perfect	ik zou geschuild hebben	wij zouden geschuild hebben
	jij zou geschuild hebben	jullie zouden geschuild hebben
	hij zou geschuild hebben	zij zouden geschuild hebben
	u zou(dt) geschuild hebben	

---

schuilen may also be conjugated with the strong principal parts: *schuilen, school, gescholen*. Here, too, the auxiliary verb is *hebben*.

PRINCIPAL PARTS:	*schuiven, schoof, geschoven*	**schuiven**
IMPERATIVE:	*schuif, schuift, schuift u*	*to push, shove;*
INFINITIVES:	*schuiven, hebben (zijn*) geschoven;*	*to slide, slip**
	worden geschoven, zijn geschoven	

INDICATIVE ACTIVE

Present	ik schuif	wij schuiven
	jij schuift (schuif je?)	jullie schuiven
	hij schuift	zij schuiven
	u schuift	
Past	ik schoof	wij schoven
	jij schoof	jullie schoven
	hij schoof	zij schoven
	u schoof	
Future	ik zal schuiven	wij zullen schuiven
	jij zult (zal) schuiven	jullie zullen schuiven
	hij zal schuiven	zij zullen schuiven
	u zult schuiven	
Conditional	ik zou schuiven	wij zouden schuiven
	jij zou schuiven	jullie zouden schuiven
	hij zou schuiven	zij zouden schuiven
	u zou(dt) schuiven	
Present Perfect	ik heb geschoven	wij hebben geschoven
	jij hebt (heb je?) geschoven	jullie hebben geschoven
	hij heeft geschoven	zij hebben geschoven
	u hebt (heeft) geschoven	
Past Perfect	ik had geschoven	wij hadden geschoven
	jij had geschoven	jullie hadden geschoven
	hij had geschoven	zij hadden geschoven
	u had geschoven	
Future Perfect	ik zal geschoven hebben	wij zullen geschoven hebben
	jij zult (zal) geschoven hebben	jullie zullen geschoven hebben
	hij zal geschoven hebben	zij zullen geschoven hebben
	u zult geschoven hebben	
Conditional Perfect	ik zou geschoven hebben	wij zouden geschoven hebben
	jij zou geschoven hebben	jullie zouden geschoven hebben
	hij zou geschoven hebben	zij zouden geschoven hebben
	u zou(dt) geschoven hebben	

INDICATIVE PASSIVE (SYNOPSIS)

Present	worden + geschoven	*Past Perfect*	was + geschoven
Past	werden + geschoven		
Future	zullen + geschoven worden	*Future Perfect*	zullen + geschoven zijn
Conditional	zouden + geschoven worden	*Conditional Perfect*	zouden + geschoven zijn
Present Perfect	zijn + geschoven		

---

*Intransitive *schuiven* ("to slide, slip") is conjugated with the auxiliary *zijn.*

PRINCIPAL PARTS: *slaan, sloeg, geslagen*
IMPERATIVE: *sla, slaat, slaat u*
INFINITIVES: *slaan, hebben geslagen; worden geslagen, zijn geslagen*

slaan
to strike, beat

INDICATIVE ACTIVE

Present	ik sla	wij slaan
	jij slaat (sla je?)	jullie slaan
	hij slaat	zij slaan
	u slaat	
Past	ik sloeg	wij sloegen
	jij sloeg	jullie sloegen
	hij sloeg	zij sloegen
	u sloeg	
Future	ik zal slaan	wij zullen slaan
	jij zult (zal) slaan	jullie zullen slaan
	hij zal slaan	zij zullen slaan
	u zult slaan	
Conditional	ik zou slaan	wij zouden slaan
	jij zou slaan	jullie zouden slaan
	hij zou slaan	zij zouden slaan
	u zou(dt) slaan	
Present Perfect	ik heb geslagen	wij hebben geslagen
	jij hebt (heb je?) geslagen	jullie hebben geslagen
	hij heeft geslagen	zij hebben geslagen
	u hebt (heeft) geslagen	
Past Perfect	ik had geslagen	wij hadden geslagen
	jij had geslagen	jullie hadden geslagen
	hij had geslagen	zij hadden geslagen
	u had geslagen	
Future Perfect	ik zal geslagen hebben	wij zullen geslagen hebben
	jij zult (zal) geslagen hebben	jullie zullen geslagen hebben
	hij zal geslagen hebben	zij zullen geslagen hebben
	u zult geslagen hebben	
Conditional Perfect	ik zou geslagen hebben	wij zouden geslagen hebben
	jij zou geslagen hebben	jullie zouden geslagen hebben
	hij zou geslagen hebben	zij zouden geslagen hebben
	u zou(dt) geslagen hebben	

INDICATIVE PASSIVE (SYNOPSIS)

Present	worden + geslagen	*Past Perfect*	was + geslagen
Past	werden + geslagen		
Future	zullen + geslagen worden	*Future Perfect*	zullen + geslagen zijn
Conditional	zouden + geslagen worden	*Conditional Perfect*	zouden + geslagen zijn
Present Perfect	zijn + geslagen		

PRINCIPAL PARTS:	*slagen, slaagde, geslaagd*	**slagen**
IMPERATIVE:	*Does not occur.*	*to succeed*;*
INFINITIVES:	*slagen, zijn geslaagd*	*to pass (an exam)*†

INDICATIVE ACTIVE

Present	ik slaag	wij slagen
	jij slaagt (slaag je?)	jullie slagen
	hij slaagt	zij slagen
	u slaagt	
Past	ik slaagde	wij slaagden
	jij slaagde	jullie slaagden
	hij slaagde	zij slaagden
	u slaagde	
Future	ik zal slagen	wij zullen slagen
	jij zult (zal) slagen	jullie zullen slagen
	hij zal slagen	zij zullen slagen
	u zult slagen	
Conditional	ik zou slagen	wij zouden slagen
	jij zou slagen	jullie zouden slagen
	hij zou slagen	zij zouden slagen
	u zou(dt) slagen	
Present *Perfect*	ik ben geslaagd	wij zijn geslaagd
	jij bent (ben je?) geslaagd	jullie zijn geslaagd
	hij is geslaagd	zij zijn geslaagd
	u bent (is) geslaagd	
Past *Perfect*	ik was geslaagd	wij waren geslaagd
	jij was geslaagd	jullie waren geslaagd
	hij was geslaagd	zij waren geslaagd
	u was geslaagd	
Future *Perfect*	ik zal geslaagd zijn	wij zullen geslaagd zijn
	jij zult (zal) geslaagd zijn	jullie zullen geslaagd zijn
	hij zal geslaagd zijn	zij zullen geslaagd zijn
	u zult geslaagd zijn	
Conditional *Perfect*	ik zou geslaagd zijn	wij zouden geslaagd zijn
	jij zou geslaagd zijn	jullie zouden geslaagd zijn
	hij zou geslaagd zijn	zij zouden geslaagd zijn
	u zou(dt) geslaagd zijn	

---

*That which one succeeds at becomes the object of a preposition, usually in or met. Note: "Hij is er in geslaagd" (He succeeded in it).

†The test or exam which one passes becomes the object of the preposition *voor*. Note: "Hij is voor Duits geslaagd" (He passed the German exam).

158

PRINCIPAL PARTS:	*slapen, sliep, geslapen*
IMPERATIVE:	*slaap, slaapt, slaapt u*
INFINITIVES:	*slapen, hebben geslapen*

INDICATIVE ACTIVE

Present	ik slaap	wij slapen
	jij slaapt (slaap je?)	jullie slapen
	hij slaapt	zij slapen
	u slaapt	

Past	ik sliep	wij sliepen
	jij sliep	jullie sliepen
	hij sliep	zij sliepen
	u sliep	

Future	ik zal slapen	wij zullen slapen
	jij zult (zal) slapen	jullie zullen slapen
	hij zal slapen	zij zullen slapen
	u zult slapen	

Conditional	ik zou slapen	wij zouden slapen
	jij zou slapen	jullie zouden slapen
	hij zou slapen	zij zouden slapen
	u zou(dt) slapen	

Present *Perfect*	ik heb geslapen	wij hebben geslapen
	jij hebt (heb je?) geslapen	jullie hebben geslapen
	hij heeft geslapen	zij hebben geslapen
	u hebt (heeft) geslapen	

Past *Perfect*	ik had geslapen	wij hadden geslapen
	jij had geslapen	jullie hadden geslapen
	hij had geslapen	zij hadden geslapen
	u had geslapen	

Future *Perfect*	ik zal geslapen hebben	wij zullen geslapen hebben
	jij zult (zal) geslapen hebben	jullie zullen geslapen hebben
	hij zal geslapen hebben	zij zullen geslapen hebben
	u zult geslapen hebben	

Conditional *Perfect*	ik zou geslapen hebben	wij zouden geslapen hebben
	jij zou geslapen hebben	jullie zouden geslapen hebben
	hij zou geslapen hebben	zij zouden geslapen hebben
	u zou(dt) geslapen hebben	

INDICATIVE PASSIVE

Note that this verb does not form a regular passive, but that it commonly appears in impersonal passive constructions. For example, "Er wordt veel te veel geslapen" (Much too much time is spent sleeping).

slijpen

to grind, cut, sharpen

INDICATIVE ACTIVE

Present	ik slijp	wij slijpen
	jij slijpt (slijp je?)	jullie slijpen
	hij slijpt	zij slijpen
	u slijpt	

Past	ik sleep	wij slepen
	jij sleep	jullie slepen
	hij sleep	zij slepen
	u sleep	

Future	ik zal slijpen	wij zullen slijpen
	jij zult (zal) slijpen	jullie zullen slijpen
	hij zal slijpen	zij zullen slijpen
	u zult slijpen	

Conditional	ik zou slijpen	wij zouden slijpen
	jij zou slijpen	jullie zouden slijpen
	hij zou slijpen	zij zouden slijpen
	u zou(dt) slijpen	

Present Perfect	ik heb geslepen	wij hebben geslepen
	jij hebt (heb je?) geslepen	jullie hebben geslepen
	hij heeft geslepen	zij hebben geslepen
	u hebt (heeft) geslepen	

Past Perfect	ik had geslepen	wij hadden geslepen
	jij had geslepen	jullie hadden geslepen
	hij had geslepen	zij hadden geslepen
	u had geslepen	

Future Perfect	ik zal geslepen hebben	wij zullen geslepen hebben
	jij zult (zal) geslepen hebben	jullie zullen geslepen hebben
	hij zal geslepen hebben	zij zullen geslepen hebben
	u zult geslepen hebben	

Conditional Perfect	ik zou geslepen hebben	wij zouden geslepen hebben
	jij zou geslepen hebben	jullie zouden geslepen hebben
	hij zou geslepen hebben	zij zouden geslepen hebben
	u zou(dt) geslepen hebben	

INDICATIVE PASSIVE (SYNOPSIS)

Present	worden + geslepen	*Past Perfect*	was + geslepen
Past	werden + geslepen		
Future	zullen + geslepen worden	*Future Perfect*	zullen + geslepen zijn
Conditional	zouden + geslepen worden		
Present Perfect	zijn + geslepen	*Conditional Perfect*	zouden + geslepen zijn

sluiten

to shut, close, lock

INDICATIVE ACTIVE

Present	ik sluit	wij sluiten
	jij sluit (sluit je?)	jullie sluiten
	hij sluit	zij sluiten
	u sluit	

Past	ik sloot	wij sloten
	jij sloot	jullie sloten
	hij sloot	zij sloten
	u sloot	

Future	ik zal sluiten	wij zullen sluiten
	jij zult (zal) sluiten	jullie zullen sluiten
	hij zal sluiten	zij zullen sluiten
	u zult sluiten	

Conditional	ik zou sluiten	wij zouden sluiten
	jij zou sluiten	jullie zouden sluiten
	hij zou sluiten	zij zouden sluiten
	u zou(dt) sluiten	

Present Perfect	ik heb gesloten	wij hebben gesloten
	jij hebt (heb je?) gesloten	jullie hebben gesloten
	hij heeft gesloten	zij hebben gesloten
	u hebt (heeft) gesloten	

Past Perfect	ik had gesloten	wij hadden gesloten
	jij had gesloten	jullie hadden gesloten
	hij had gesloten	zij hadden gesloten
	u had gesloten	

Future Perfect	ik zal gesloten hebben	wij zullen gesloten hebben
	jij zult (zal) gesloten hebben	jullie zullen gesloten hebben
	hij zal gesloten hebben	zij zullen gesloten hebben
	u zult gesloten hebben	

Conditional Perfect	ik zou gesloten hebben	wij zouden gesloten hebben
	jij zou gesloten hebben	jullie zouden gesloten hebben
	hij zou gesloten hebben	zij zouden gesloten hebben
	u zou(dt) gesloten hebben	

INDICATIVE PASSIVE (SYNOPSIS)

Present	worden + gesloten	*Past Perfect*	was + gesloten
Past	werden + gesloten		
Future	zullen + gesloten worden	*Future Perfect*	zullen + gesloten zijn
Conditional	zouden + gesloten worden	*Conditional Perfect*	zouden + gesloten zijn
Present Perfect	zijn + gesloten		

PRINCIPAL PARTS:	*smaken, smaakte, gesmaakt*	**smaken***
IMPERATIVE:	*smaak, smaakt, smaakt u*	*to taste*
INFINITIVES:	*smaken, hebben gesmaakt; worden gesmaakt, zijn gesmaakt*	

INDICATIVE ACTIVE

Present	ik smaak	wij smaken
	jij smaakt (smaak je?)	jullie smaken
	hij smaakt	zij smaken
	u smaakt	

Past	ik smaakte	wij smaakten
	jij smaakte	jullie smaakten
	hij smaakte	zij smaakten
	u smaakte	

Future	ik zal smaken	wij zullen smaken
	jij zult (zal) smaken	jullie zullen smaken
	hij zal smaken	zij zullen smaken
	u zult smaken	

Conditional	ik zou smaken	wij zouden smaken
	jij zou smaken	jullie zouden smaken
	hij zou smaken	zij zouden smaken
	u zou(dt) smaken	

Present Perfect	ik heb gesmaakt	wij hebben gesmaakt
	jij hebt (heb je?) gesmaakt	jullie hebben gesmaakt
	hij heeft gesmaakt	zij hebben gesmaakt
	u hebt (heeft) gesmaakt	

Past Perfect	ik had gesmaakt	wij hadden gesmaakt
	jij had gesmaakt	jullie hadden gesmaakt
	hij had gesmaakt	zij hadden gesmaakt
	u had gesmaakt	

Future Perfect	ik zal gesmaakt hebben	wij zullen gesmaakt hebben
	jij zult (zal) gesmaakt hebben	jullie zullen gesmaakt hebben
	hij zal gesmaakt hebben	zij zullen gesmaakt hebben
	u zult gesmaakt hebben	

Conditional Perfect	ik zou gesmaakt hebben	wij zouden gesmaakt hebben
	jij zou gesmaakt hebben	jullie zouden gesmaakt hebben
	hij zou gesmaakt hebben	zij zouden gesmaakt hebben
	u zou(dt) gesmaakt hebben	

INDICATIVE PASSIVE (SYNOPSIS)

Present	worden + gesmaakt	Past Perfect	was + gesmaakt
Past	werden + gesmaakt		
Future	zullen + gesmaakt worden	Future Perfect	zullen + gesmaakt zijn
Conditional	zouden + gesmaakt worden	Conditional Perfect	zouden + gesmaakt zijn
Present Perfect	zijn + gesmaakt		

---

* In contemporary Dutch *smaken* occurs most frequently as an impersonal verb in constructions of the type "Het smaakt me niet" (I don't like the taste of it). Less frequent is the personal, transitive use of the verb, e.g., "Hij heeft de genoegens van het leven gesmaakt" (He has tasted life's pleasures).

PRINCIPAL PARTS:	sneeuwen, sneeuwde, gesneeuwd
IMPERATIVE:	Does not occur.
INFINITIVES:	sneeuwen, hebben gesneeuwd

sneeuwen*
to snow

INDICATIVE ACTIVE

Present	het sneeuwt
Past	het sneeuwde
Future	het zal sneeuwen
Conditional	het zou sneeuwen
Present Perfect	het heeft gesneeuwd
Past Perfect	het had gesneeuwd
Future Perfect	het zal gesneeuwd hebben
Conditional Perfect	het zou gesneeuwd hebben

---

*sneeuwen is an impersonal verb in the active voice.

PRINCIPAL PARTS: *snijden, sneed, gesneden*
IMPERATIVE: *snijd, snijdt, snijdt u*
INFINITIVES: *snijden, hebben gesneden; worden gesneden, zijn gesneden*

snijden
to cut, carve*

INDICATIVE ACTIVE

Present	ik snij(d) jij snijdt (snij je?) hij snijdt u snijdt	wij snijden jullie snijden zij snijden
Past	ik sneed jij sneed hij sneed u sneed	wij sneden jullie sneden zij sneden
Future	ik zal snijden jij zult (zal) snijden hij zal snijden u zult snijden	wij zullen snijden jullie zullen snijden zij zullen snijden
Conditional	ik zou snijden jij zou snijden hij zou snijden u zou(dt) snijden	wij zouden snijden jullie zouden snijden zij zouden snijden
Present Perfect	ik heb gesneden jij hebt (heb je?) gesneden hij heeft gesneden u hebt (heeft) gesneden	wij hebben gesneden jullie hebben gesneden zij hebben gesneden
Past Perfect	ik had gesneden jij had gesneden hij had gesneden u had gesneden	wij hadden gesneden jullie hadden gesneden zij hadden gesneden
Future Perfect	ik zal gesneden hebben jij zult (zal) gesneden hebben hij zal gesneden hebben u zult gesneden hebben	wij zullen gesneden hebben jullie zullen gesneden hebben zij zullen gesneden hebben
Conditional Perfect	ik zou gesneden hebben jij zou gesneden hebben hij zou gesneden hebben u zou(dt) gesneden hebben	wij zouden gesneden hebben jullie zouden gesneden hebben zij zouden gesneden hebben

INDICATIVE PASSIVE (SYNOPSIS)

Present	worden + gesneden	*Past Perfect*	was + gesneden
Past	werden + gesneden		
Future	zullen + gesneden worden	*Future Perfect*	zullen + gesneden zijn
Conditional	zouden + gesneden worden	*Conditional Perfect*	zouden + gesneden zijn
Present Perfect	zijn + gesneden		

---

*If scissors are involved in cutting, the verb *knippen* is used.

PRINCIPAL PARTS:	*spannen, spande, gespannen*
IMPERATIVE:	*span, spant, spant u*
INFINITIVES:	*spannen, hebben gespannen; worden gespannen, zijn gespannen*

spannen
to stretch, tighten, strain, span

INDICATIVE ACTIVE

Present	ik span	wij spannen
	jij spant (span je?)	jullie spannen
	hij spant	zij spannen
	u spant	
Past	ik spande	wij spanden
	jij spande	jullie spanden
	hij spande	zij spanden
	u spande	
Future	ik zal spannen	wij zullen spannen
	jij zult (zal) spannen	jullie zullen spannen
	hij zal spannen	zij zullen spannen
	u zult spannen	
Conditional	ik zou spannen	wij zouden spannen
	jij zou spannen	jullie zouden spannen
	hij zou spannen	zij zouden spannen
	u zou(dt) spannen	
Present Perfect	ik heb gespannen	wij hebben gespannen
	jij hebt (heb je?) gespannen	jullie hebben gespannen
	hij heeft gespannen	zij hebben gespannen
	u hebt (heeft) gespannen	
Past Perfect	ik had gespannen	wij hadden gespannen
	jij had gespannen	jullie hadden gespannen
	hij had gespannen	zij hadden gespannen
	u had gespannen	
Future Perfect	ik zal gespannen hebben	wij zullen gespannen hebben
	jij zult (zal) gespannen hebben	jullie zullen gespannen hebben
	hij zal gespannen hebben	zij zullen gespannen hebben
	u zult gespannen hebben	
Conditional Perfect	ik zou gespannen hebben	wij zouden gespannen hebben
	jij zou gespannen hebben	jullie zouden gespannen hebben
	hij zou gespannen hebben	zij zouden gespannen hebben.
	u zou(dt) gespannen hebben	

INDICATIVE PASSIVE (SYNOPSIS)

Present	worden + gespannen	*Past Perfect*	was + gespannen
Past	werden + gespannen		
Future	zullen + gespannen worden	*Future Perfect*	zullen + gespannen zijn
Conditional	zouden + gespannen worden	*Conditional Perfect*	zouden + gespannen zijn
Present Perfect	zijn + gespannen		

PRINCIPAL PARTS: *spelen, speelde, gespeeld*
IMPERATIVE: *speel, speelt, speelt u*
INFINITIVES: *spelen, hebben gespeeld; worden gespeeld, zijn gespeeld*

INDICATIVE ACTIVE

Present	ik speel	wij spelen
	jij speelt (speel je?)	jullie spelen
	hij speelt	zij spelen
	u speelt	

Past	ik speelde	wij speelden
	jij speelde	jullie speelden
	hij speelde	zij speelden
	u speelde	

Future	ik zal spelen	wij zullen spelen
	jij zult (zal) spelen	jullie zullen spelen
	hij zal spelen	zij zullen spelen
	u zult spelen	

Conditional	ik zou spelen	wij zouden spelen
	jij zou spelen	jullie zouden spelen
	hij zou spelen	zij zouden spelen
	u zou(dt) spelen	

Present Perfect	ik heb gespeeld	wij hebben gespeeld
	jij hebt (heb je?) gespeeld	jullie hebben gespeeld
	hij heeft gespeeld	zij hebben gespeeld
	u hebt (heeft) gespeeld	

Past Perfect	ik had gespeeld	wij hadden gespeeld
	jij had gespeeld	jullie hadden gespeeld
	hij had gespeeld	zij hadden gespeeld
	u had gespeeld	

Future Perfect	ik zal gespeeld hebben	wij zullen gespeeld hebben
	jij zult (zal) gespeeld hebben	jullie zullen gespeeld hebben
	hij zal gespeeld hebben	zij zullen gespeeld hebben
	u zult gespeeld hebben	

Conditional Perfect	ik zou gespeeld hebben	wij zouden gespeeld hebben
	jij zou gespeeld hebben	jullie zouden gespeeld hebben
	hij zou gespeeld hebben	zij zouden gespeeld hebben
	u zou(dt) gespeeld hebben	

INDICATIVE PASSIVE (SYNOPSIS)

Present	worden + gespeeld	*Past Perfect*	was + gespeeld
Past	werden + gespeeld		
Future	zullen + gespeeld worden	*Future Perfect*	zullen + gespeeld zijn
Conditional	zouden + gespeeld worden	*Conditional Perfect*	zouden + gespeeld zijn
Present Perfect	zijn + gespeeld		

PRINCIPAL PARTS: *spijten, speet, gespeten*
IMPERATIVE: *Does not occur.*
INFINITIVES: *spijten, hebben gespeten*

spijten
to be (feel) sorry*

INDICATIVE ACTIVE

Present	het spijt
Past	het speet
Future	het zal spijten
Conditional	het zou spijten
Present Perfect	het heeft gespeten
Past Perfect	het had gespeten
Future Perfect	het zal gespeten hebben
Conditional Perfect	het zou gespeten hebben

---

*spijten is an impersonal verb for which the grammatical subject is usually *het*. The person or persons who feel sorry become the direct object of the verb. Thus: "Het spijt me, dat . . ." (I am sorry that . . .).

PRINCIPAL PARTS: *spreken, sprak, gesproken*
IMPERATIVE: *spreek, spreekt, spreekt u*
INFINITIVES: *spreken, hebben gesproken; worden gesproken, zijn gesproken*

spreken
to speak

INDICATIVE ACTIVE

Present	ik spreek	wij spreken
	jij spreekt (spreek je?)	jullie spreken
	hij spreekt	zij spreken
	u spreekt	
Past	ik sprak	wij spraken*
	jij sprak	jullie spraken
	hij sprak	zij spraken
	u sprak	
Future	ik zal spreken	wij zullen spreken
	jij zult (zal) spreken	jullie zullen spreken
	hij zal spreken	zij zullen spreken
	u zult spreken	
Conditional	ik zou spreken	wij zouden spreken
	jij zou spreken	jullie zouden spreken
	hij zou spreken	zij zouden spreken
	u zou(dt) spreken	
Present Perfect	ik heb gesproken	wij hebben gesproken
	jij hebt (heb je?) gesproken	jullie hebben gesproken
	hij heeft gesproken	zij hebben gesproken
	u hebt (heeft) gesproken	
Past Perfect	ik had gesproken	wij hadden gesproken
	jij had gesproken	jullie hadden gesproken
	hij had gesproken	zij hadden gesproken
	u had gesproken	
Future Perfect	ik zal gesproken hebben	wij zullen gesproken hebben
	jij zult (zal) gesproken hebben	jullie zullen gesproken hebben
	hij zal gesproken hebben	zij zullen gesproken hebben
	u zult gesproken hebben	
Conditional Perfect	ik zou gesproken hebben	wij zouden gesproken hebben
	jij zou gesproken hebben	jullie zouden gesproken hebben
	hij zou gesproken hebben	zij zouden gesproken hebben
	u zou(dt) gesproken hebben	

INDICATIVE PASSIVE (SYNOPSIS)

Present	worden + gesproken		Past Perfect	was + gesproken
Past	werden + gesproken			
Future	zullen + gesproken worden		Future Perfect	zullen + gesproken zijn
Conditional	zouden + gesproken worden		Conditional Perfect	zouden + gesproken zijn
Present Perfect	zijn + gesproken			

*Note that the *a* vowel is long in the plural, while it is short in the singular.

PRINCIPAL PARTS:	*springen, sprong, gesprongen*	**springen**
IMPERATIVE:	*spring, springt, springt u*	*to spring, jump, leap, burst, explode*
INFINITIVES:	*springen, hebben (zijn) gesprongen*	

INDICATIVE ACTIVE

Present	ik spring	wij springen
	jij springt (spring je?)	jullie springen
	hij springt	zij springen
	u springt	
Past	ik sprong	wij sprongen
	jij sprong	jullie sprongen
	hij sprong	zij sprongen
	u sprong	
Future	ik zal springen	wij zullen springen
	jij zult (zal) springen	jullie zullen springen
	hij zal springen	zij zullen springen
	u zult springen	
Conditional	ik zou springen	wij zouden springen
	jij zou springen	jullie zouden springen
	hij zou springen	zij zouden springen
	u zou(dt) springen	
*Present Perfect**	ik heb gesprongen	wij hebben gesprongen
	jij hebt (heb je?) gesprongen	jullie hebben gesprongen
	hij heeft gesprongen	zij hebben gesprongen
	u hebt (heeft) gesprongen	
*Past Perfect**	ik had gesprongen	wij hadden gesprongen
	jij had gesprongen	jullie hadden gesprongen
	hij had gesprongen	zij hadden gesprongen
	u had gesprongen	
*Future Perfect**	ik zal gesprongen hebben	wij zullen gesprongen hebben
	jij zult (zal) gesprongen hebben	jullie zullen gesprongen hebben
	hij zal gesprongen hebben	zij zullen gesprongen hebben
	u zult gesprongen hebben	
*Conditional Perfect**	ik zou gesprongen hebben	wij zouden gesprongen hebben
	jij zou gesprongen hebben	jullie zouden gesprongen hebben
	hij zou gesprongen hebben	zij zouden gesprongen hebben
	u zou(dt) gesprongen hebben	

INDICATIVE PASSIVE

Note that this verb does not form a regular passive, but that it commonly appears in impersonal passive constructions. For example, "Er wordt met enthousiasme gesprongen" (They are jumping with enthusiasm).

---

*springen is conjugated here with the auxiliary *hebben*. If, however, the idea of motion toward a place is conveyed—by the preposition *naar*, for example—*zijn* is used as the auxiliary in the present perfect and past perfect. In the future perfect and conditional perfect, *zijn* would replace *hebben* in forming the perfect infinitive.

PRINCIPAL PARTS: *staan, stond, gestaan*
IMPERATIVE: *sta, staat, staat u*
INFINITIVES: *staan, hebben gestaan*

INDICATIVE ACTIVE

Present	ik sta	wij staan
	jij staat (sta je?)	jullie staan
	hij staat	zij staan
	u staat	
Past	ik stond	wij stonden
	jij stond	jullie stonden
	hij stond	zij stonden
	u stond	
Future	ik zal staan	wij zullen staan
	jij zult (zal) staan	jullie zullen staan
	hij zal staan	zij zullen staan
	u zult staan	
Conditional	ik zou staan	wij zouden staan
	jij zou staan	jullie zouden staan
	hij zou staan	zij zouden staan
	u zou(dt) staan	
Present Perfect	ik heb gestaan	wij hebben gestaan
	jij hebt (heb je?) gestaan	jullie hebben gestaan
	hij heeft gestaan	zij hebben gestaan
	u hebt (heeft) gestaan	
Past Perfect	ik had gestaan	wij hadden gestaan
	jij had gestaan	jullie hadden gestaan
	hij had gestaan	zij hadden gestaan
	u had gestaan	
Future Perfect	ik zal gestaan hebben	wij zullen gestaan hebben
	jij zult (zal) gestaan hebben	jullie zullen gestaan hebben
	hij zal gestaan hebben	zij zullen gestaan hebben
	u zult gestaan hebben	
Conditional Perfect	ik zou gestaan hebben	wij zouden gestaan hebben
	jij zou gestaan hebben	jullie zouden gestaan hebben
	hij zou gestaan hebben	zij zouden gestaan hebben
	u zou(dt) gestaan hebben	

PRINCIPAL PARTS:	*steken, stak, gestoken*	**steken**
IMPERATIVE:	*steek, steekt, steekt u*	*to sting, prick, stick, poke, put*
INFINITIVES:	*steken, hebben gestoken; worden gestoken, zijn gestoken*	

INDICATIVE ACTIVE

Present	ik steek		wij steken
	jij steekt (steek je?)		jullie steken
	hij steekt		zij steken
	u steekt		
Past	ik stak		wij staken*
	jij stak		jullie staken
	hij stak		zij staken
	u stak		
Future	ik zal steken		wij zullen steken
	jij zult (zal) steken		jullie zullen steken
	hij zal steken		zij zullen steken
	u zult steken		
Conditional	ik zou steken		wij zouden steken
	jij zou steken		jullie zouden steken
	hij zou steken		zij zouden steken
	u zou(dt) steken		
Present	ik heb gestoken		wij hebben gestoken
Perfect	jij hebt (heb je?) gestoken		jullie hebben gestoken
	hij heeft gestoken		zij hebben gestoken
	u hebt (heeft) gestoken		
Past	ik had gestoken		wij hadden gestoken
Perfect	jij had gestoken		jullie hadden gestoken
	hij had gestoken		zij hadden gestoken
	u had gestoken		
Future	ik zal gestoken hebben		wij zullen gestoken hebben
Perfect	jij zult (zal) gestoken hebben		jullie zullen gestoken hebben
	hij zal gestoken hebben		zij zullen gestoken hebben
	u zult gestoken hebben		
Conditional	ik zou gestoken hebben		wij zouden gestoken hebben
Perfect	jij zou gestoken hebben		jullie zouden gestoken hebben
	hij zou gestoken hebben		zij zouden gestoken hebben
	u zou(dt) gestoken hebben		

INDICATIVE PASSIVE (SYNOPSIS)

Present	worden + gestoken	*Past Perfect*	was + gestoken
Past	werden + gestoken		
Future	zullen + gestoken worden	*Future Perfect*	zullen + gestoken zijn
Conditional	zouden + gestoken worden	*Conditional Perfect*	zouden + gestoken zijn
Present Perfect	zijn + gestoken		

---

*Note that the *a* vowel is long in the plural, while it is short in the singular.

PRINCIPAL PARTS:	*stelen, stal, gestolen*	**stelen**
IMPERATIVE:	*steel, steelt, steelt u*	*to steal*
INFINITIVES:	*stelen, hebben gestolen; worden gestolen, zijn gestolen*	

INDICATIVE ACTIVE

Present	ik steel	wij stelen
	jij steelt (steel je?)	jullie stelen
	hij steelt	zij stelen
	u steelt	

Past	ik stal	wij stalen*
	jij stal	jullie stalen
	hij stal	zij stalen
	u stal	

Future	ik zal stelen	wij zullen stelen
	jij zult (zal) stelen	jullie zullen stelen
	hij zal stelen	zij zullen stelen
	u zult stelen	

Conditional	ik zou stelen	wij zouden stelen
	jij zou stelen	jullie zouden stelen
	hij zou stelen	zij zouden stelen
	u zou(dt) stelen	

Present Perfect	ik heb gestolen	wij hebben gestolen
	jij hebt (heb je?) gestolen	jullie hebben gestolen
	hij heeft gestolen	zij hebben gestolen
	u hebt (heeft) gestolen	

Past Perfect	ik had gestolen	wij hadden gestolen
	jij had gestolen	jullie hadden gestolen
	hij had gestolen	zij hadden gestolen
	u had gestolen	

Future Perfect	ik zal gestolen hebben	wij zullen gestolen hebben
	jij zult (zal) gestolen hebben	jullie zullen gestolen hebben
	hij zal gestolen hebben	zij zullen gestolen hebben
	u zult gestolen hebben	

Conditional Perfect	ik zou gestolen hebben	wij zouden gestolen hebben
	jij zou gestolen hebben	jullie zouden gestolen hebben
	hij zou gestolen hebben	zij zouden gestolen hebben
	u zou(dt) gestolen hebben	

INDICATIVE PASSIVE (SYNOPSIS)

Present	worden + gestolen	*Past Perfect*	was + gestolen
Past	werden + gestolen		
Future	zullen + gestolen worden	*Future Perfect*	zullen + gestolen zijn
Conditional	zouden + gestolen worden		
Present Perfect	zijn + gestolen	*Conditional Perfect*	zouden + gestolen zijn

*Note that the *a* vowel is long in the plural, while it is short in the singular.

PRINCIPAL PARTS:	*stellen, stelde, gesteld*	**stellen**
IMPERATIVES:	*stel, stelt, stelt u*	*to put, place, suppose*
INFINITIVES:	*stellen, hebben gesteld; worden gesteld, zijn gesteld*	

INDICATIVE ACTIVE

Present	ik stel	wij stellen
	jij stelt (stel je?)	jullie stellen
	hij stelt	zij stellen
	u stelt	
Past	ik stelde	wij stelden
	jij stelde	jullie stelden
	hij stelde	zij stelden
	u stelde	
Future	ik zal stellen	wij zullen stellen
	jij zult (zal) stellen	jullie zullen stellen
	hij zal stellen	zij zullen stellen
	u zult stellen	
Conditional	ik zou stellen	wij zouden stellen
	jij zou stellen	jullie zouden stellen
	hij zou stellen	zij zouden stellen
	u zou(dt) stellen	
Present Perfect	ik heb gesteld	wij hebben gesteld
	jij hebt (heb je?) gesteld	jullie hebben gesteld
	hij heeft gesteld	zij hebben gesteld
	u hebt (heeft) gesteld	
Past Perfect	ik had gesteld	wij hadden gesteld
	jij had gesteld	jullie hadden gesteld
	hij had gesteld	zij hadden gesteld
	u had gesteld	
Future Perfect	ik zal gesteld hebben	wij zullen gesteld hebben
	jij zult (zal) gesteld hebben	jullie zullen gesteld hebben
	hij zal gesteld hebben	zij zullen gesteld hebben
	u zult gesteld hebben	
Conditional Perfect	ik zou gesteld hebben	wij zouden gesteld hebben
	jij zou gesteld hebben	jullie zouden gesteld hebben
	hij zou gesteld hebben	zij zouden gesteld hebben
	u zou(dt) gesteld hebben	

INDICATIVE PASSIVE (SYNOPSIS)

Present	worden + gesteld	*Past Perfect*	was + gesteld
Past	werden + gesteld		
Future	zullen + gesteld worden	*Future Perfect*	zullen + gesteld zijn
Conditional	zouden + gesteld worden		
Present Perfect	zijn + gesteld	*Conditional Perfect*	zouden + gesteld zijn

PRINCIPAL PARTS: *sterven, stierf, gestorven*
IMPERATIVE*: *sterf*
INFINITIVES: *sterven, zijn gestorven*

INDICATIVE ACTIVE

Present	ik sterf	wij sterven
	jij sterft (sterf je?)	jullie sterven
	hij sterft	zij sterven
	u sterft	

Past	ik stierf	wij stierven
	jij stierf	jullie stierven
	hij stierf	zij stierven
	u stierf	

Future	ik zal sterven	wij zullen sterven
	jij zult (zal) sterven	jullie zullen sterven
	hij zal sterven	zij zullen sterven
	u zult sterven	

Conditional	ik zou sterven	wij zouden sterven
	jij zou sterven	jullie zouden sterven
	hij zou sterven	zij zouden sterven
	u zou(dt) sterven	

Present Perfect	ik ben gestorven	wij zijn gestorven
	jij bent (ben je?) gestorven	jullie zijn gestorven
	hij is gestorven	zij zijn gestorven
	u bent (is) gestorven	

Past Perfect	ik was gestorven	wij waren gestorven
	jij was gestorven	jullie waren gestorven
	hij was gestorven	zij waren gestorven
	u was gestorven	

Future Perfect	ik zal gestorven zijn	wij zullen gestorven zijn
	jij zult (zal) gestorven zijn	jullie zullen gestorven zijn
	hij zal gestorven zijn	zij zullen gestorven zijn
	u zult gestorven zijn	

Conditional Perfect	ik zou gestorven zijn	wij zouden gestorven zijn
	jij zou gestorven zijn	jullie zouden gestorven zijn
	hij zou gestorven zijn	zij zouden gestorven zijn
	u zou(dt) gestorven zijn	

---

*One can well imagine the intimate form of the imperative occurring in mystery stories and the like: "Sterf, vuile schoft!" (Die, you scoundrel!). The polite form of the imperative, however, would seem ridiculous.

PRINCIPAL PARTS: *stijgen, steeg, gestegen*
IMPERATIVES: *stijg, stijgt, stijgt u*
INFINITIVES: *stijgen, zijn gestegen*

stijgen
to climb, rise, mount

INDICATIVE ACTIVE

Present	ik stijg	wij stijgen
	jij stijgt (stijg je?)	jullie stijgen
	hij stijgt	zij stijgen
	u stijgt	
Past	ik steeg	wij stegen
	jij steeg	jullie stegen
	hij steeg	zij stegen
	u steeg	
Future	ik zal stijgen	wij zullen stijgen
	jij zult (zal) stijgen	jullie zullen stijgen
	hij zal stijgen	zij zullen stijgen
	u zult stijgen	
Conditional	ik zou stijgen	wij zouden stijgen
	jij zou stijgen	jullie zouden stijgen
	hij zou stijgen	zij zouden stijgen
	u zou(dt) stijgen	
Present Perfect	ik ben gestegen	wij zijn gestegen
	jij bent (ben je?) gestegen	jullie zijn gestegen
	hij is gestegen	zij zijn gestegen
	u bent (is) gestegen	
Past Perfect	ik was gestegen	wij waren gestegen
	jij was gestegen	jullie waren gestegen
	hij was gestegen	zij waren gestegen
	u was gestegen	
Future Perfect	ik zal gestegen zijn	wij zullen gestegen zijn
	jij zult (zal) gestegen zijn	jullie zullen gestegen zijn
	hij zal gestegen zijn	zij zullen gestegen zijn
	u zult gestegen zijn	
Conditional Perfect	ik zou gestegen zijn	wij zouden gestegen zijn
	jij zou gestegen zijn	jullie zouden gestegen zijn
	hij zou gestegen zijn	zij zouden gestegen zijn
	u zou(dt) gestegen zijn	

PRINCIPAL PARTS:	*storen, stoorde, gestoord*		**storen**
IMPERATIVES:	*stoor, stoort, stoort u*		*to disturb, interrupt*
INFINITIVES:	*storen, hebben gestoord; worden gestoord, zijn gestoord*		

INDICATIVE ACTIVE

Present	ik stoor	wij storen
	jij stoort (stoor je?)	jullie storen
	hij stoort	zij storen
	u stoort	

Past	ik stoorde	wij stoorden
	jij stoorde	jullie stoorden
	hij stoorde	zij stoorden
	u stoorde	

Future	ik zal storen	wij zullen storen
	jij zult (zal) storen	jullie zullen storen
	hij zal storen	zij zullen storen
	u zult storen	

Conditional	ik zou storen	wij zouden storen
	jij zou storen	jullie zouden storen
	hij zou storen	zij zouden storen
	u zou(dt) storen	

Present Perfect	ik heb gestoord	wij hebben gestoord
	jij hebt (heb je?) gestoord	jullie hebben gestoord
	hij heeft gestoord	zij hebben gestoord
	u hebt (heeft) gestoord	

Past Perfect	ik had gestoord	wij hadden gestoord
	jij had gestoord	jullie hadden gestoord
	hij had gestoord	zij hadden gestoord
	u had gestoord	

Future Perfect	ik zal gestoord hebben	wij zullen gestoord hebben
	jij zult (zal) gestoord hebben	jullie zullen gestoord hebben
	hij zal gestoord hebben	zij zullen gestoord hebben
	u zult gestoord hebben	

Conditional Perfect	ik zou gestoord hebben	wij zouden gestoord hebben
	jij zou gestoord hebben	jullie zouden gestoord hebben
	hij zou gestoord hebben	zij zouden gestoord hebben
	u zou(dt) gestoord hebben	

INDICATIVE PASSIVE (SYNOPSIS)

Present	worden + gestoord	*Past Perfect*	was + gestoord
Past	werden + gestoord		
Future	zullen + gestoord worden	*Future Perfect*	zullen + gestoord zijn
Conditional	zouden + gestoord worden		
Present Perfect	zijn + gestoord	*Conditional Perfect*	zouden + gestoord zijn

PRINCIPAL PARTS:	*stoten, stootte (stiet)†, gestoten*
IMPERATIVE:	*stoot, stoot, stoot u*
INFINITIVES:	*stoten, hebben (zijn*) gestoten;*
	worden gestoten, zijn gestoten

stoten

to push, kick, bump, shock,
scandalize;
to strike (up against)*

INDICATIVE ACTIVE

Present	ik stoot	wij stoten
	jij stoot (stoot je?)	jullie stoten
	hij stoot	zij stoten
	u stoot	

Past	ik stootte	wij stootten
	jij stootte	jullie stootten
	hij stootte	zij stootten
	u stootte	

Future	ik zal stoten	wij zullen stoten
	jij zult (zal) stoten	jullie zullen stoten
	hij zal stoten	zij zullen stoten
	u zult stoten	

Conditional	ik zou stoten	wij zouden stoten
	jij zou stoten	jullie zouden stoten
	hij zou stoten	zij zouden stoten
	u zou(dt) stoten	

Present Perfect	ik heb gestoten	wij hebben gestoten
	jij hebt (heb je?) gestoten	jullie hebben gestoten
	hij heeft gestoten	zij hebben gestoten
	u hebt (heeft) gestoten	

Past Perfect	ik had gestoten	wij hadden gestoten
	jij had gestoten	jullie hadden gestoten
	hij had gestoten	zij hadden gestoten
	u had gestoten	

Future Perfect	ik zal gestoten hebben	wij zullen gestoten hebben
	jij zult (zal) gestoten hebben	jullie zullen gestoten hebben
	hij zal gestoten hebben	zij zullen gestoten hebben
	u zult gestoten hebben	

Conditional Perfect	ik zou gestoten hebben	wij zouden gestoten hebben
	jij zou gestoten hebben	jullie zouden gestoten hebben
	hij zou gestoten hebben	zij zouden gestoten hebben
	u zou(dt) gestoten hebben	

INDICATIVE PASSIVE (SYNOPSIS)

Present	worden + gestoten	Past Perfect	was + gestoten
Past	werden + gestoten		
Future	zullen + gestoten worden	Future Perfect	zullen + gestoten zijn
Conditional	zouden + gestoten worden	Conditional Perfect	zouden + gestoten zijn
Present Perfect	zijn + gestoten		

*Intransitive *stoten*—"to strike (up against)"—takes the auxiliary *zijn*.

†The strong forms *stiet* (singular) and *stieten* (plural) are also found in the past tense.

PRINCIPAL PARTS:	*strijden, streed, gestreden*	**strijden***
IMPERATIVE:	*strijd, strijdt, strijdt u*	*to fight, struggle*
INFINITIVES:	*strijden, hebben gestreden*	

INDICATIVE ACTIVE

Present	ik strijd jij strijdt (strijd je?) hij strijdt u strijdt	wij strijden jullie strijden zij strijden
Past	ik streed jij streed hij streed u streed	wij streden jullie streden zij streden
Future	ik zal strijden jij zult (zal) strijden hij zal strijden u zult strijden	wij zullen strijden jullie zullen strijden zij zullen strijden
Conditional	ik zou strijden jij zou strijden hij zou strijden u zou(dt) strijden	wij zouden strijden jullie zouden strijden zij zouden strijden
Present *Perfect*	ik heb gestreden jij hebt (heb je?) gestreden hij heeft gestreden u hebt (heeft) gestreden	wij hebben gestreden jullie hebben gestreden zij hebben gestreden
Past *Perfect*	ik had gestreden jij had gestreden hij had gestreden u had gestreden	wij hadden gestreden jullie hadden gestreden zij hadden gestreden
Future *Perfect*	ik zal gestreden hebben jij zult (zal) gestreden hebben hij zal gestreden hebben u zult gestreden hebben	wij zullen gestreden hebben jullie zullen gestreden hebben zij zullen gestreden hebben
Conditional *Perfect*	ik zou gestreden hebben jij zou gestreden hebben hij zou gestreden hebben u zou(dt) gestreden hebben	wij zouden gestreden hebben jullie zouden gestreden hebben zij zouden gestreden hebben

INDICATIVE PASSIVE

Note that this verb does not form a regular passive, but that it commonly occurs in impersonal passive constructions. For example, "Er wordt heldhaftig gestreden" (A heroic struggle is being carried on).

---

*Use of this verb is confined to elevated style.

PRINCIPAL PARTS: *studeren, studeerde, gestudeerd*
IMPERATIVE: *studeer, studeert, studeert u*
INFINITIVES: *studeren, hebben gestudeerd; worden gestudeerd, zijn gestudeerd*

studeren
to study*

INDICATIVE ACTIVE

Present	ik studeer	wij studeren
	jij studeert (studeer je?)	jullie studeren
	hij studeert	zij studeren
	u studeert	

Past	ik studeerde	wij studeerden
	jij studeerde	jullie studeerden
	hij studeerde	zij studeerden
	u studeerde	

Future	ik zal studeren	wij zullen studeren
	jij zult (zal) studeren	jullie zullen studeren
	hij zal studeren	zij zullen studeren
	u zult studeren	

Conditional	ik zou studeren	wij zouden studeren
	jij zou studeren	jullie zouden studeren
	hij zou studeren	zij zouden studeren
	u zou(dt) studeren	

Present Perfect	ik heb gestudeerd	wij hebben gestudeerd
	jij hebt (heb je?) gestudeerd	jullie hebben gestudeerd
	hij heeft gestudeerd	zij hebben gestudeerd
	u hebt (heeft) gestudeerd	

Past Perfect	ik had gestudeerd	wij hadden gestudeerd
	jij had gestudeerd	jullie hadden gestudeerd
	hij had gestudeerd	zij hadden gestudeerd
	u had gestudeerd	

Future Perfect	ik zal gestudeerd hebben	wij zullen gestudeerd hebben
	jij zult (zal) gestudeerd hebben	jullie zullen gestudeerd hebben
	hij zal gestudeerd hebben	zij zullen gestudeerd hebben
	u zult gestudeerd hebben	

Conditional Perfect	ik zou gestudeerd hebben	wij zouden gestudeerd hebben
	jij zou gestudeerd hebben	jullie zouden gestudeerd hebben
	hij zou gestudeerd hebben	zij zouden gestudeerd hebben
	u zou(dt) gestudeerd hebben	

INDICATIVE PASSIVE (SYNOPSIS)

Present	worden + gestudeerd	*Past Perfect*	was + gestudeerd
Past	werden + gestudeerd		
Future	zullen + gestudeerd worden	*Future Perfect*	zullen + gestudeerd zijn
Conditional	zouden + gestudeerd worden	*Conditional Perfect*	zouden + gestudeerd zijn
Present Perfect	zijn + gestudeerd		

---

*Intransitive *studeren* can also mean "to be enrolled at a university." Thus, "Hij studeert in Nijmegen" (He is a student at the University of Nijmegen).

PRINCIPAL PARTS:	*sturen, stuurde, gestuurd*
IMPERATIVE:	*stuur, stuurt, stuurt u*
INFINITIVES:	*sturen, hebben gestuurd; worden gestuurd, zijn gestuurd*

INDICATIVE ACTIVE

Present	ik stuur	wij sturen
	jij stuurt (stuur je?)	jullie sturen
	hij stuurt	zij sturen
	u stuurt	

Past	ik stuurde	wij stuurden
	jij stuurde	jullie stuurden
	hij stuurde	zij stuurden
	u stuurde	

Future	ik zal sturen	wij zullen sturen
	jij zult (zal) sturen	jullie zullen sturen
	hij zal sturen	zij zullen sturen
	u zult sturen	

Conditional	ik zou sturen	wij zouden sturen
	jij zou sturen	jullie zouden sturen
	hij zou sturen	zij zouden sturen
	u zou(dt) sturen	

Present Perfect	ik heb gestuurd	wij hebben gestuurd
	jij hebt (heb je?) gestuurd	jullie hebben gestuurd
	hij heeft gestuurd	zij hebben gestuurd
	u hebt (heeft) gestuurd	

Past Perfect	ik had gestuurd	wij hadden gestuurd
	jij had gestuurd	jullie hadden gestuurd
	hij had gestuurd	zij hadden gestuurd
	u had gestuurd	

Future Perfect	ik zal gestuurd hebben	wij zullen gestuurd hebben
	jij zult (zal) gestuurd hebben	jullie zullen gestuurd hebben
	hij zal gestuurd hebben	zij zullen gestuurd hebben
	u zult gestuurd hebben	

Conditional Perfect	ik zou gestuurd hebben	wij zouden gestuurd hebben
	jij zou gestuurd hebben	jullie zouden gestuurd hebben
	hij zou gestuurd hebben	zij zouden gestuurd hebben
	u zou(dt) gestuurd hebben	

INDICATIVE PASSIVE (SYNOPSIS)

Present	worden + gestuurd	Past Perfect	was + gestuurd
Past	werden + gestuurd		
Future	zullen + gestuurd worden	Future Perfect	zullen + gestuurd zijn
Conditional	zouden + gestuurd worden		
Present Perfect	zijn + gestuurd	Conditional Perfect	zouden + gestuurd zijn

---

*In contemporary Dutch *sturen* has supplanted *zenden*, which is confined to the written language.

PRINCIPAL PARTS: *tekenen, tekende, getekend*
IMPERATIVE: *teken, tekent, tekent u*
INFINITIVES: *tekenen, hebben getekend; worden getekend, zijn getekend*

tekenen
to draw, sign, mark, characterize

INDICATIVE ACTIVE

Present	ik teken	wij tekenen
	jij tekent (teken je?)	jullie tekenen
	hij tekent	zij tekenen
	u tekent	
Past	ik tekende	wij tekenden
	jij tekende	jullie tekenden
	hij tekende	zij tekenden
	u tekende	
Future	ik zal tekenen	wij zullen tekenen
	jij zult (zal) tekenen	jullie zullen tekenen
	hij zal tekenen	zij zullen tekenen
	u zult tekenen	
Conditional	ik zou tekenen	wij zouden tekenen
	jij zou tekenen	jullie zouden tekenen
	hij zou tekenen	zij zouden tekenen
	u zou(dt) tekenen	
Present	ik heb getekend	wij hebben getekend
Perfect	jij hebt (heb je?) getekend	jullie hebben getekend
	hij heeft getekend	zij hebben getekend
	u hebt (heeft) getekend	
Past	ik had getekend	wij hadden getekend
Perfect	jij had getekend	jullie hadden getekend
	hij had getekend	zij hadden getekend
	u had getekend	
Future	ik zal getekend hebben	wij zullen getekend hebben
Perfect	jij zult (zal) getekend hebben	jullie zullen getekend hebben
	hij zal getekend hebben	zij zullen getekend hebben
	u zult getekend hebben	
Conditional	ik zou getekend hebben	wij zouden getekend hebben
Perfect	jij zou getekend hebben	jullie zouden getekend hebben
	hij zou getekend hebben	zij zouden getekend hebben
	u zou(dt) getekend hebben	

INDICATIVE PASSIVE (SYNOPSIS)

Present	worden + getekend	*Past Perfect*	was + getekend
Past	werden + getekend		
Future	zullen + getekend worden	*Future Perfect*	zullen + getekend zijn
Conditional	zouden + getekend worden	*Conditional Perfect*	zouden + getekend zijn
Present Perfect	zijn + getekend		

PRINCIPAL PARTS: *tellen, telde, geteld*
IMPERATIVE: *tel, telt, telt u*
INFINITIVES: *tellen, hebben geteld; worden geteld, zijn geteld*

tellen
to count*

INDICATIVE ACTIVE

Present	ik tel	wij tellen
	jij telt (tel je?)	jullie tellen
	hij telt	zij tellen
	u telt	
Past	ik telde	wij telden
	jij telde	jullie telden
	hij telde	zij telden
	u telde	
Future	ik zal tellen	wij zullen tellen
	jij zult (zal) tellen	jullie zullen tellen
	hij zal tellen	zij zullen tellen
	u zult tellen	
Conditional	ik zou tellen	wij zouden tellen
	jij zou tellen	jullie zouden tellen
	hij zou tellen	zij zouden tellen
	u zou(dt) tellen	
Present Perfect	ik heb geteld	wij hebben geteld
	jij hebt (heb je?) geteld	jullie hebben geteld
	hij heeft geteld	zij hebben geteld
	u hebt (heeft) geteld	
Past Perfect	ik had geteld	wij hadden geteld
	jij had geteld	jullie hadden geteld
	hij had geteld	zij hadden geteld
	u had geteld	
Future Perfect	ik zal geteld hebben	wij zullen geteld hebben
	jij zult (zal) geteld hebben	jullie zullen geteld hebben
	hij zal geteld hebben	zij zullen geteld hebben
	u zult geteld hebben	
Conditional Perfect	ik zou geteld hebben	wij zouden geteld hebben
	jij zou geteld hebben	jullie zouden geteld hebben
	hij zou geteld hebben	zij zouden geteld hebben
	u zou(dt) geteld hebben	

INDICATIVE PASSIVE (SYNOPSIS)

Present	worden + geteld	*Past Perfect*	was + geteld
Past	werden + geteld		
Future	zullen + geteld worden	*Future Perfect*	zullen + geteld zijn
Conditional	zouden + geteld worden		
		Conditional Perfect	zouden + geteld zijn
Present Perfect	zijn + geteld		

---

*tellen functions both as a transitive and an intransitive verb. As an example of intransitive usage, note the following: "Dat telt niet" (That doesn't count).

PRINCIPAL PARTS:	*treffen, trof, getroffen*	**treffen**
IMPERATIVE:	*tref, treft, treft u*	*to hit, strike, meet*
INFINITIVES:	*treffen, hebben getroffen; worden getroffen, zijn getroffen*	

INDICATIVE ACTIVE

Present	ik tref	wij treffen
	jij treft (tref je?)	jullie treffen
	hij treft	zij treffen
	u treft	

Past	ik trof	wij troffen
	jij trof	jullie troffen
	hij trof	zij troffen
	u trof	

Future	ik zal treffen	wij zullen treffen
	zij zult (zal) treffen	jullie zullen treffen
	hij zal treffen	zij zullen treffen
	u zult treffen	

Conditional	ik zou treffen	wij zouden treffen
	jij zou treffen	jullie zouden treffen
	hij zou treffen	zij zouden treffen
	u zou(dt) treffen	

Present Perfect	ik heb getroffen	wij hebben getroffen
	jij hebt (heb je?) getroffen	jullie hebben getroffen
	hij heeft getroffen	zij hebben getroffen
	u hebt (heeft) getroffen	

Past Perfect	ik had getroffen	wij hadden getroffen
	jij had getroffen	jullie hadden getroffen
	hij had getroffen	zij hadden getroffen
	u had getroffen	

Future Perfect	ik zal getroffen hebben	wij zullen getroffen hebben
	jij zult (zal) getroffen hebben	jullie zullen getroffen hebben
	hij zal getroffen hebben	zij zullen getroffen hebben
	u zult getroffen hebben	

Conditional Perfect	ik zou getroffen hebben	wij zouden getroffen hebben
	jij zou getroffen hebben	jullie zouden getroffen hebben
	hij zou getroffen hebben	zij zouden getroffen hebben
	u zou(dt) getroffen hebben	

INDICATIVE PASSIVE (SYNOPSIS)

Present	worden + getroffen	Past Perfect	was + getroffen
Past	werden + getroffen		
Future	zullen + getroffen worden	Future Perfect	zullen + getroffen zijn
Conditional	zouden + getroffen worden		
Present Perfect	zijn + getroffen	Conditional Perfect	zouden + getroffen zijn

183

PRINCIPAL PARTS: *trekken, trok, getrokken*
IMPERATIVE: *trek, trekt, trekt u*
INFINITIVES: *trekken, hebben (zijn*) getrokken;*
worden getrokken, zijn getrokken

trekken
to draw, pull, tug;
to go, march, migrate*

INDICATIVE ACTIVE

Present	ik trek	wij trekken
	jij trekt (trek je?)	jullie trekken
	hij trekt	zij trekken
	u trekt	
Past	ik trok	wij trokken
	jij trok	jullie trokken
	hij trok	zij trokken
	u trok	
Future	ik zal trekken	wij zullen trekken
	jij zult (zal) trekken	jullie zullen trekken
	hij zal trekken	zij zullen trekken
	u zult trekken	
Conditional	ik zou trekken	wij zouden trekken
	jij zou trekken	jullie zouden trekken
	hij zou trekken	zij zouden trekken
	u zou(dt) trekken	
Present Perfect	ik heb getrokken	wij hebben getrokken
	jij hebt (heb je?) getrokken	jullie hebben getrokken
	hij heeft getrokken	zij hebben getrokken
	u hebt (heeft) getrokken	
Past Perfect	ik had getrokken	wij hadden getrokken
	jij had getrokken	jullie hadden getrokken
	hij had getrokken	zij hadden getrokken
	u had getrokken	
Future Perfect	ik zal getrokken hebben	wij zullen getrokken hebben
	jij zult (zal) getrokken hebben	jullie zullen getrokken hebben
	hij zal getrokken hebben	zij zullen getrokken hebben
	u zult getrokken hebben	
Conditional Perfect	ik zou getrokken hebben	wij zouden getrokken hebben
	jij zou getrokken hebben	jullie zouden getrokken hebben
	hij zou getrokken hebben	zij zouden getrokken hebben
	u zou(dt) getrokken hebben	

INDICATIVE PASSIVE (SYNOPSIS)

Present	worden + getrokken	*Past Perfect*	was + getrokken
Past	werden + getrokken		
Future	zullen + getrokken worden	*Future Perfect*	zullen + getrokken zijn
Conditional	zouden + getrokken worden	*Conditional Perfect*	zouden + getrokken zijn
Present Perfect	zijn + getrokken		

---

*trekken functions both transitively and intransitively. When the intransitive verb indicates motion <u>toward</u> a place, it takes the auxiliary verb *zijn*.

PRINCIPAL PARTS:	*vallen, viel, gevallen*
IMPERATIVE:	*val, valt, valt u*
INFINITIVES:	*vallen, zijn gevallen*

INDICATIVE ACTIVE

Present	ik val	wij vallen
	jij valt (val je?)	jullie vallen
	hij valt	zij vallen
	u valt	

Past	ik viel	wij vielen
	jij viel	jullie vielen
	hij viel	zij vielen
	u viel	

Future	ik zal vallen	wij zullen vallen
	jij zult (zal) vallen	jullie zullen vallen
	hij zal vallen	zij zullen vallen
	u zult vallen	

Conditional	ik zou vallen	wij zouden vallen
	jij zou vallen	jullie zouden vallen
	hij zou vallen	zij zouden vallen
	u zou(dt) vallen	

Present	ik ben gevallen	wij zijn gevallen
Perfect	jij bent (ben je?) gevallen	jullie zijn gevallen
	hij is gevallen	zij zijn gevallen
	u bent (is) gevallen	

Past	ik was gevallen	wij waren gevallen
Perfect	jij was gevallen	jullie waren gevallen
	hij was gevallen	zij waren gevallen
	u was gevallen	

Future	ik zal gevallen zijn	wij zullen gevallen zijn
Perfect	jij zult (zal) gevallen zijn	jullie zullen gevallen zijn
	hij zal gevallen zijn	zij zullen gevallen zijn
	u zult gevallen zijn	

Conditional	ik zou gevallen zijn	wij zouden gevallen zijn
Perfect	jij zou gevallen zijn	jullie zouden gevallen zijn
	hij zou gevallen zijn	zij zouden gevallen zijn
	u zou(dt) gevallen zijn	

PRINCIPAL PARTS: *vangen, ving, gevangen*
IMPERATIVE: *vang, vangt, vangt u*
INFINITIVES: *vangen, hebben gevangen; worden gevangen, zijn gevangen*

vangen
to catch, capture

INDICATIVE ACTIVE

Present	ik vang	wij vangen
	jij vangt (vang je?)	jullie vangen
	hij vangt	zij vangen
	u vangt	

Past	ik ving	wij vingen
	jij ving	jullie vingen
	hij ving	zij vingen
	u ving	

Future	ik zal vangen	wij zullen vangen
	jij zult (zal) vangen	jullie zullen vangen
	hij zal vangen	zij zullen vangen
	u zult vangen	

Conditional	ik zou vangen	wij zouden vangen
	jij zou vangen	jullie zouden vangen
	hij zou vangen	zij zouden vangen
	u zou(dt) vangen	

Present Perfect	ik heb gevangen	wij hebben gevangen
	jij hebt (heb je?) gevangen	jullie hebben gevangen
	hij heeft gevangen	zij hebben gevangen
	u hebt (heeft) gevangen	

Past Perfect	ik had gevangen	wij hadden gevangen
	jij had gevangen	jullie hadden gevangen
	hij had gevangen	zij hadden gevangen
	u had gevangen	

Future Perfect	ik zal gevangen hebben	wij zullen gevangen hebben
	jij zult (zal) gevangen hebben	jullie zullen gevangen hebben
	hij zal gevangen hebben	zij zullen gevangen hebben
	u zult gevangen hebben	

Conditional Perfect	ik zou gevangen hebben	wij zouden gevangen hebben
	jij zou gevangen hebben	jullie zouden gevangen hebben
	hij zou gevangen hebben	zij zouden gevangen hebben
	u zou(dt) gevangen hebben	

INDICATIVE PASSIVE (SYNOPSIS)

Present	worden + gevangen	*Past Perfect*	was + gevangen
Past	werden + gevangen		
Future	zullen + gevangen worden	*Future Perfect*	zullen + gevangen zijn
Conditional	zouden + gevangen worden		
Present Perfect	zijn + gevangen	*Conditional Perfect*	zouden + gevangen zijn

		varen
PRINCIPAL PARTS:	*varen, voer, gevaren*	*to sail, travel (by boat)*
IMPERATIVE:	*vaar, vaart, vaart u*	
INFINITIVES:	*varen, hebben (zijn) gevaren*	

INDICATIVE ACTIVE

Present	ik vaar	wij varen
	jij vaart (vaar je?)	jullie varen
	hij vaart	zij varen
	u vaart	
Past	ik voer	wij voeren
	jij voer	jullie voeren
	hij voer	zij voeren
	u voer	
Future	ik zal varen	wij zullen varen
	jij zult (zal) varen	jullie zullen varen
	hij zal varen	zij zullen varen
	u zult varen	
Conditional	ik zou varen	wij zouden varen
	jij zou varen	jullie zouden varen
	hij zou varen	zij zouden varen
	u zou(dt) varen	
Present Perfect*	ik heb gevaren	wij hebben gevaren
	jij hebt (heb je?) gevaren	jullie hebben gevaren
	hij heeft gevaren	zij hebben gevaren
	u hebt (heeft) gevaren	
Past Perfect*	ik had gevaren	wij hadden gevaren
	jij had gevaren	jullie hadden gevaren
	hij had gevaren	zij hadden gevaren
	u had gevaren	
Future Perfect*	ik zal gevaren hebben	wij zullen gevaren hebben
	jij zult (zal) gevaren hebben	jullie zullen gevaren hebben
	hij zal gevaren hebben	zij zullen gevaren hebben
	u zult gevaren hebben	
Conditional Perfect*	ik zou gevaren hebben	wij zouden gevaren hebben
	jij zou gevaren hebben	jullie zouden gevaren hebben
	hij zou gevaren hebben	zij zouden gevaren hebben
	u zou(dt) gevaren hebben	

INDICATIVE PASSIVE

Note that this verb does not form a regular passive, but that it commonly appears in impersonal passive constructions. For example, "Er wordt op dit kanaal druk gevaren" (There is much traffic on this canal).

---

*varen is conjugated here with the auxiliary hebben. If, however, the idea of motion toward a place is conveyed—by the preposition naar, for example—zijn is used as the auxiliary in the present perfect and past perfect. In the future perfect and conditional perfect, zijn would replace hebben in forming the perfect infinitive.

PRINCIPAL PARTS: *vechten, vocht, gevochten*
IMPERATIVE: *vecht, vecht, vecht u*
INFINITIVES: *vechten, hebben gevochten*

vechten
to fight, struggle

INDICATIVE ACTIVE

Present		
Present	ik vecht	wij vechten
	jij vecht (vecht je?)	jullie vechten
	hij vecht	zij vechten
	u vecht	

Past	ik vocht	wij vochten
	jij vocht	jullie vochten
	hij vocht	zij vochten
	u vocht	

Future	ik zal vechten	wij zullen vechten
	jij zult (zal) vechten	jullie zullen vechten
	hij zal vechten	zij zullen vechten
	u zult vechten	

Conditional	ik zou vechten	wij zouden vechten
	jij zou vechten	jullie zouden vechten
	hij zou vechten	zij zouden vechten
	u zou(dt) vechten	

Present Perfect	ik heb gevochten	wij hebben gevochten
	jij hebt (heb je?) gevochten	jullie hebben gevochten
	hij heeft gevochten	zij hebben gevochten
	u hebt (heeft) gevochten	

Past Perfect	ik had gevochten	wij hadden gevochten
	jij had gevochten	jullie hadden gevochten
	hij had gevochten	zij hadden gevochten
	u had gevochten	

Future Perfect	ik zal gevochten hebben	wij zullen gevochten hebben
	jij zult (zal) gevochten hebben	jullie zullen gevochten hebben
	hij zal gevochten hebben	zij zullen gevochten hebben
	u zult gevochten hebben	

Conditional Perfect	ik zou gevochten hebben	wij zouden gevochten hebben
	jij zou gevochten hebben	jullie zouden gevochten hebben
	hij zou gevochten hebben	zij zouden gevochten hebben
	u zou(dt) gevochten hebben	

INDICATIVE PASSIVE

Note that this verb does not form a regular passive, but that it commonly appears in impersonal passive constructions. For example, "Onder kleine jongens wordt altijd veel gevochten" (Little boys are always fighting).

PRINCIPAL PARTS: *veranderen, veranderde, veranderd*
IMPERATIVE: *verander, verandert, verandert u*
INFINITIVES: *veranderen, hebben (zijn*) veranderd;*
worden veranderd, zijn veranderd

veranderen
to alter, change*

INDICATIVE ACTIVE

Present	ik verander	wij veranderen
	jij verandert (verander je?)	jullie veranderen
	hij verandert	zij veranderen
	u verandert	
Past	ik veranderde	wij veranderden
	jij veranderde	jullie veranderden
	hij veranderde	zij veranderden
	u veranderde	
Future	ik zal veranderen	wij zullen veranderen
	jij zult (zal) veranderen	jullie zullen veranderen
	hij zal veranderen	zij zullen veranderen
	u zult veranderen	
Conditional	ik zou veranderen	wij zouden veranderen
	jij zou veranderen	jullie zouden veranderen
	hij zou veranderen	zij zouden veranderen
	u zou(dt) veranderen	
Present Perfect	ik heb veranderd	wij hebben veranderd
	jij hebt (heb je?) veranderd	jullie hebben veranderd
	hij heeft veranderd	zij hebben veranderd
	u hebt (heeft) veranderd	
Past Perfect	ik had veranderd	wij hadden veranderd
	jij had veranderd	jullie hadden veranderd
	hij had veranderd	zij hadden veranderd
	u had veranderd	
Future Perfect	ik zal veranderd hebben	wij zullen veranderd hebben
	jij zult (zal) veranderd hebben	jullie zullen veranderd hebben
	hij zal veranderd hebben	zij zullen veranderd hebben
	u zult veranderd hebben	
Conditional Perfect	ik zou veranderd hebben	wij zouden veranderd hebben
	jij zou veranderd hebben	jullie zouden veranderd hebben
	hij zou veranderd hebben	zij zouden veranderd hebben
	u zou(dt) veranderd hebben	

INDICATIVE PASSIVE (SYNOPSIS)

Present	worden + veranderd	*Past Perfect*	was + veranderd
Past	werden + veranderd		
Future	zullen + veranderd worden	*Future Perfect*	zullen + veranderd zijn
Conditional	zouden + veranderd worden	*Conditional Perfect*	zouden + veranderd zijn
Present Perfect	zijn + veranderd		

---

*veranderen functions both transitively and intransitively. When used intransitively, it takes the auxiliary *zijn*. Thus, "hij *is* erg veranderd" (He has changed greatly).

PRINCIPAL PARTS: *verdwijnen, verdween, verdwenen*
IMPERATIVE: *verdwijn, verdwijnt, verdwijnt u*
INFINITIVES: *verdwijnen, zijn verdwenen*

verdwijnen
to disappear

INDICATIVE ACTIVE

Present	ik verdwijn	wij verdwijnen
	jij verdwijnt (verdwijn je?)	jullie verdwijnen
	hij verdwijnt	zij verdwijnen
	u verdwijnt	

Past	ik verdween	wij verdwenen
	jij verdween	jullie verdwenen
	hij verdween	zij verdwenen
	u verdween	

Future	ik zal verdwijnen	wij zullen verdwijnen
	jij zult (zal) verdwijnen	jullie zullen verdwijnen
	hij zal verdwijnen	zij zullen verdwijnen
	u zult verdwijnen	

Conditional	ik zou verdwijnen	wij zouden verdwijnen
	jij zou verdwijnen	jullie zouden verdwijnen
	hij zou verdwijnen	zij zouden verdwijnen
	u zou(dt) verdwijnen	

Present Perfect	ik ben verdwenen	wij zijn verdwenen
	jij bent (ben je?) verdwenen	jullie zijn verdwenen
	hij is verdwenen	zij zijn verdwenen
	u bent (is) verdwenen	

Past Perfect	ik was verdwenen	wij waren verdwenen
	jij was verdwenen	jullie waren verdwenen
	hij was verdwenen	zij waren verdwenen
	u was verdwenen	

Future Perfect	ik zal verdwenen zijn	wij zullen verdwenen zijn
	jij zult (zal) verdwenen zijn	jullie zullen verdwenen zijn
	hij zal verdwenen zijn	zij zullen verdwenen zijn
	u zult verdwenen zijn	

Conditional Perfect	ik zou verdwenen zijn	wij zouden verdwenen zijn
	jij zou verdwenen zijn	jullie zouden verdwenen zijn
	hij zou verdwenen zijn	zij zouden verdwenen zijn
	u zou(dt) verdwenen zijn	

PRINCIPAL PARTS:	*vergeten, vergat, vergeten*
IMPERATIVE:	*vergeet, vergeet, vergeet u*
INFINITIVES:	*vergeten, zijn (hebben*) vergeten; worden vergeten, zijn vergeten*

INDICATIVE ACTIVE

Present	ik vergeet	wij vergeten
	jij vergeet (vergeet je?)	jullie vergeten
	hij vergeet	zij vergeten
	u vergeet	
Past	ik vergat	wij vergaten†
	jij vergat	jullie vergaten
	hij vergat	zij vergaten
	u vergat	
Future	ik zal vergeten	wij zullen vergeten
	jij zult (zal) vergeten	jullie zullen vergeten
	hij zal vergeten	zij zullen vergeten
	u zult vergeten	
Conditional	ik zou vergeten	wij zouden vergeten
	jij zou vergeten	jullie zouden vergeten
	hij zou vergeten	zij zouden vergeten
	u zou(dt) vergeten	
Present Perfect	ik ben vergeten	wij zijn vergeten
	jij bent (ben je?) vergeten	jullie zijn vergeten
	hij is vergeten	zij zijn vergeten
	u bent (is) vergeten	
Past Perfect	ik was vergeten	wij waren vergeten
	jij was vergeten	jullie waren vergeten
	hij was vergeten	zij waren vergeten
	u was vergeten	
Future Perfect	ik zal vergeten zijn	wij zullen vergeten zijn
	jij zult (zal) vergeten zijn	jullie zullen vergeten zijn
	hij zal vergeten zijn	zij zullen vergeten zijn
	u zult vergeten zijn	
Conditional Perfect	ik zou vergeten zijn	wij zouden vergeten zijn
	jij zou vergeten zijn	jullie zouden vergeten zijn
	hij zou vergeten zijn	zij zouden vergeten zijn
	u zou(dt) vergeten zijn	

INDICATIVE PASSIVE (SYNOPSIS)

Present	worden + vergeten	*Past Perfect*	was + vergeten
Past	werden + vergeten	*Future Perfect*	zullen + vergeten zijn
Future	zullen + vergeten worden		
Conditional	zouden + vergeten worden	*Conditional Perfect*	zouden + vergeten zijn
Present Perfect	zijn + vergeten		

---

*vergeten is conjugated with both *zijn* and *hebben;* with *zijn* when one no longer knows something—"Ik ben zijn naam vergeten" (I've forgotten his name)—and with *hebben* when negligence is indicated—"Ik heb mijn sleutels vergeten" (I've forgotten my keys).

†Note that the *a* vowel is long in the plural, while it is short in the singular.

PRINCIPAL PARTS:	*vergissen, vergiste, vergist*	**(zich) vergissen***
IMPERATIVE:	*Does not occur.*	*· to be mistaken*
INFINITIVES:	*vergissen, hebben vergist*	

INDICATIVE ACTIVE

Present
ik vergis me
jij vergist (vergis je?) je
hij vergist zich
u vergist zich (u)

wij vergissen ons
jullie vergissen je
zij vergissen zich

Past
ik vergiste me
jij vergiste je
hij vergiste zich
u vergiste zich (u)

wij vergisten ons
jullie vergisten je
zij vergisten zich

Future
ik zal me vergissen
jij zult (zal) je vergissen
hij zal zich vergissen
u zult zich (u) vergissen

wij zullen ons vergissen
jullie zullen je vergissen
zij zullen zich vergissen

Conditional
ik zou me vergissen
jij zou je vergissen
hij zou zich vergissen
u zou(dt) zich (u) vergissen

wij zouden ons vergissen
jullie zouden je vergissen
zij zouden zich vergissen

*Present
Perfect*
ik heb me vergist
jij hebt (heb je?) je vergist
hij heeft zich vergist
u hebt (heeft) zich (u) vergist

wij hebben ons vergist
jullie hebben je vergist
zij hebben zich vergist

*Past
Perfect*
ik had me vergist
jij had je vergist
hij had zich vergist
u had zich (u) vergist

wij hadden ons vergist
jullie hadden je vergist
zij hadden zich·vergist

*Future
Perfect*
ik zal me vergist hebben
jij zult (zal) je vergist hebben
hij zal zich vergist hebben
u zult zich (u) vergist hebben

wij zullen ons vergist hebben
jullie zullen je vergist hebben
zij zullen zich vergist hebben

*Conditional
Perfect*
ik zou me vergist hebben
jij zou je vergist hebben
hij zou zich vergist hebben
u zou(dt) zich (u) vergist hebben

wij zouden ons vergist hebben
jullie zouden je vergist hebben
zij zouden zich vergist hebben

---

*The reflexive verb *vergissen* is always followed by the appropriate reflexive pronoun. These pronouns are included in the conjugation above.

INDICATIVE ACTIVE

Present	ik verklaar	wij verklaren
	jij verklaart (verklaar je?)	jullie verklaren
	hij verklaart	zij verklaren
	u verklaart	
Past	ik verklaarde	wij verklaarden
	jij verklaarde	jullie verklaarden
	hij verklaarde	zij verklaarden
	u verklaarde	
Future	ik zal verklaren	wij zullen verklaren
	jij zult (zal) verklaren	jullie zullen verklaren
	hij zal verklaren	zij zullen verklaren
	u zult verklaren	
Conditional	ik zou verklaren	wij zouden verklaren
	jij zou verklaren	jullie zouden verklaren
	hij zou verklaren	zij zouden verklaren
	u zou(dt) verklaren	
Present Perfect	ik heb verklaard	wij hebben verklaard
	jij hebt (heb je?) verklaard	jullie hebben verklaard
	hij heeft verklaard	zij hebben verklaard
	u hebt (heeft) verklaard	
Past Perfect	ik had verklaard	wij hadden verklaard
	jij had verklaard	jullie hadden verklaard
	hij had verklaard	zij hadden verklaard
	u had verklaard	
Future Perfect	ik zal verklaard hebben	wij zullen verklaard hebben
	jij zult (zal) verklaard hebben	jullie zullen verklaard hebben
	hij zal verklaard hebben	zij zullen verklaard hebben
	u zult verklaard hebben	
Conditional Perfect	ik zou verklaard hebben	wij zouden verklaard hebben
	jij zou verklaard hebben	jullie zouden verklaard hebben
	hij zou verklaard hebben	zij zouden verklaard hebben
	u zou(dt) verklaard hebben	

INDICATIVE PASSIVE (SYNOPSIS)

Present	worden + verklaard		*Past Perfect*	was + verklaard
Past	werden + verklaard			
Future	zullen + verklaard worden		*Future Perfect*	zullen + verklaard zijn
Conditional	zouden + verklaard worden		*Conditional Perfect*	zouden + verklaard zijn
Present Perfect	zijn + verklaard			

PRINCIPAL PARTS: *verliezen, verloor, verloren*   **verliezen**
IMPERATIVE: *verlies, verliest, verliest u*   *to lose*
INFINITIVES: *verliezen, hebben verloren; worden verloren, zijn verloren*

INDICATIVE ACTIVE

Present	ik verlies	wij verliezen
	jij verliest (verlies je?)	jullie verliezen
	hij verliest	zij verliezen
	u verliest	

Past	ik verloor	wij verloren
	jij verloor	jullie verloren
	hij verloor	zij verloren
	u verloor	

Future	ik zal verliezen	wij zullen verliezen
	jij zult (zal) verliezen	jullie zullen verliezen
	hij zal verliezen	zij zullen verliezen
	u zult verliezen	

Conditional	ik zou verliezen	wij zouden verliezen
	jij zou verliezen	jullie zouden verliezen
	hij zou verliezen	zij zouden verliezen
	u zou(dt) verliezen	

Present Perfect	ik heb verloren	wij hebben verloren
	jij hebt (heb je?) verloren	jullie hebben verloren
	hij heeft verloren	zij hebben verloren
	u hebt (heeft) verloren	

Past Perfect	ik had verloren	wij hadden verloren
	jij had verloren	jullie hadden verloren
	hij had verloren	zij hadden verloren
	u had verloren	

Future Perfect	ik zal verloren hebben	wij zullen verloren hebben
	jij zult (zal) verloren hebben	jullie zullen verloren hebben
	hij zal verloren hebben	zij zullen verloren hebben
	u zult verloren hebben	

Conditional Perfect	ik zou verloren hebben	wij zouden verloren hebben
	jij zou verloren hebben	jullie zouden verloren hebben
	hij zou verloren hebben	zij zouden verloren hebben
	u zou(dt) verloren hebben	

INDICATIVE PASSIVE (SYNOPSIS)

Present	worden + verloren	Past Perfect	was + verloren
Past	werden + verloren		
Future	zullen + verloren worden	Future Perfect	zullen + verloren zijn
Conditional	zouden + verloren worden		
Present Perfect	zijn + verloren	Conditional Perfect	zouden + verloren zijn

PRINCIPAL PARTS: *verrassen, verraste, verrast* **verrassen**
IMPERATIVE: *verras, verrast, verrast u* *to surprise*
INFINITIVES: *verrassen, hebben verrast; worden verrast, zijn verrast*

INDICATIVE ACTIVE

Present	ik verras	wij verrassen
	jij verrast (verras je?)	jullie verrassen
	hij verrast	zij verrassen
	u verrast	
Past	ik verraste	wij verrasten
	jij verraste	jullie verrasten
	hij verraste	zij verrasten
	u verraste	
Future	ik zal verrassen	wij zullen verrassen
	jij zult (zal) verrassen	jullie zullen verrassen
	hij zal verrassen	zij zullen verrassen
	u zult verrassen	
Conditional	ik zou verrassen	wij zouden verrassen
	jij zou verrassen	jullie zouden verrassen
	hij zou verrassen	zij zouden verrassen
	u zou(dt) verrassen	
Present Perfect	ik heb verrast	wij hebben verrast
	jij hebt (heb je?) verrast	jullie hebben verrast
	hij heeft verrast	zij hebben verrast
	u hebt (heeft) verrast	
Past Perfect	ik had verrast	wij hadden verrast
	jij had verrast	jullie hadden verrast
	hij had verrast	zij hadden verrast
	u had verrast	
Future Perfect	ik zal verrast hebben	wij zullen verrast hebben
	jij zult (zal) verrast hebben	jullie zullen verrast hebben
	hij zal verrast hebben	zij zullen verrast hebben
	u zult verrast hebben	
Conditional Perfect	ik zou verrast hebben	wij zouden verrast hebben
	jij zou verrast hebben	jullie zouden verrast hebben
	hij zou verrast hebben	zij zouden verrast hebben
	u zou(dt) verrast hebben	

INDICATIVE PASSIVE (SYNOPSIS)

Present	worden + verrast		*Past Perfect*	was + verrast
Past	werden + verrast			
Future	zullen + verrast worden		*Future Perfect*	zullen + verrast zijn
Conditional	zouden + verrast worden			
Present Perfect	zijn + verrast		*Conditional Perfect*	zouden + verrast zijn

PRINCIPAL PARTS: *verschillen, verschilde, verschild*
IMPERATIVE: *verschil, verschilt, verschilt u*
INFINITIVES: *verschillen, hebben verschild*

verschillen
*to differ, vary**

INDICATIVE ACTIVE

Present	ik verschil	wij verschillen
	jij verschilt (verschil je?)	jullie verschillen
	hij verschilt	zij verschillen
	u verschilt	
Past	ik verschilde	wij verschilden
	jij verschilde	jullie verschilden
	hij verschilde	zij verschilden
	u verschilde	
Future	ik zal verschillen	wij zullen verschillen
	jij zult (zal) verschillen	jullie zullen verschillen
	hij zal verschillen	zij zullen verschillen
	u zult verschillen	
Conditional	ik zou verschillen	wij zouden verschillen
	jij zou verschillen	jullie zouden verschillen
	hij zou verschillen	zij zouden verschillen
	u zou(dt) verschillen	
Present Perfect	ik heb verschild	wij hebben verschild
	jij hebt (heb je?) verschild	jullie hebben verschild
	hij heeft verschild	zij hebben verschild
	u hebt (heeft) verschild	
Past Perfect	ik had verschild	wij hadden verschild
	jij had verschild	jullie hadden verschild
	hij had verschild	zij hadden verschild
	u had verschild	
Future Perfect	ik zal verschild hebben	wij zullen verschild hebben
	jij zult (zal) verschild hebben	jullie zullen verschild hebben
	hij zal verschild hebben	zij zullen verschild hebben
	u zult verschild hebben	
Conditional Perfect	ik zou verschild hebben	wij zouden verschild hebben
	jij zou verschild hebben	jullie zouden verschild hebben
	hij zou verschild hebben	zij zouden verschild hebben
	u zou(dt) verschild hebben	

---

*Note the following usage: "Wij verschillen *met* hem *van* mening" (Our opinion differs from his).

PRINCIPAL PARTS:	*vinden, vond, gevonden*	**vinden**
IMPERATIVE:	*Does not occur.**	*to find*
INFINITIVES:	*vinden, hebben gevonden; worden gevonden, zijn gevonden*	

INDICATIVE ACTIVE

Present	ik vind	wij vinden
	jij vindt (vind je?)	jullie vinden
	hij vindt	zij vinden
	u vindt	
Past	ik vond	wij vonden
	jij vond	jullie vonden
	hij vond	zij vonden
	u vond	
Future	ik zal vinden	wij zullen vinden
	jij zult (zal) vinden	jullie zullen vinden
	hij zal vinden	zij zullen vinden
	u zult vinden	
Conditional	ik zou vinden	wij zouden vinden
	jij zou vinden	jullie zouden vinden
	hij zou vinden	zij zouden vinden
	u zou(dt) vinden	
Present Perfect	ik heb gevonden	wij hebben gevonden
	jij hebt (heb je?) gevonden	jullie hebben gevonden
	hij heeft gevonden	zij hebben gevonden
	u hebt (heeft) gevonden	
Past Perfect	ik had gevonden	wij hadden gevonden
	jij had gevonden	jullie hadden gevonden
	hij had gevonden	zij hadden gevonden
	u had gevonden	
Future Perfect	ik zal gevonden hebben	wij zullen gevonden hebben
	jij zult (zal) gevonden hebben	jullie zullen gevonden hebben
	hij zal gevonden hebben	zij zullen gevonden hebben
	u zult gevonden hebben	
Conditional Perfect	ik zou gevonden hebben	wij zouden gevonden hebben
	jij zou gevonden hebben	jullie zouden gevonden hebben
	hij zou gevonden hebben	zij zouden gevonden hebben
	u zou(dt) gevonden hebben	

INDICATIVE PASSIVE (SYNOPSIS)

Present	worden + gevonden	*Past Perfect*	was + gevonden
Past	werden + gevonden		
Future	zullen + gevonden worden	*Future Perfect*	zullen + gevonden zijn
Conditional	zouden + gevonden worden	*Conditional Perfect*	zouden + gevonden zijn
Present Perfect	zijn + gevonden		

---

*English allows an imperative such as "Find me a seat!," but Dutch would not use *vinden* here. One cannot command a person to find something, since the action is regarded as unpredictable by its nature.

PRINCIPAL PARTS:	*vliegen, vloog, gevlogen*	**vliegen**
IMPERATIVE:	*vlieg, vliegt, vliegt u*	*to fly**
INFINITIVES:	*vliegen, hebben (zijn*) gevlogen; worden gevlogen, zijn gevlogen*	

INDICATIVE ACTIVE

Present	ik vlieg	wij vliegen
	jij vliegt (vlieg je?)	jullie vliegen
	hij vliegt	zij vliegen
	u vliegt	
Past	ik vloog	wij vlogen
	jij vloog	jullie vlogen
	hij vloog	zij vlogen
	u vloog	
Future	ik zal vliegen	wij zullen vliegen
	jij zult (zal) vliegen	jullie zullen vliegen
	hij zal vliegen	zij zullen vliegen
	u zult vliegen	
Conditional	ik zou vliegen	wij zouden vliegen
	jij zou vliegen	jullie zouden vliegen
	hij zou vliegen	zij zouden vliegen
	u zou(dt) vliegen	
Present	ik heb gevlogen	wij hebben gevlogen
Perfect	jij hebt (heb je?) gevlogen	jullie hebben gevlogen
	hij heeft gevlogen	zij hebben gevlogen
	u hebt (heeft) gevlogen	
Past	ik had gevlogen	wij hadden gevlogen
Perfect	jij had gevlogen	jullie hadden gevlogen
	hij had gevlogen	zij hadden gevlogen
	u had gevlogen	
Future	ik zal gevlogen hebben	wij zullen gevlogen hebben
Perfect	jij zult (zal) gevlogen hebben	jullie zullen gevlogen hebben
	hij zal gevlogen hebben	zij zullen gevlogen hebben
	u zult gevlogen hebben	
Conditional	ik zou gevlogen hebben	wij zouden gevlogen hebben
Perfect	jij zou gevlogen hebben	jullie zouden gevlogen hebben
	hij zou gevlogen hebben	zij zouden gevlogen hebben
	u zou(dt) gevlogen hebben	

INDICATIVE PASSIVE (SYNOPSIS)

Present	worden + gevlogen	*Past Perfect*	was + gevlogen
Past	werden + gevlogen		
Future	zullen + gevlogen worden	*Future Perfect*	zullen + gevlogen zijn
Conditional	zouden + gevlogen worden	*Conditional Perfect*	zouden + gevlogen zijn
Present Perfect	zijn + gevlogen		

---

*This verb is both transitive and intransitive. Intransitive *vliegen* takes the auxiliary *zijn* when motion <u>toward</u> a place is indicated.

198

PRINCIPAL PARTS:	voelen, voelde, gevoeld	**voelen**
IMPERATIVE:	voel, voelt, voelt u	to feel, touch, sense;
INFINITIVES:	voelen, hebben gevoeld;	to feel (to the touch)*;
	worden gevoeld, zijn gevoeld	to feel (well, ill)†

INDICATIVE ACTIVE

Present	ik voel	wij voelen
	jij voelt (voel je?)	jullie voelen
	hij voelt	zij voelen
	u voelt	

Past	ik voelde	wij voelden
	jij voelde	jullie voelden
	hij voelde	zij voelden
	u voelde	

Future	ik zal voelen	wij zullen voelen
	jij zult (zal) voelen	jullie zullen voelen
	hij zal voelen	zij zullen voelen
	u zult voelen	

Conditional	ik zou voelen	wij zouden voelen
	jij zou voelen	jullie zouden voelen
	hij zou voelen	zij zouden voelen
	u zou(dt) voelen	

Present Perfect	ik heb gevoeld	wij hebben gevoeld
	jij hebt (heb je?) gevoeld	jullie hebben gevoeld
	hij heeft gevoeld	zij hebben gevoeld
	u hebt (heeft) gevoeld	

Past Perfect	ik had gevoeld	wij hadden gevoeld
	jij had gevoeld	jullie hadden gevoeld
	hij had gevoeld	zij hadden gevoeld
	u had gevoeld	

Future Perfect	ik zal gevoeld hebben	wij zullen gevoeld hebben
	jij zult (zal) gevoeld hebben	jullie zullen gevoeld hebben
	hij zal gevoeld hebben	zij zullen gevoeld hebben
	u zult gevoeld hebben	

Conditional Perfect	ik zou gevoeld hebben	wij zouden gevoeld hebben
	jij zou gevoeld hebben	jullie zouden gevoeld hebben
	hij zou gevoeld hebben	zij zouden gevoeld hebben
	u zou(dt) gevoeld hebben	

INDICATIVE PASSIVE (SYNOPSIS)

Present	worden + gevoeld	*Past Perfect*	was + gevoeld
Past	werden + gevoeld		
Future	zullen + gevoeld worden	*Future Perfect*	zullen + gevoeld zijn
Conditional	zouden + gevoeld worden	*Conditional Perfect*	zouden + gevoeld zijn
Present Perfect	zijn + gevoeld		

---

*Note the following: "Het voelt zacht" (It feels soft).

†This use of *voelen* requires a reflexive construction in Dutch. Thus, "Hij voelt *zich* thuis" (He feels at home).

PRINCIPAL PARTS:	*voeren, voerde, gevoerd*	**voeren**
IMPERATIVE:	*voer, voert, voert u*	*to lead, carry, take,*
INFINITIVES:	*voeren, hebben gevoerd; worden gevoerd, zijn gevoerd*	*conduct, carry on**

INDICATIVE ACTIVE

Present	ik voer	wij voeren
	jij voert (voer je?)	jullie voeren
	hij voert	zij voeren
	u voert	

Past	ik voerde	wij voerden
	jij voerde	jullie voerden
	hij voerde	zij voerden
	u voerde	

Future	ik zal voeren	wij zullen voeren
	jij zult (zal) voeren	jullie zullen voeren
	hij zal voeren	zij zullen voeren
	u zult voeren	

Conditional	ik zou voeren	wij zouden voeren
	jij zou voeren	jullie zouden voeren
	hij zou voeren	zij zouden voeren
	u zou(dt) voeren	

Present Perfect	ik heb gevoerd	wij hebben gevoerd
	jij hebt (heb je?) gevoerd	jullie hebben gevoerd
	hij heeft gevoerd	zij hebben gevoerd
	u hebt (heeft) gevoerd	

Past Perfect	ik had gevoerd	wij hadden gevoerd
	jij had gevoerd	jullie hadden gevoerd
	hij had gevoerd	zij hadden gevoerd
	u had gevoerd	

Future Perfect	ik zal gevoerd hebben	wij zullen gevoerd hebben
	jij zult (zal) gevoerd hebben	jullie zullen gevoerd hebben
	hij zal gevoerd hebben	zij zullen gevoerd hebben
	u zult gevoerd hebben	

Conditional Perfect	ik zou gevoerd hebben	wij zouden gevoerd hebben
	jij zou gevoerd hebben	jullie zouden gevoerd hebben
	hij zou gevoerd hebben	zij zouden gevoerd hebben
	u zou(dt) gevoerd hebben	

INDICATIVE PASSIVE (SYNOPSIS)

Present	worden + gevoerd	Past Perfect	was + gevoerd
Past	werden + gevoerd		
Future	zullen + gevoerd worden	Future Perfect	zullen + gevoerd zijn
Conditional	zouden + gevoerd worden		
Present Perfect	zijn + gevoerd	Conditional Perfect	zouden + gevoerd zijn

*Consult the "Glossary of 1500 Dutch Verbs" on page 299 for other meanings of *voeren.*

PRINCIPAL PARTS: *volgen, volgde, gevolgd*

IMPERATIVE: *volg, volgt, volgt u*

INFINITIVES: *volgen, hebben (zijn*) gevolgd;*
worden gevolgd, zijn gevolgd

volgen
to follow;*
to take (a course)

INDICATIVE ACTIVE

Present	ik volg	wij volgen
	jij volgt (volg je?)	jullie volgen
	hij volgt	zij volgen
	u volgt	
Past	ik volgde	wij volgden
	jij volgde	jullie volgden
	hij volgde	zij volgden
	u volgde	
Future	ik zal volgen	wij zullen volgen
	jij zult (zal) volgen	jullie zullen volgen
	hij zal volgen	zij zullen volgen
	u zult volgen	
Conditional	ik zou volgen	wij zouden volgen
	jij zou volgen	jullie zouden volgen
	hij zou volgen	zij zouden volgen
	u zou(dt) volgen	
Present Perfect	ik heb gevolgd	wij hebben gevolgd
	jij hebt (heb je?) gevolgd	jullie hebben gevolgd
	hij heeft gevolgd	zij hebben gevolgd
	u hebt (heeft) gevolgd	
Past Perfect	ik had gevolgd	wij hadden gevolgd
	jij had gevolgd	jullie hadden gevolgd
	hij had gevolgd	zij hadden gevolgd
	u had gevolgd	
Future Perfect	ik zal gevolgd hebben	wij zullen gevolgd hebben
	jij zult (zal) gevolgd hebben	jullie zullen gevolgd hebben
	hij zal gevolgd hebben	zij zullen gevolgd hebben
	u zult gevolgd hebben	
Conditional Perfect	ik zou gevolgd hebben	wij zouden gevolgd hebben
	jij zou gevolgd hebben	jullie zouden gevolgd hebben
	hij zou gevolgd hebben	zij zouden gevolgd hebben
	u zou(dt) gevolgd hebben	

INDICATIVE PASSIVE (SYNOPSIS)

Present	worden + gevolgd		*Past Perfect*	was + gevolgd
Past	werden + gevolgd			
Future	zullen + gevolgd worden		*Future Perfect*	zullen + gevolgd zijn
Conditional	zouden + gevolgd worden		*Conditional Perfect*	zouden + gevolgd zijn
Present Perfect	zijn + gevolgd			

*This verb is both transitive and intransitive; the conjugation table here gives the transitive forms. Intransitive *volgen* (meaning "to come after"), followed frequently by the preposition *op*, takes the auxiliary verb *zijn*.

PRINCIPAL PARTS: *vouwen, vouwde, gevouwen*
IMPERATIVE: *vouw, vouwt, vouwt u*
INFINITIVES: *vouwen, hebben gevouwen; worden gevouwen, zijn gevouwen*

INDICATIVE ACTIVE

Present	ik vouw	wij vouwen
	jij vouwt (vouw je?)	jullie vouwen
	hij vouwt	zij vouwen
	u vouwt	
Past	ik vouwde	wij vouwden
	jij vouwde	jullie vouwden
	hij vouwde	zij vouwden
	u vouwde	
Future	ik zal vouwen	wij zullen vouwen
	jij zult (zal) vouwen	jullie zullen vouwen
	hij zal vouwen	zij zullen vouwen
	u zult vouwen	
Conditional	ik zou vouwen	wij zouden vouwen
	jij zou vouwen	jullie zouden vouwen
	hij zou vouwen	zij zouden vouwen
	u zou(dt) vouwen	
Present Perfect	ik heb gevouwen	wij hebben gevouwen
	jij hebt (heb je?) gevouwen	jullie hebben gevouwen
	hij heeft gevouwen	zij hebben gevouwen
	u hebt (heeft) gevouwen	
Past Perfect	ik had gevouwen	wij hadden gevouwen
	jij had gevouwen	jullie hadden gevouwen
	hij had gevouwen	zij hadden gevouwen
	u had gevouwen	
Future Perfect	ik zal gevouwen hebben	wij zullen gevouwen hebben
	jij zult (zal) gevouwen hebben	jullie zullen gevouwen hebben
	hij zal gevouwen hebben	zij zullen gevouwen hebben
	u zult gevouwen hebben	
Conditional Perfect	ik zou gevouwen hebben	wij zouden gevouwen hebben
	jij zou gevouwen hebben	jullie zouden gevouwen hebben
	hij zou gevouwen hebben	zij zouden gevouwen hebben
	u zou(dt) gevouwen hebben	

INDICATIVE PASSIVE (SYNOPSIS)

Present	worden + gevouwen	*Past Perfect*	was + gevouwen
Past	werden + gevouwen		
Future	zullen + gevouwen worden	*Future Perfect*	zullen + gevouwen zijn
Conditional	zouden + gevouwen worden	*Conditional Perfect*	zouden + gevouwen zijn
Present Perfect	zijn + gevouwen		

PRINCIPAL PARTS:	*vragen, vroeg (vraagde)*, gevraagd*	**vragen**
IMPERATIVE:	*vraag, vraagt, vraagt u*	*to ask (for), invite*
INFINITIVES:	*vragen, hebben gevraagd; worden gevraagd, zijn gevraagd*	

INDICATIVE ACTIVE

Present	ik vraag	wij vragen
	jij vraagt (vraag je?)	jullie vragen
	hij vraagt	zij vragen
	u vraagt	

Past	ik vroeg	wij vroegen
	jij vroeg	jullie vroegen
	hij vroeg	zij vroegen
	u vroeg	

Future	ik zal vragen	wij zullen vragen
	jij zult (zal) vragen	jullie zullen vragen
	hij zal vragen	zij zullen vragen
	u zult vragen	

Conditional	ik zou vragen	wij zouden vragen
	jij zou vragen	jullie zouden vragen
	hij zou vragen	zij zouden vragen
	u zou(dt) vragen	

Present	ik heb gevraagd	wij hebben gevraagd
Perfect	jij hebt (heb je?) gevraagd	jullie hebben gevraagd
	hij heeft gevraagd	zij hebben gevraagd
	u hebt (heeft) gevraagd	

Past	ik had gevraagd	wij hadden gevraagd
Perfect	jij had gevraagd	jullie hadden gevraagd
	hij had gevraagd	zij hadden gevraagd
	u had gevraagd	

Future	ik zal gevraagd hebben	wij zullen gevraagd hebben
Perfect	jij zult (zal) gevraagd hebben	jullie zullen gevraagd hebben
	hij zal gevraagd hebben	zij zullen gevraagd hebben
	u zult gevraagd hebben	

Conditional	ik zou gevraagd hebben	wij zouden gevraagd hebben
Perfect	jij zou gevraagd hebben	jullie zouden gevraagd hebben
	hij zou gevraagd hebben	zij zouden gevraagd hebben
	u zou(dt) gevraagd hebben	

INDICATIVE PASSIVE (SYNOPSIS)

Present	worden + gevraagd	*Past Perfect*	was + gevraagd
Past	werden + gevraagd		
Future	zullen + gevraagd worden	*Future Perfect*	zullen + gevraagd zijn
Conditional	zouden + gevraagd worden	*Conditional Perfect*	zouden + gevraagd zijn
Present Perfect	zijn + gevraagd		

*In the past tense *vragen* has both weak and strong forms. The weak forms—*vraagde* (singular), *vraagden* (plural)—sometimes replace the strong forms—*vroeg* (singular), *vroegen* (plural)—although the strong forms are more common.

PRINCIPAL PARTS:	*vullen, vulde, gevuld*	**vullen**
IMPERATIVE:	*vul, vult, vult u*	*to fill*
INFINITIVES:	*vullen, hebben gevuld; worden gevuld, zijn gevuld*	

INDICATIVE ACTIVE

Present	ik vul	wij vullen
	jij vult (vul je?)	jullie vullen
	hij vult	zij vullen
	u vult	

Past	ik vulde	wij vulden
	jij vulde	jullie vulden
	hij vulde	zij vulden
	u vulde	

Future	ik zal vullen	wij zullen vullen
	jij zult (zal) vullen	jullie zullen vullen
	hij zal vullen	zij zullen vullen
	u zult vullen	

Conditional	ik zou vullen	wij zouden vullen
	jij zou vullen	jullie zouden vullen
	hij zou vullen	zij zouden vullen
	u zou(dt) vullen	

Present	ik heb gevuld	wij hebben gevuld
Perfect	jij hebt (heb je?) gevuld	jullie hebben gevuld
	hij heeft gevuld	zij hebben gevuld
	u hebt (heeft) gevuld	

Past	ik had gevuld	wij hadden gevuld
Perfect	jij had gevuld	jullie hadden gevuld
	hij had gevuld	zij hadden gevuld
	u had gevuld	

Future	ik zal gevuld hebben	wij zullen gevuld hebben
Perfect	jij zult (zal) gevuld hebben	jullie zullen gevuld hebben
	hij zal gevuld hebben	zij zullen gevuld hebben
	u zult gevuld hebben	

Conditional	ik zou gevuld hebben	wij zouden gevuld hebben
Perfect	jij zou gevuld hebben	jullie zouden gevuld hebben
	hij zou gevuld hebben	zij zouden gevuld hebben
	u zou(dt) gevuld hebben	

INDICATIVE PASSIVE (SYNOPSIS)

Present	worden + gevuld	*Past Perfect*	was + gevuld
Past	werden + gevuld		
Future	zullen + gevuld worden	*Future Perfect*	zullen + gevuld zijn
Conditional	zouden + gevuld worden	*Conditional Perfect*	zouden + gevuld zijn
Present Perfect	zijn + gevuld		

PRINCIPAL PARTS:	*wachten, wachtte, gewacht*	**wachten**
IMPERATIVE:	*wacht, wacht, wacht u*	*to wait**
INFINITIVES:	*wachten, hebben gewacht*	

INDICATIVE ACTIVE

Present	ik wacht	wij wachten
	jij wacht (wacht je?)	jullie wachten
	hij wacht	zij wachten
	u wacht	

Past	ik wachtte	wij wachtten
	jij wachtte	jullie wachtten
	hij wachtte	zij wachtten
	u wachtte	

Future	ik zal wachten	wij zullen wachten
	jij zult (zal) wachten	jullie zullen wachten
	hij zal wachten	zij zullen wachten
	u zult wachten	

Conditional	ik zou wachten	wij zouden wachten
	jij zou wachten	jullie zouden wachten
	hij zou wachten	zij zouden wachten
	u zou(dt) wachten	

Present	ik heb gewacht	wij hebben gewacht
Perfect	jij hebt (heb je?) gewacht	jullie hebben gewacht
	hij heeft gewacht	zij hebben gewacht
	u hebt (heeft) gewacht	

Past	ik had gewacht	wij hadden gewacht
Perfect	jij had gewacht	jullie hadden gewacht
	hij had gewacht	zij hadden gewacht
	u had gewacht	

Future	ik zal gewacht hebben	wij zullen gewacht hebben
Perfect	jij zult (zal) gewacht hebben	jullie zullen gewacht hebben
	hij zal gewacht hebben	zij zullen gewacht hebben
	u zult gewacht hebben	

Conditional	ik zou gewacht hebben	wij zouden gewacht hebben
Perfect	jij zou gewacht hebben	jullie zouden gewacht hebben
	hij zou gewacht hebben	zij zouden gewacht hebben
	u zou(dt) gewacht hebben	

INDICATIVE PASSIVE

Note that this verb does not form a regular passive, but that it commonly appears in impersonal passive constructions. For example, "Er moet op een gunstige gelegenheid gewacht worden" (One must wait for a favorable opportunity).

wachten op renders the English "to wait for." Thus, "Ik wacht op hem" (I am waiting for him).

PRINCIPAL PARTS: *wandelen, wandelde, gewandeld*
IMPERATIVE: *wandel, wandelt, wandelt u*
INFINITIVES: *wandelen, hebben (zijn) gewandeld*

wandelen
to walk, stroll

INDICATIVE ACTIVE

Present	ik wandel	wij wandelen
	jij wandelt (wandel je?)	jullie wandelen
	hij wandelt	zij wandelen
	u wandelt	
Past	ik wandelde	wij wandelden
	jij wandelde	jullie wandelden
	hij wandelde	zij wandelden
	u wandelde	
Future	ik zal wandelen	wij zullen wandelen
	jij zult (zal) wandelen	jullie zullen wandelen
	hij zal wandelen	zij zullen wandelen
	u zult wandelen	
Conditional	ik zou wandelen	wij zouden wandelen
	jij zou wandelen	jullie zouden wandelen
	hij zou wandelen	zij zouden wandelen
	u zou(dt) wandelen	
*Present Perfect**	ik heb gewandeld	wij hebben gewandeld
	jij hebt (heb je?) gewandeld	jullie hebben gewandeld
	hij heeft gewandeld	zij hebben gewandeld
	u hebt (heeft) gewandeld	
*Past Perfect**	ik had gewandeld	wij hadden gewandeld
	jij had gewandeld	jullie hadden gewandeld
	hij had gewandeld	zij hadden gewandeld
	u had gewandeld	
*Future Perfect**	ik zal gewandeld hebben	wij zullen gewandeld hebben
	jij zult (zal) gewandeld hebben	jullie zullen gewandeld hebben
	hij zal gewandeld hebben	zij zullen gewandeld hebben
	u zult gewandeld hebben	
*Conditional Perfect**	ik zou gewandeld hebben	wij zouden gewandeld hebben
	jij zou gewandeld hebben	jullie zouden gewandeld hebben
	hij zou gewandeld hebben	zij zouden gewandeld hebben
	u zou(dt) gewandeld hebben	

INDICATIVE PASSIVE

Note that this verb does not form a regular passive, but that it commonly appears in impersonal passive constructions. For example, "Er wordt gewandeld, vooral als het mooi weer is" (People go for walks, particularly when the weather is nice).

---

wandelen is conjugated here with the auxiliary *hebben*. If, however, the idea of motion toward a place is conveyed—by the preposition *naar*, for example—*zijn* is used as the auxiliary in the present perfect and past perfect. In the future perfect and conditional perfect, *zijn* would replace *hebben* in forming the perfect infinitive.

PRINCIPAL PARTS:	*wassen, waste†, gewassen*
IMPERATIVE:	*was, wast, wast u*
INFINITIVES:	*wassen, hebben gewassen; worden gewassen, zijn gewassen*

INDICATIVE ACTIVE

Present	ik was	wij wassen
	jij wast (was je?)	jullie wassen
	hij wast	zij wassen
	u wast	

Past	ik waste	wij wasten
	jij waste	jullie wasten
	hij waste	zij wasten
	u waste	

Future	ik zal wassen	wij zullen wassen
	jij zult (zal) wassen	jullie zullen wassen
	hij zal wassen	zij zullen wassen
	u zult wassen	

Conditional	ik zou wassen	wij zouden wassen
	jij zou wassen	jullie zouden wassen
	hij zou wassen	zij zouden wassen
	u zou(dt) wassen	

Present Perfect	ik heb gewassen	wij hebben gewassen
	jij hebt (heb je?) gewassen	jullie hebben gewassen
	hij heeft gewassen	zij hebben gewassen
	u hebt (heeft) gewassen	

Past Perfect	ik had gewassen	wij hadden gewassen
	jij had gewassen	jullie hadden gewassen
	hij had gewassen	zij hadden gewassen
	u had gewassen	

Future Perfect	ik zal gewassen hebben	wij zullen gewassen hebben
	jij zult (zal) gewassen hebben	jullie zullen gewassen hebben
	hij zal gewassen hebben	zij zullen gewassen hebben
	u zult gewassen hebben	

Conditional Perfect	ik zou gewassen hebben	wij zouden gewassen hebben
	jij zou gewassen hebben	jullie zouden gewassen hebben
	hij zou gewassen hebben	wij zouden gewassen hebben
	u zou(dt) gewassen hebben	

INDICATIVE PASSIVE (SYNOPSIS)

Present	worden + gewassen	*Past Perfect*	was + gewassen
Past	werden + gewassen		
Future	zullen + gewassen worden	*Future Perfect*	zullen + gewassen zijn
Conditional	zouden + gewassen worden		
		Conditional Perfect	zouden + gewassen zijn
Present Perfect	zijn + gewassen		

*Consult the "Glossary of 1500 Dutch Verbs" on page 302 for other meanings of *wassen*.

†Archaic *wies* is occasionally seen in the past tense.

PRINCIPAL PARTS:	*wegen, woog, gewogen*	**wegen**
IMPERATIVE:	*weeg, weegt, weegt u*	*to weigh*;*
INFINITIVES:	*wegen, hebben gewogen;*	*to ponder, consider*
	worden gewogen, zijn gewogen	

INDICATIVE ACTIVE

Present	ik weeg	wij wegen
	jij weegt (weeg je?)	jullie wegen
	hij weegt	zij wegen
	u weegt	

Past	ik woog	wij wogen
	jij woog	jullie wogen
	hij woog	zij wogen
	u woog	

Future	ik zal wegen	wij zullen wegen
	jij zult (zal) wegen	jullie zullen wegen
	hij zal wegen	zij zullen wegen
	u zult wegen	

Conditional	ik zou wegen	wij zouden wegen
	jij zou wegen	jullie zouden wegen
	hij zou wegen	zij zouden wegen
	u zou(dt) wegen	

Present Perfect	ik heb gewogen	wij hebben gewogen
	jij hebt (heb je?) gewogen	jullie hebben gewogen
	hij heeft gewogen	zij hebben gewogen
	u hebt (heeft) gewogen	

Past Perfect	ik had gewogen	wij hadden gewogen
	jij had gewogen	jullie hadden gewogen
	hij had gewogen	zij hadden gewogen
	u had gewogen	

Future Perfect	ik zal gewogen hebben	wij zullen gewogen hebben
	jij zult (zal) gewogen hebben	jullie zullen gewogen hebben
	hij zal gewogen hebben	zij zullen gewogen hebben
	u zult gewogen hebben	

Conditional Perfect	ik zou gewogen hebben	wij zouden gewogen hebben
	jij zou gewogen hebben	jullie zouden gewogen hebben
	hij zou gewogen hebben	zij zouden gewogen hebben
	u zou(dt) gewogen hebben	

INDICATIVE PASSIVE (SYNOPSIS)

Present	worden + gewogen	Past Perfect	was + gewogen
Past	werden + gewogen		
Future	zullen + gewogen worden	Future Perfect	zullen + gewogen zijn
Conditional	zouden + gewogen worden	Conditional Perfect	zouden + gewogen zijn
Present Perfect	zijn + gewogen		

---

*This verb is both transitive and intransitive.

		wensen
PRINCIPAL PARTS:	*wensen, wenste, gewenst*	*to wish*
IMPERATIVE:	*wens, wenst, wenst u*	
INFINITIVES:	*wensen, hebben gewenst; worden gewenst, zijn gewenst*	

INDICATIVE ACTIVE

Present	ik wens	wij wensen
	jij wenst (wens je?)	jullie wensen
	hij wenst	zij wensen
	u wenst	
Past	ik wenste	wij wensten
	jij wenste	jullie wensten
	hij wenste	zij wensten
	u wenste	
Future	ik zal wensen	wij zullen wensen
	jij zult (zal) wensen	jullie zullen wensen
	hij zal wensen	zij zullen wensen
	u zult wensen	
Conditional	ik zou wensen	wij zouden wensen
	jij zou wensen	jullie zouden wensen
	hij zou wensen	zij zouden wensen
	u zou(dt) wensen	
Present Perfect	ik heb gewenst	wij hebben gewenst
	jij hebt (heb je?) gewenst	jullie hebben gewenst
	hij heeft gewenst	zij hebben gewenst
	u hebt (heeft) gewenst	
Past Perfect	ik had gewenst	wij hadden gewenst
	jij had gewenst	jullie hadden gewenst
	hij had gewenst	zij hadden gewenst
	u had gewenst	
Future Perfect	ik zal gewenst hebben	wij zullen gewenst hebben
	jij zult (zal) gewenst hebben	jullie zullen gewenst hebben
	hij zal gewenst hebben	zij zullen gewenst hebben
	u zult gewenst hebben	
Conditional Perfect	ik zou gewenst hebben	wij zouden gewenst hebben
	jij zou gewenst hebben	jullie zouden gewenst hebben
	hij zou gewenst hebben	zij zouden gewenst hebben
	u zou(dt) gewenst hebben	

INDICATIVE PASSIVE (SYNOPSIS)

Present	worden + gewenst	*Past Perfect*	was + gewenst
Past	werden + gewenst		
Future	zullen + gewenst worden	*Future Perfect*	zullen + gewenst zijn
Conditional	zouden + gewenst worden		
Present Perfect	zijn + gewenst	*Conditional Perfect*	zouden + gewenst zijn

PRINCIPAL PARTS: *werken, werkte, gewerkt**
IMPERATIVE: *werk, werkt, werkt u*
INFINITIVES: *werken, hebben gewerkt*

werken
to work, function, take effect

INDICATIVE ACTIVE

Present	ik werk	wij werken
	jij werkt (werk je?)	jullie werken
	hij werkt	zij werken
	u werkt	
Past	ik werkte	wij werkten
	jij werkte	jullie werkten
	hij werkte	zij werkten
	u werkte	
Future	ik zal werken	wij zullen werken
	jij zult (zal) werken	jullie zullen werken
	hij zal werken	zij zullen werken
	u zult werken	
Conditional	ik zou werken	wij zouden werken
	jij zou werken	jullie zouden werken
	hij zou werken	zij zouden werken
	u zou(dt) werken	
Present Perfect	ik heb gewerkt	wij hebben gewerkt
	jij hebt (heb je?) gewerkt	jullie hebben gewerkt
	hij heeft gewerkt	zij hebben gewerkt
	u hebt (heeft) gewerkt	
Past Perfect	ik had gewerkt	wij hadden gewerkt
	jij had gewerkt	jullie hadden gewerkt
	hij had gewerkt	zij hadden gewerkt
	u had gewerkt	
Future Perfect	ik zal gewerkt hebben	wij zullen gewerkt hebben
	jij zult (zal) gewerkt hebben	jullie zullen gewerkt hebben
	hij zal gewerkt hebben	zij zullen gewerkt hebben
	u zult gewerkt hebben	
Conditional Perfect	ik zou gewerkt hebben	wij zouden gewerkt hebben
	jij zou gewerkt hebben	jullie zouden gewerkt hebben
	hij zou gewerkt hebben	zij zouden gewerkt hebben
	u zou(dt) gewerkt hebben	

INDICATIVE PASSIVE

Note that this verb does not form a regular passive, but that it commonly appears in impersonal passive constructions. For example, "Er wordt bij hun hard gewerkt" (People work hard there).

---

*werken also has irregular forms in the past tense—*wrocht* (singular), *wrochten* (plural)—as well as an irregular past participle—*gewrocht*. These irregular forms are confined to literary language and to the South.

INDICATIVE ACTIVE

Present	ik werp	wij werpen
	jij werpt (werp je?)	jullie werpen
	hij werpt	zij werpen
	u werpt	
Past	ik wierp	wij wierpen
	jij wierp	jullie wierpen
	hij wierp	zij wierpen
	u wierp	
Future	ik zal werpen	wij zullen werpen
	jij zult (zal) werpen	jullie zullen werpen
	hij zal werpen	zij zullen werpen
	u zult werpen	
Conditional	ik zou werpen	wij zouden werpen
	jij zou werpen	jullie zouden werpen
	hij zou werpen	zij zouden werpen
	u zou(dt) werpen	
Present Perfect	ik heb geworpen	wij hebben geworpen
	jij hebt (heb je?) geworpen	jullie hebben geworpen
	hij heeft geworpen	zij hebben geworpen
	u hebt (heeft) geworpen	
Past Perfect	ik had geworpen	wij hadden geworpen
	jij had geworpen	jullie hadden geworpen
	hij had geworpen	zij hadden geworpen
	u had geworpen	
Future Perfect	ik zal geworpen hebben	wij zullen geworpen hebben
	jij zult (zal) geworpen hebben	jullie zullen geworpen hebben
	hij zal geworpen hebben	zij zullen geworpen hebben
	u zult geworpen hebben	
Conditional Perfect	ik zou geworpen hebben	wij zouden geworpen hebben
	jij zou geworpen hebben	jullie zouden geworpen hebben
	hij zou geworpen hebben	zij zouden geworpen hebben
	u zou(dt) geworpen hebben	

INDICATIVE PASSIVE (SYNOPSIS)

Present	worden + geworpen	*Past Perfect*	was + geworpen
Past	werden + geworpen		
Future	zullen + geworpen worden	*Future Perfect*	zullen + geworpen zijn
Conditional	zouden + geworpen worden	*Conditional Perfect*	zouden + geworpen zijn
Present Perfect	zijn + geworpen		

*This verb is used only in formal written language, but is quite common there. In the spoken language, *gooien* is the normal word for "to throw."

211

PRINCIPAL PARTS:	*weten, wist, geweten*	**weten**
IMPERATIVE:	*weet, weet, weet u*	*to know**
INFINITIVES:	*weten, hebben geweten*	

INDICATIVE ACTIVE

Present	ik weet	wij weten
	jij weet (weet je?)	jullie weten
	hij weet	zij weten
	u weet	

Past	ik wist	wij wisten
	jij wist	jullie wisten
	hij wist	zij wisten
	u wist	

Future	ik zal weten	wij zullen weten
	jij zult (zal) weten	jullie zullen weten
	hij zal weten	zij zullen weten
	u zult weten	

Conditional	ik zou weten	wij zouden weten
	jij zou weten	jullie zouden weten
	hij zou weten	zij zouden weten
	u zou(dt) weten	

Present	ik heb geweten	wij hebben geweten
Perfect	jij hebt (heb je?) geweten	jullie hebben geweten
	hij heeft geweten	zij hebben geweten
	u hebt (heeft) geweten	

Past	ik had geweten	wij hadden geweten
Perfect	jij had geweten	jullie hadden geweten
	hij had geweten	zij hadden geweten
	u had geweten	

Future	ik zal geweten hebben	wij zullen geweten hebben
Perfect	jij zult (zal) geweten hebben	jullie zullen geweten hebben
	hij zal geweten hebben	zij zullen geweten hebben
	u zult geweten hebben	

Conditional	ik zou geweten hebben	wij zouden geweten hebben
Perfect	jij zou geweten hebben	jullie zouden geweten hebben
	hij zou geweten hebben	zij zouden geweten hebben
	u zou(dt) geweten hebben	

---

*weten means "to know" in the sense of having knowledge of something. Its direct object is often a clause, never a person. Thus, "Ik *weet* dat" but "wij *kennen* hem" (I know that . . . we know him).

PRINCIPAL PARTS: *wijken, week, geweken*
IMPERATIVE: *wijk, wijkt, wijkt u*
INFINITIVES: *wijken, zijn geweken*

wijken
to yield, give way

INDICATIVE ACTIVE

Present	ik wijk	wij wijken
	jij wijkt (wijk je?)	jullie wijken
	hij wijkt	zij wijken
	u wijkt	
Past	ik week	wij weken
	jij week	jullie weken
	hij week	zij weken
	u week	
Future	ik zal wijken	wij zullen wijken
	jij zult (zal) wijken	jullie zullen wijken
	hij zal wijken	zij zullen wijken
	u zult wijken	
Conditional	ik zou wijken	wij zouden wijken
	jij zou wijken	jullie zouden wijken
	hij zou wijken	zij zouden wijken
	u zou(dt) wijken	
Present	ik ben geweken	wij zijn geweken
Perfect	jij bent (ben je?) geweken	jullie zijn geweken
	hij is geweken	zij zijn geweken
	u bent (is) geweken	
Past	ik was geweken	wij waren geweken
Perfect	jij was geweken	jullie waren geweken
	hij was geweken	zij waren geweken
	u was geweken	
Future	ik zal geweken zijn	wij zullen geweken zijn
Perfect	jij zult (zal) geweken zijn	jullie zullen geweken zijn
	hij zal geweken zijn	zij zullen geweken zijn
	u zult geweken zijn	
Conditional	ik zou geweken zijn	wij zouden geweken zijn
Perfect	jij zou geweken zijn	jullie zouden geweken zijn
	hij zou geweken zijn	zij zouden geweken zijn
	u zou(dt) geweken zijn	

PRINCIPAL PARTS: *wijzen, wees, gewezen*
IMPERATIVE: *wijs, wijst, wijst u*
INFINITIVES: *wijzen, hebben gewezen; worden gewezen, zijn gewezen*

wijzen
to show, point out

INDICATIVE ACTIVE

Present	ik wijs	wij wijzen
	jij wijst (wijs je?)	jullie wijzen
	hij wijst	zij wijzen
	u wijst	
Past	ik wees	wij wezen
	jij wees	jullie wezen
	hij wees	zij wezen
	u wees	
Future	ik zal wijzen	wij zullen wijzen
	jij zult (zal) wijzen	jullie zullen wijzen
	hij zal wijzen	zij zullen wijzen
	u zult wijzen	
Conditional	ik zou wijzen	wij zouden wijzen
	jij zou wijzen	jullie zouden wijzen
	hij zou wijzen	zij zouden wijzen
	u zou(dt) wijzen	
Present Perfect	ik heb gewezen	wij hebben gewezen
	jij hebt (heb je?) gewezen	jullie hebben gewezen
	hij heeft gewezen	zij hebben gewezen
	u hebt (heeft) gewezen	
Past Perfect	ik had gewezen	wij hadden gewezen
	jij had gewezen	jullie hadden gewezen
	hij had gewezen	zij hadden gewezen
	u had gewezen	
Future Perfect	ik zal gewezen hebben	wij zullen gewezen hebben
	jij zult (zal) gewezen hebben	jullie zullen gewezen hebben
	hij zal gewezen hebben	zij zullen gewezen hebben
	u zult gewezen hebben	
Conditional Perfect	ik zou gewezen hebben	wij zouden gewezen hebben
	jij zou gewezen hebben	jullie zouden gewezen hebben
	hij zou gewezen hebben	zij zouden gewezen hebben
	u zou(dt) gewezen hebben	

INDICATIVE PASSIVE (SYNOPSIS)

Present	worden + gewezen	*Past Perfect*	was + gewezen
Past	werden + gewezen		
Future	zullen + gewezen worden	*Future Perfect*	zullen + gewezen zijn
Conditional	zouden + gewezen worden	*Conditional Perfect*	zouden + gewezen zijn
Present Perfect	zijn + gewezen		

PRINCIPAL PARTS:	*willen, wilde (wou)*, gewild*	**willen**
IMPERATIVE:	*Does not occur.*	*to want to*
INFINITIVES:	*willen, hebben gewild*	

INDICATIVE ACTIVE

Present	ik wil	wij willen
	jij wilt† (wil)	jullie willen
	hij wil	zij willen
	u wilt (wil)	

Past	ik wilde	wij wilden
	jij wilde	jullie wilden
	hij wilde	zij wilden
	u wilde	

Future	ik zal willen	wij zullen willen
	jij zult (zal) willen	jullie zullen willen
	hij zal willen	zij zullen willen
	u zult willen	

Conditional	ik zou willen	wij zouden willen
	jij zou willen	jullie zouden willen
	hij zou willen	zij zouden willen
	u zou(dt) willen	

Present Perfect‡	ik heb gewild	wij hebben gewild
	jij hebt (heb je?) gewild	jullie hebben gewild
	hij heeft gewild	zij hebben gewild
	u hebt (heeft) gewild	

Past Perfect‡	ik had gewild	wij hadden gewild
	jij had gewild	jullie hadden gewild
	hij had gewild	zij hadden gewild
	u had gewild	

Future Perfect‡	ik zal gewild hebben	wij zullen gewild hebben
	jij zult (zal) gewild hebben	jullie zullen gewild hebben
	hij zal gewild hebben	zij zullen gewild hebben
	u zult gewild hebben	

Conditional Perfect‡	ik zou gewild hebben	wij zouden gewild hebben
	jij zou gewild hebben	jullie zouden gewild hebben
	hij zou gewild hebben	zij zouden gewild hebben
	u zou(dt) gewild hebben	

---

*The forms *wou* (singular) and *wouden* (plural) are found frequently in the past tense.

†The *-t* is dropped when the verb precedes the pronoun. Thus, *jij wilt/wil je.*

‡See the section "Modal Verbs" on pages 17 through 21 for a discussion of double infinitive constructions.

PRINCIPAL PARTS: *winden, wond, gewonden*
IMPERATIVE: *wind, windt, windt u*
INFINITIVES: *winden, hebben gewonden; worden gewonden, zijn gewonden*

INDICATIVE ACTIVE

Present	ik wind	wij winden
	jij windt (wind je?)	jullie winden
	hij windt	zij winden
	u windt	
Past	ik wond	wij wonden
	jij wond	jullie wonden
	hij wond	zij wonden
	u wond	
Future	ik zal winden	wij zullen winden
	jij zult (zal) winden	jullie zullen winden
	hij zal winden	zij zullen winden
	u zult winden	
Conditional	ik zou winden	wij zouden winden
	jij zou winden	jullie zouden winden
	hij zou winden	zij zouden winden
	u zou(dt) winden	
Present Perfect	ik heb gewonden	wij hebben gewonden
	jij hebt (heb je?) gewonden	jullie hebben gewonden
	hij heeft gewonden	zij hebben gewonden
	u hebt (heeft) gewonden	
Past Perfect	ik had gewonden	wij hadden gewonden
	jij had gewonden	jullie hadden gewonden
	hij had gewonden	zij hadden gewonden
	u had gewonden	
Future Perfect	ik zal gewonden hebben	wij zullen gewonden hebben
	jij zult (zal) gewonden hebben	jullie zullen gewonden hebben
	hij zal gewonden hebben	zij zullen gewonden hebben
	u zult gewonden hebben	
Conditional Perfect	ik zou gewonden hebben	wij zouden gewonden hebben
	jij zou gewonden hebben	jullie zouden gewonden hebben
	hij zou gewonden hebben	zij zouden gewonden hebben
	u zou(dt) gewonden hebben	

INDICATIVE PASSIVE (SYNOPSIS)

Present	worden + gewonden	*Past Perfect*	was + gewonden
Past	werden + gewonden		
Future	zullen + gewonden worden	*Future Perfect*	zullen + gewonden zijn
Conditional	zouden + gewonden worden	*Conditional Perfect*	zouden + gewonden zijn
Present Perfect	zijn + gewonden		

PRINCIPAL PARTS:	*winnen, won, gewonnen*
IMPERATIVE:	*win, wint, wint u*
INFINITIVES:	*winnen, hebben gewonnen; worden gewonnen, zijn gewonnen*

INDICATIVE ACTIVE

Present	ik win	wij winnen
	jij wint (win je?)	jullie winnen
	hij wint	zij winnen
	u wint	

Past	ik won	wij wonnen
	jij won	jullie wonnen
	hij won	zij wonnen
	u won	

Future	ik zal winnen	wij zullen winnen
	jij zult (zal) winnen	jullie zullen winnen
	hij zal winnen	zij zullen winnen
	u zult winnen	

Conditional	ik zou winnen	wij zouden winnen
	jij zou winnen	jullie zouden winnen
	hij zou winnen	zij zouden winnen
	u zou(dt) winnen	

Present Perfect	ik heb gewonnen	wij hebben gewonnen
	jij hebt (heb je?) gewonnen	jullie hebben gewonnen
	hij heeft gewonnen	zij hebben gewonnen
	u hebt (heeft) gewonnen	

Past Perfect	ik had gewonnen	wij hadden gewonnen
	jij had gewonnen	jullie hadden gewonnen
	hij had gewonnen	zij hadden gewonnen
	u had gewonnen	

Future Perfect	ik zal gewonnen hebben	wij zullen gewonnen hebben
	jij zult (zal) gewonnen hebben	jullie zullen gewonnen hebben
	hij zal gewonnen hebben	zij zullen gewonnen hebben
	u zult gewonnen hebben	

Conditional Perfect	ik zou gewonnen hebben	wij zouden gewonnen hebben
	jij zou gewonnen hebben	jullie zouden gewonnen hebben
	hij zou gewonnen hebben	zij zouden gewonnen hebben
	u zou(dt) gewonnen hebben	

INDICATIVE PASSIVE (SYNOPSIS)

Present	worden + gewonnen	*Past Perfect*	was + gewonnen
Past	werden + gewonnen		
Future	zullen + gewonnen worden	*Future Perfect*	zullen + gewonnen zijn
Conditional	zouden + gewonnen worden		
Present Perfect	zijn + gewonnen	*Conditional Perfect*	zouden + gewonnen zijn

PRINCIPAL PARTS: *wonen, woonde, gewoond*
IMPERATIVE: *woon, woont, woont u*
INFINITIVES: *wonen, hebben gewoond*

wonen
to live, dwell

INDICATIVE ACTIVE

Present	ik woon	wij wonen
	jij woont (woon je?)	jullie wonen
	hij woont	zij wonen
	u woont	
Past	ik woonde	wij woonden
	jij woonde	jullie woonden
	hij woonde	zij woonden
	u woonde	
Future	ik zal wonen	wij zullen wonen
	jij zult (zal) wonen	jullie zullen wonen
	hij zal wonen	zij zullen wonen
	u zult wonen	
Conditional	ik zou wonen	wij zouden wonen
	jij zou wonen	jullie zouden wonen
	hij zou wonen	zij zouden wonen
	u zou(dt) wonen	
Present Perfect	ik heb gewoond	wij hebben gewoond
	jij hebt (heb je?) gewoond	jullie hebben gewoond
	hij heeft gewoond	zij hebben gewoond
	u hebt (heeft) gewoond	
Past Perfect	ik had gewoond	wij hadden gewoond
	jij had gewoond	jullie hadden gewoond
	hij had gewoond	zij hadden gewoond
	u had gewoond	
Future Perfect	ik zal gewoond hebben	wij zullen gewoond hebben
	jij zult (zal) gewoond hebben	jullie zullen gewoond hebben
	hij zal gewoond hebben	zij zullen gewoond hebben
	u zult gewoond hebben	
Conditional Perfect	ik zou gewoond hebben	wij zouden gewoond hebben
	jij zou gewoond hebben	jullie zouden gewoond hebben
	hij zou gewoond hebben	zij zouden gewoond hebben
	u zou(dt) gewoond hebben	

PRINCIPAL PARTS:	*worden, werd, geworden*	**worden***
IMPERATIVE:	*word, wordt, wordt u*	*to become, get*
INFINITIVES:	*worden, zijn geworden*	

INDICATIVE ACTIVE

Present	ik word jij wordt (word je?) hij wordt u wordt	wij worden jullie worden zij worden
Past	ik werd jij werd hij werd u werd	wij werden jullie werden zij werden
Future	ik zal worden jij zult (zal) worden hij zal worden u zult worden	wij zullen worden jullie zullen worden zij zullen worden
Conditional	ik zou worden jij zou worden hij zou worden u zou(dt) worden	wij zouden worden jullie zouden worden zij zouden worden
Present *Perfect*	ik ben geworden jij bent (ben je?) geworden hij is geworden u bent (is) geworden	wij zijn geworden jullie zijn geworden zij zijn geworden
Past *Perfect*	ik was geworden jij was geworden hij was geworden u was geworden	wij waren geworden jullie waren geworden zij waren geworden
Future *Perfect*	ik zal geworden zijn jij zult (zal) geworden zijn hij zal geworden zijn u zult geworden zijn	wij zullen geworden zijn jullie zullen geworden zijn zij zullen geworden zijn
Conditional *Perfect*	ik zou geworden zijn jij zou geworden zijn hij zou geworden zijn u zou(dt) geworden zijn	wij zouden geworden zijn jullie zouden geworden zijn zij zouden geworden zijn

---

*In addition to the meanings given here, *worden* also serves as the finite verb in the present and past tense passive, and combines with the past participle of transitive verbs to form the present participle passive.

PRINCIPAL PARTS:	*zeggen, zei (zegde)*, gezegd*	**zeggen**
IMPERATIVE:	*zeg, zegt, zegt u*	*to say, tell*
INFINITIVES:	*zeggen, hebben gezegd; worden gezegd, zijn gezegd*	

INDICATIVE ACTIVE

Present	ik zeg	wij zeggen
	jij zegt (zeg je?)	jullie zeggen
	hij zegt	zij zeggen
	u zegt	

Past	ik zei	wij zeiden
	jij zei	jullie zeiden
	hij zei	zij zeiden
	u zei	

Future	ik zal zeggen	wij zullen zeggen
	jij zult (zal) zeggen	jullie zullen zeggen
	hij zal zeggen	zij zullen zeggen
	u zult zeggen	

Conditional	ik zou zeggen	wij zouden zeggen
	jij zou zeggen	jullie zouden zeggen
	hij zou zeggen	zij zouden zeggen
	u zou(dt) zeggen	

Present Perfect	ik heb gezegd	wij hebben gezegd
	jij hebt (heb je?) gezegd	jullie hebben gezegd
	hij heeft gezegd	zij hebben gezegd
	u hebt (heeft) gezegd	

Past Perfect	ik had gezegd	wij hadden gezegd
	jij had gezegd	jullie hadden gezegd
	hij had gezegd	zij hadden gezegd
	u had gezegd	

Future Perfect	ik zal gezegd hebben	wij zullen gezegd hebben
	jij zult (zal) gezegd hebben	jullie zullen gezegd hebben
	hij zal gezegd hebben	zij zullen gezegd hebben
	u zult gezegd hebben	

Conditional Perfect	ik zou gezegd hebben	wij zouden gezegd hebben
	jij zou gezegd hebben	jullie zouden gezegd hebben
	hij zou gezegd hebben	zij zouden gezegd hebben
	u zou(dt) gezegd hebben	

INDICATIVE PASSIVE (SYNOPSIS)

Present	worden + gezegd	*Past Perfect*	was + gezegd
Past	werden + gezegd		
Future	zullen + gezegd worden	*Future Perfect*	zullen + gezegd zijn
Conditional	zouden + gezegd worden	*Conditional Perfect*	zouden + gezegd zijn
Present Perfect	zijn + gezegd		

---

*The regular forms *zegde* (singular) and *zegden* (plural) are sometimes found in the past tense and are common in compound verbs such as *opzeggen* "to recite" and *toezeggen* "to promise."

PRINCIPAL PARTS:	*zenden, zond, gezonden*
IMPERATIVE:	*zend, zendt, zendt u*
INFINITIVES:	*zenden, hebben gezonden; worden gezonden,*
	zijn gezonden

INDICATIVE ACTIVE

Present	ik zend	wij zenden
	jij zendt (zend je?)	jullie zenden
	hij zendt	zij zenden
	u zendt	

Past	ik zond	wij zonden
	jij zond	jullie zonden
	hij zond	zij zonden
	u zond	

Future	ik zal zenden	wij zullen zenden
	jij zult (zal) zenden	jullie zullen zenden
	hij zal zenden	zij zullen zenden
	u zult zenden	

Conditional	ik zou zenden	wij zouden zenden
	jij zou zenden	jullie zouden zenden
	hij zou zenden	zij zouden zenden
	u zou(dt) zenden	

Present Perfect	ik heb gezonden	wij hebben gezonden
	jij hebt (heb je?) gezonden	jullie hebben gezonden
	hij heeft gezonden	zij hebben gezonden
	u hebt (heeft) gezonden	

Past Perfect	ik had gezonden	wij hadden gezonden
	jij had gezonden	jullie hadden gezonden
	hij had gezonden	zij hadden gezonden
	u had gezonden	

Future Perfect	ik zal gezonden hebben	wij zullen gezonden hebben
	jij zult (zal) gezonden hebben	jullie zullen gezonden hebben
	hij zal gezonden hebben	zij zullen gezonden hebben
	u zult gezonden hebben	

Conditional Perfect	ik zou gezonden hebben	wij zouden gezonden hebben
	jij zou gezonden hebben	jullie zouden gezonden hebben
	hij zou gezonden hebben	zij zouden gezonden hebben
	u zou(dt) gezonden hebben	

INDICATIVE PASSIVE (SYNOPSIS)

Present	worden + gezonden	*Past Perfect*	was + gezonden
Past	werden + gezonden		
Future	zullen + gezonden worden	*Future Perfect*	zullen + gezonden zijn
Conditional	zouden + gezonden worden	*Conditional Perfect*	zouden + gezonden zijn
Present Perfect	zijn + gezonden		

*The use of *zenden* meaning "to send" is confined to literary language. The verb *sturen* replaces it in everyday Dutch.

PRINCIPAL PARTS:	zetten, zette, gezet	**zetten**
IMPERATIVE:	zet, zet, zet u	to set, put*
INFINITIVES:	zetten, hebben gezet; worden gezet, zijn gezet	

INDICATIVE ACTIVE

Present	ik zet	wij zetten
	jij zet (zet je?)	jullie zetten
	hij zet	zij zetten
	u zet	

Past	ik zette	wij zetten
	jij zette	jullie zetten
	hij zette	zij zetten
	u zette	

Future	ik zal zetten	wij zullen zetten
	jij zult (zal) zetten	jullie zullen zetten
	hij zal zetten	zij zullen zetten
	u zult zetten	

Conditional	ik zou zetten	wij zouden zetten
	jij zou zetten	jullie zouden zetten
	hij zou zetten	zij zouden zetten
	u zou(dt) zetten	

Present	ik heb gezet	wij hebben gezet
Perfect	jij hebt (heb je?) gezet	jullie hebben gezet
	hij heeft gezet	zij hebben gezet
	u hebt (heeft) gezet	

Past	ik had gezet	wij hadden gezet
Perfect	jij had gezet	jullie hadden gezet
	hij had gezet	zij hadden gezet
	u had gezet	

Future	ik zal gezet hebben	wij zullen gezet hebben
Perfect	jij zult (zal) gezet hebben	jullie zullen gezet hebben
	hij zal gezet hebben	zij zullen gezet hebben
	u zult gezet hebben	

Conditional	ik zou gezet hebben	wij zouden gezet hebben
Perfect	jij zou gezet hebben	jullie zouden gezet hebben
	hij zou gezet hebben	zij zouden gezet hebben
	u zou(dt) gezet hebben	

INDICATIVE PASSIVE (SYNOPSIS)

Present	worden + gezet	Past	was + gezet
Past	werden + gezet	Perfect	
Future	zullen + gezet worden	Future	zullen + gezet zijn
		Perfect	
Conditional	zouden + gezet worden	Conditional	zouden + gezet zijn
Present	zijn + gezet	Perfect	
Perfect			

*As a reflexive verb, zetten means "to sit down." Thus, "Hij zette zich" (He sat down).

222

PRINCIPAL PARTS:	*zien, zag, gezien*
IMPERATIVE:	*zie, ziet, ziet u*
INFINITIVES:	*zien, hebben gezien; worden gezien, zijn gezien*

INDICATIVE ACTIVE

Present	ik zie	wij zien
	jij ziet (zie je?)	jullie zien
	hij ziet	zij zien
	u ziet	
Past	ik zag	wij zagen*
	jij zag	jullie zagen
	hij zag	zij zagen
	u zag	
Future	ik zal zien	wij zullen zien
	jij zult (zal) zien	jullie zullen zien
	hij zal zien	zij zullen zien
	u zult zien	
Conditional	ik zou zien	wij zouden zien
	jij zou zien	jullie zouden zien
	hij zou zien	zij zouden zien
	u zou(dt) zien	
Present Perfect	ik heb gezien	wij hebben gezien
	jij hebt (heb je?) gezien	jullie hebben gezien
	hij heeft gezien	zij hebben gezien
	u hebt (heeft) gezien	
Past Perfect	ik had gezien	wij hadden gezien
	jij had gezien	jullie hadden gezien
	hij had gezien	zij hadden gezien
	u had gezien	
Future Perfect	ik zal gezien hebben	wij zullen gezien hebben
	jij zult (zal) gezien hebben	jullie zullen gezien hebben
	hij zal gezien hebben	zij zullen gezien hebben
	u zult gezien hebben	
Conditional Perfect	ik zou gezien hebben	wij zouden gezien hebben
	jij zou gezien hebben	jullie zouden gezien hebben
	hij zou gezien hebben	zij zouden gezien hebben
	u zou(dt) gezien hebben	

INDICATIVE PASSIVE (SYNOPSIS)

Present	worden + gezien	*Past Perfect*	was + gezien
Past	werden + gezien		
Future	zullen + gezien worden	*Future Perfect*	zullen + gezien zijn
Conditional	zouden + gezien worden	*Conditional Perfect*	zouden + gezien zijn
Present Perfect	zijn + gezien		

* Note that the *a* vowel is long in the plural, while it is short in the singular.

PRINCIPAL PARTS:	*zijn, was, geweest*	**zijn***
IMPERATIVE:	*wees, weest, weest u*	*to be*
INFINITIVES:	*zijn (wezen)†, zijn geweest*	

INDICATIVE ACTIVE

Present	ik ben jij bent (ben je?) hij is u bent (is)	wij zijn jullie zijn zij zijn
Past	ik was jij was hij was u was	wij waren jullie waren zij waren
Future	ik zal zijn jij zult (zal) zijn hij zal zijn u zult zijn	wij zullen zijn jullie zullen zijn zij zullen zijn
Conditional	ik zou zijn jij zou zijn hij zou zijn u zou(dt) zijn	wij zouden zijn jullie zouden zijn zij zouden zijn
Present *Perfect*	ik ben geweest jij bent (ben je?) geweest hij is geweest u bent (is) geweest	wij zijn geweest jullie zijn geweest zij zijn geweest
Past *Perfect*	ik was geweest jij was geweest hij was geweest u was geweest	wij waren geweest jullie waren geweest zij waren geweest
Future *Perfect*	ik zal geweest zijn jij zult (zal) geweest zijn hij zal geweest zijn u zult geweest zijn	wij zullen geweest zijn jullie zullen geweest zijn zij zullen geweest zijn
Conditional *Perfect*	ik zou geweest zijn jij zou geweest zijn hij zou geweest zijn u zou(dt) geweest zijn	wij zouden geweest zijn jullie zouden geweest zijn zij zouden geweest zijn

---

*In addition to its basic meaning "to be," *zijn* also functions as an auxiliary verb. It can be found as the auxiliary verb of some intransitive verbs in the present and past perfect tenses; it combines with the past participle of these verbs to form the perfect infinitive active; and it is the auxiliary verb for the present and past perfect tenses of the passive.

†When the verb "to be" functions as a dependent infinitive, as for example when a modal verb is the inflected verb and is followed by an infinitive, *wezen* sometimes takes the place of *zijn*.

224

PRINCIPAL PARTS:	*zingen, zong, gezongen*
IMPERATIVE:	*zing, zingt, zingt u*
INFINITIVES:	*zingen, hebben gezongen; worden gezongen, zijn gezongen*

INDICATIVE ACTIVE

Present	ik zing	wij zingen
	jij zingt (zing je?)	jullie zingen
	hij zingt	zij zingen
	u zingt	
Past	ik zong	wij zongen
	jij zong	jullie zongen
	hij zong	zij zongen
	u zong	
Future	ik zal zingen	wij zullen zingen
	jij zult (zal) zingen	jullie zullen zingen
	hij zal zingen	zij zullen zingen
	u zult zingen	
Conditional	ik zou zingen	wij zouden zingen
	jij zou zingen	jullie zouden zingen
	hij zou zingen	zij zouden zingen
	u zou(dt) zingen	
Present Perfect	ik heb gezongen	wij hebben gezongen
	jij hebt (heb je?) gezongen	jullie hebben gezongen
	hij heeft gezongen	zij hebben gezongen
	u hebt (heeft) gezongen	
Past Perfect	ik had gezongen	wij hadden gezongen
	jij had gezongen	jullie hadden gezongen
	hij had gezongen	zij hadden gezongen
	u had gezongen	
Future Perfect	ik zal gezongen hebben	wij zullen gezongen hebben
	jij zult (zal) gezongen hebben	jullie zullen gezongen hebben
	hij zal gezongen hebben	zij zullen gezongen hebben
	u zult gezongen hebben	
Conditional Perfect	ik zou gezongen hebben	wij zouden gezongen hebben
	jij zou gezongen hebben	jullie zouden gezongen hebben
	hij zou gezongen hebben	zij zouden gezongen hebben
	u zou(dt) gezongen hebben	

INDICATIVE PASSIVE (SYNOPSIS)

Present	worden + gezongen		*Past Perfect*	was + gezongen
Past	werden + gezongen			
Future	zullen + gezongen worden		*Future Perfect*	zullen + gezongen zijn
Conditional	zouden + gezongen worden		*Conditional Perfect*	zouden + gezongen zijn
Present Perfect	zijn + gezongen			

PRINCIPAL PARTS: *zinken, zonk, gezonken*
IMPERATIVE: *zink, zinkt, zinkt u*
INFINITIVES: *zinken, zijn gezonken*

zinken
*to sink**

INDICATIVE ACTIVE

Present	ik zink jij zinkt (zink je?) hij zinkt u zinkt	wij zinken jullie zinken zij zinken
Past	ik zonk jij zonk hij zonk u zonk	wij zonken jullie zonken zij zonken
Future	ik zal zinken jij zult (zal) zinken hij zal zinken u zult zinken	wij zullen zinken jullie zullen zinken zij zullen zinken
Conditional	ik zou zinken jij zou zinken hij zou zinken u zou(dt) zinken	wij zouden zinken jullie zouden zinken zij zouden zinken
Present *Perfect*	ik ben gezonken jij bent (ben je?) gezonken hij is gezonken u bent (is) gezonken	wij zijn gezonken jullie zijn gezonken zij zijn gezonken
Past *Perfect*	ik was gezonken jij was gezonken hij was gezonken u was gezonken	wij waren gezonken jullie waren gezonken zij waren gezonken
Future *Perfect*	ik zal gezonken zijn jij zult (zal) gezonken zijn hij zal gezonken zijn u zult gezonken zijn	wij zullen gezonken zijn jullie zullen gezonken zijn zij zullen gezonken zijn
Conditional *Perfect*	ik zou gezonken zijn jij zou gezonken zijn hij zou gezonken zijn u zou(dt) gezonken zijn	wij zouden gezonken zijn jullie zouden gezonken zijn zij zouden gezonken zijn

---

*zinken serves only as an intransitive verb; it has no equivalent causative verb. The transitive idea can be expressed in several ways, among them "tot zinken brengen" and "doen zinken."

PRINCIPAL PARTS:	*zitten, zat, gezeten*	**zitten**
IMPERATIVE:	*zit, zit, zit u*	*to sit, be sitting*
INFINITIVES:	*zitten, hebben gezeten*	

INDICATIVE ACTIVE

Present	ik zit	wij zitten
	jij zit (zit je?)	jullie zitten
	hij zit	zij zitten
	u zit	

Past	ik zat	wij zaten*
	jij zat	jullie zaten
	hij zat	zij zaten
	u zat	

Future	ik zal zitten	wij zullen zitten
	jij zult (zal) zitten	jullie zullen zitten
	hij zal zitten	zij zullen zitten
	u zult zitten	

Conditional	ik zou zitten	wij zouden zitten
	jij zou zitten	jullie zouden zitten
	hij zou zitten	zij zouden zitten
	u zou(dt) zitten	

Present *Perfect*	ik heb gezeten	wij hebben gezeten
	jij hebt (heb je?) gezeten	jullie hebben gezeten
	hij heeft gezeten	zij hebben gezeten
	u hebt (heeft) gezeten	

Past *Perfect*	ik had gezeten	wij hadden gezeten
	jij had gezeten	jullie hadden gezeten
	hij had gezeten	zij hadden gezeten
	u had gezeten	

Future *Perfect*	ik zal gezeten hebben	wij zullen gezeten hebben
	jij zult (zal) gezeten hebben	jullie zullen gezeten hebben
	hij zal gezeten hebben	zij zullen gezeten hebben
	u zult gezeten hebben	

Conditional *Perfect*	ik zou gezeten hebben	wij zouden gezeten hebben
	jij zou gezeten hebben	jullie zouden gezeten hebben
	hij zou gezeten hebben	zij zouden gezeten hebben
	u zou(dt) gezeten hebben	

---

*Note that the *a* vowel is long in the plural, while it is short in the singular.

PRINCIPAL PARTS: *zoeken, zocht, gezocht*
IMPERATIVE: *zoek, zoekt, zoekt u*
INFINITIVES: *zoeken, hebben gezocht; worden gezocht, zijn gezocht*

INDICATIVE ACTIVE

Present	ik zoek		wij zoeken
	jij zoekt (zoek je?)		jullie zoeken
	hij zoekt		zij zoeken
	u zoekt		
Past	ik zocht		wij zochten
	jij zocht		jullie zochten
	hij zocht		zij zochten
	u zocht		
Future	ik zal zoeken		wij zullen zoeken
	jij zult (zal) zoeken		jullie zullen zoeken
	hij zal zoeken		zij zullen zoeken
	u zult zoeken		
Conditional	ik zou zoeken		wij zouden zoeken
	jij zou zoeken		jullie zouden zoeken
	hij zou zoeken		zij zouden zoeken
	u zou(dt) zoeken		
Present Perfect	ik heb gezocht		wij hebben gezocht
	jij hebt (heb je?) gezocht		jullie hebben gezocht
	hij heeft gezocht		zij hebben gezocht
	u hebt (heeft) gezocht		
Past Perfect	ik had gezocht		wij hadden gezocht
	jij had gezocht		jullie hadden gezocht
	hij had gezocht		zij hadden gezocht
	u had gezocht		
Future Perfect	ik zal gezocht hebben		wij zullen gezocht hebben
	jij zult (zal) gezocht hebben		jullie zullen gezocht hebben
	hij zal gezocht hebben		zij zullen gezocht hebben
	u zult gezocht hebben		
Conditional Perfect	ik zou gezocht hebben		wij zouden gezocht hebben
	jij zou gezocht hebben		jullie zouden gezocht hebben
	hij zou gezocht hebben		zij zouden gezocht hebben
	u zou(dt) gezocht hebben		

INDICATIVE PASSIVE (SYNOPSIS)

Present	worden + gezocht	*Past Perfect*	was + gezocht
Past	werden + gezocht		
Future	zullen + gezocht worden	*Future Perfect*	zullen + gezocht zijn
Conditional	zouden + gezocht worden	*Conditional Perfect*	zouden + gezocht zijn
Present Perfect	zijn + gezocht		

PRINCIPAL PARTS:	*zwemmen, zwom, gezwommen*	**zwemmen**
IMPERATIVE:	*zwem, zwemt, zwemt u*	*to swim*
INFINITIVES:	*zwemmen, hebben (zijn) gezwommen*	

INDICATIVE ACTIVE

Present	ik zwem	wij zwemmen
	jij zwemt (zwem je?)	jullie zwemmen
	hij zwemt	zij zwemmen
	u zwemt	

Past	ik zwom	wij zwommen
	jij zwom	jullie zwommen
	hij zwom	zij zwommen
	u zwom	

Future	ik zal zwemmen	wij zullen zwemmen
	jij zult (zal) zwemmen	jullie zullen zwemmen
	hij zal zwemmen	zij zullen zwemmen
	u zult zwemmen	

Conditional	ik zou zwemmen	wij zouden zwemmen
	jij zou zwemmen	jullie zouden zwemmen
	hij zou zwemmen	zij zouden zwemmen
	u zou(dt) zwemmen	

Present Perfect*	ik heb gezwommen	wij hebben gezwommen
	jij hebt (heb je?) gezwommen	jullie hebben gezwommen
	hij heeft gezwommen	zij hebben gezwommen
	u hebt (heeft) gezwommen	

Past Perfect*	ik had gezwommen	wij hadden gezwommen
	jij had gezwommen	jullie hadden gezwommen
	hij had gezwommen	zij hadden gezwommen
	u had gezwommen	

Future Perfect*	ik zal gezwommen hebben	wij zullen gezwommen hebben
	jij zult (zal) gezwommen hebben	jullie zullen gezwommen hebben
	hij zal gezwommen hebben	zij zullen gezwommen hebben
	u zult gezwommen hebben	

Conditional Perfect*	ik zou gezwommen hebben	wij zouden gezwommen hebben
	jij zou gezwommen hebben	jullie zouden gezwommen hebben
	hij zou gezwommen hebben	zij zouden gezwommen hebben
	u zou(dt) gezwommen hebben	

INDICATIVE PASSIVE

Note that this verb does not form a regular passive, but that it commonly appears in impersonal passive constructions. For example, "Er wordt bij warm weer veel gezwommen" (People swim a lot when the weather is warm).

---

*zwemmen is conjugated here with the auxiliary *hebben*. If, however, the idea of motion <u>toward</u> a place is conveyed—by the preposition *naar*, for example—*zijn* is used as the auxiliary in the present perfect and past perfect. In the future perfect and conditional perfect *zijn* would replace *hebben* in forming the perfect infinitive.

PRINCIPAL PARTS: *zwijgen, zweeg, gezwegen*
IMPEPATIVE: *zwijg, zwijgt, zwijgt u*
INFINITIVES: *zwijgen, hebben gezwegen*

zwijgen
to be silent, fall silent

INDICATIVE ACTIVE

Present	ik zwijg	wij zwijgen
	jij zwijgt (zwijg je?)	jullie zwijgen
	hij zwijgt	zij zwijgen
	u zwijgt	

Past	ik zweeg	wij zwegen
	jij zweeg	jullie zwegen
	hij zweeg	zij zwegen
	u zweeg	

Future	ik zal zwijgen	wij zullen zwijgen
	jij zult (zal) zwijgen	jullie zullen zwijgen
	hij zal zwijgen	zij zullen zwijgen
	u zult zwijgen	

Conditional	ik zou zwijgen	wij zouden zwijgen
	jij zou zwijgen	jullie zouden zwijgen
	hij zou zwijgen	zij zouden zwijgen
	u zou(dt) zwijgen	

Present *Perfect*	ik heb gezwegen	wij hebben gezwegen
	jij hebt (heb je?) gezwegen	jullie hebben gezwegen
	hij heeft gezwegen	zij hebben gezwegen
	u hebt (heeft) gezwegen	

Past *Perfect*	ik had gezwegen	wij hadden gezwegen
	jij had gezwegen	jullie hadden gezwegen
	hij had gezwegen	zij hadden gezwegen
	u had gezwegen	

Future *Perfect*	ik zal gezwegen hebben	wij zullen gezwegen hebben
	jij zult (zal) gezwegen hebben	jullie zullen gezwegen hebben
	hij zal gezwegen hebben	zij zullen gezwegen hebben
	u zult gezwegen hebben	

Conditional *Perfect*	ik zou gezwegen hebben	wij zouden gezwegen hebben
	jij zou gezwegen hebben	jullie zouden gezwegen hebben
	hij zou gezwegen hebben	zij zouden gezwegen hebben
	u zou(dt) gezwegen hebben	

INDICATIVE PASSIVE

Note that this verb does not form a regular passive, but that it commonly appears in impersonal passive constructions. For example, "Er wordt over de toekomst gezwegen" (Nothing is said about the future).

Part III: AT-A-GLANCE VERB TABLES

Verb Classifications

STRONG VERBS

The internal vowel changes characteristic of Dutch strong verbs are not random or arbitrary, but follow a limited number of patterns. The origins of these patterns can be traced to prehistoric times and are common to all the Germanic languages. English 'drink, drank, drunk', German 'trinken, trank, getrunken', and Dutch *drinken, dronk, gedronken* exemplify this phenomenon, and several hundred other instances of it could be adduced. For the beginning student of Dutch it is advisable to learn the principal parts of new verbs individually rather than as members of particular classes. The presentation of strong verb classes therefore has limited pedagogical value, but can be useful as a point of reference.

Texts divide strong verbs into seven classes, several of which are then sub-divided. This number coincides with the historical number of classes, although there have been realignments within the classes. Over the centuries some verbs have taken on the characteristics of classes different from their original ones. The force of analogy and leveling has brought this about. For this reason texts do not adhere to rigid historical classification, but include in strong verb categories those verbs which at present show the characteristics of the respective categories. The following verbs illustrate the vowel changes within each of the seven classes. They are a representative sampling and by no means exhaust their classes. Several classes, particularly the first three, contain as many as fifty verbs.

	Infinitive	Past	Past Participle	Meaning
Class I Vowel Change	ij	ee	e	
	blijven	bleef	gebleven	**to remain**
	grijpen	greep	gegrepen	**to grasp, to seize**
	krijgen	kreeg	gekregen	**to get, to receive**
	snijden	sneed	gesneden	**to cut**
	zwijgen	zweeg	gezwegen	**to be silent**
Class II, A Vowel Change	ie	oo	o	
	bieden	bood	geboden	**to offer**
	gieten	goot	gegoten	**to pour**
	kiezen	koos	gekozen	**to choose**
	liegen	loog	gelogen	**to tell lies**
	schieten	schoot	geschoten	**to shoot**

	Infinitive	Past	Past Participle	Meaning
Class II, B Vowel Change	ui	oo	o	
	buigen	boog	gebogen	**to bend**
	kruipen	kroop	gekropen	**to creep**
	ruiken	rook	geroken	**to smell**
	sluiten	sloot	gesloten	**to close**
	zuigen	zoog	gezogen	**to suck**
Class III, A Vowel Change	i	o	o	
	beginnen	begon	begonnen	**to begin**
	binden	bond	gebonden	**to bind**
	drinken	dronk	gedronken	**to drink**
	dwingen	dwong	gedwongen	**to force**
	zingen	zong	gezongen	**to sing**
Class III, B Vowel Change	e	o	o	
	bergen	borg	geborgen	**to store, to hold**
	gelden	gold	gegolden	**to cost, to be worth**
	treffen	trof	getroffen	**to meet, to hit**
	zenden	zond	gezonden	**to send**
	zwemmen	zwom	gezwommen	**to swim**
Class IV Vowel Change	e	a*	o	
	bevelen	beval	bevolen	**to command**
	breken	brak	gebroken	**to break**
	nemen	nam	genomen	**to take**
	spreken	sprak	gesproken	**to speak**
	stelen	stal	gestolen	**to steal**
Class V, A Vowel Change	e	a*	e	
	eten	at	gegeten	**to eat**
	geven	gaf	gegeven	**to give**
	lezen	las	gelezen	**to read**
	meten	mat	gemeten	**to measure**
	treden	trad.	getreden	**to step, to tread**
Class V, B Vowel Change	i	a*	e	
	bidden	bad	gebeden	**to pray, to entreat**
	liggen	lag	gelegen	**to lie**
	zitten	zat	gezeten	**to sit**

---

*The *a* vowel sounds in these classes are short in the singular and long in the plural of the past tense.

	Infinitive	Past	Past Participle	Meaning
Class VI, A Vowel Change		ie		
	houden	hield	gehouden	**to hold**
	laten	liet	gelaten	**to allow, to let**
	lopen	liep	gelopen	**to run**
	roepen	riep	geroepen	**to call**
	slapen	sliep	geslapen	**to sleep**

(Note: In Class VI, A, the vowel of the infinitive and that of the past participle must coincide)

	Infinitive	Past	Past Participle	Meaning
Class VI, B Vowel Change	e	ie	o	
	helpen	hielp	geholpen	**to help**
	sterven	stierf	gestorven	**to die**
	werpen	wierp	geworpen	**to throw**
	werven	wierf	geworven	**to recruit**
	zwerven	zwierf	gezworven	**to wander, to roam**

	Infinitive	Past	Past Participle	Meaning
Class VII Vowel Change	a	oe	a	
	dragen	droeg	gedragen	**to carry**
	graven	groef	gegraven	**to dig**
	slaan	sloeg	geslagen	**to strike**
	varen	voer	gevaren	**to travel by boat**

WEAK VERBS

Weak verbs differ from strong verbs in the way both the past tense and the past participle are formed. In the past tense weak verbs add a dental suffix, either *-t* or *-d*, to the stem of the infinitive and then the appropriate personal endings: *-e* for all persons of the singular and *-en* for all persons of the plural. The suffix *-t* is applied when the infinitive stem ends in *p, t, k, f, s,* or *ch;* in all other cases it is *-d*.

	Infinitive	Past Singular	Past Plural	Meaning
	hopen	hoopte	hoopten	**to hope**
	maken	maakte	maakten	**to make**
	eisen	eiste	eisten	**to demand**
	spelen	speelde	speelden	**to play**
	kauwen	kauwde	kauwden	**to chew**
	horen	hoorde	hoorden	**to hear**
Note also:	leven	leefde	leefden	**to live**
	reizen	reisde	reisden	**to travel**

The past participle is a constituent of all the perfect tenses—present perfect, past perfect, and future perfect—the perfect infinitives, and all the tenses of the passive voice. To form the past participle of weak verbs the prefix ge- is added to the stem of the verb and either -t or -d as a suffix (the same criteria hold here as in the past tense). The past participle thus formed combines with the appropriate auxiliaries to form the required tenses.

Infinitive	Past Participle	Meaning
tonen	getoond	**to show**
huren	gehuurd	**to rent**
missen	gemist	**to miss**
praten	gepraat	**to talk**

Exception: If the verb contains an <u>unstressed (inseparable) prefix</u>, *ge-* is not added in the past participle. These prefixes are *be-, er-, ge-, her-, ont-,* or *ver-*.

Infinitive	Past Participle	Meaning
beloven	beloofd	**to promise**
erkennen	erkend	**to acknowledge**
geloven	geloofd	**to promise**

IRREGULAR VERBS

For the purposes of this text "irregular" is a catch-all category for all verbs which do not fit entirely into either weak or strong classes. The force of analogy often induces weak verbs to take on characteristics of strong verbs and, conversely, strong verbs frequently assume weak forms in one or more of their principal parts. When the transition remains incomplete, and this is often the case, the result is a verb neither totally weak nor entirely strong. At times a verb has both a weak and a strong form in one of its principal parts. There are, in addition, a small number of genuinely anomalous verbs, each of which forms an individual class. In the reference list below one finds:

1. anomalous verbs *(doen, gaan, zijn)*,
2. weak verbs with internal vowel change *(brengen, denken, zoeken)*,
3. weak verbs with a past participle in -*en (brouwen, lachen, malen)*,
4. weak verbs which have developed a strong past tense *(jagen, waaien)*,
5. strong verbs which no longer fit into a strong class *(scheppen, scheren, wegen)*,
6. strong verbs which have developed a weak past *(bakken, braden, heten)*,
7. verbs with two sets of principal parts *(kerven, schuilen)*.

Infinitive	Past	Past Participle	Meaning
bakken	bakte	gebakken	**to bake, to fry**
bannen	bande	gebannen	**to banish, to exile**

Infinitive	Past	Past Participle	Meaning
barsten	barstte	gebarsten	**to burst**
braden	braadde	gebraden	**to roast, to fry**
brengen	bracht	gebracht	**to bring**
brouwen	brouwde	gebrouwen	**to brew**
denken	dacht	gedacht	**to think**
doen	deed	gedaan	**to do**
dunken	docht	gedocht	**to think [impersonal]**
durven	durfde (dorst)	gedurfd	**to dare**
gaan	ging	gegaan	**to go**
hangen	hing	gehangen	**to hang, to suspend**
hebben	had	gehad	**to have**
heten	heette	geheten	**to be called**
jagen	joeg (jaagde*)	gejaagd	**to hunt, to chase**
kerven	kerfde (korf*)	gekerfd (gekorven*)	**to carve, to cut**
kopen	kocht	gekocht	**to buy**
krijsen	krijste (krees*)	gekrijst (gekresen*)	**to scream, to shriek**
kunnen	kon	gekund	**to be able, can**
lachen	lachte	gelachen	**to laugh**
malen	maalde	gemalen	**to grind**
melken	molk (melkte)	gemolken	**to milk**
mogen	mocht	gemoogd (gemogen)	**to be allowed to**
plegen	placht	. . . . .	**to be accustomed to**
raden	raadde (ried)	geraden	**to advise, to guess at**
scheiden	scheidde	gescheiden	**to divide, to sever**
scheppen	schiep	geschapen	**to create**
scheren	schoor	geschoren	**to shave, to shear**
schuilen	schuilde (school)	geschuild (gescholen)	**to hide, to take shelter**
spannen	spande	gespannen	**to stretch, to tighten**
staan	stond	gestaan	**to stand**
stoten	stootte (stiet)	gestoten	**to push, to kick**
vangen	ving	gevangen	**to catch, to capture**

---

*Forms marked with an asterisk are either obsolete or archaic.

Infinitive	Past	Past Participle	Meaning
vouwen	vouwde	gevouwen	**to fold**
vragen	vroeg (vraagde)	gevraagd	**to ask, to invite**
vriezen	vroor (vroos*)	gevroren (gevrozen*)	**to freeze (over)**
waaien	waaide (woei)	gewaaid	**blow (wind)**
wassen	waste (wies*)	gewassen	**wash**
wegen	woog	gewogen	**to weigh, to ponder**
weten	wist	geweten	**to know**
weven	weefde	geweven	**to weave**
willen	wilde (wou)	gewild	**to want to, to wish**
worden	werd	geworden	**to become**
wreken	wreekte	gewroken	**to revenge, to avenge**
zeggen	zei (zegde)	gezegd	**to say, to tell**
zieden	ziedde	gezoden	**to boil, to seethe**
zien	zag	gezien	**to see**
zijn	was	geweest	**to be**
zoeken	zocht	gezocht	**to seek, to look for**
zullen	zou	. . . . .	**shall**
zweren	zwoer	gezworen	**to swear**
zweren	zwoor (zweerde)	gezworen	**to fester, to ulcerate**

---

* Forms marked with an asterisk are either obsolete or archaic.

Glossary of 1500 Dutch Verbs

The following index contains the principal parts and meanings of approximately 1500 Dutch verbs. In order to conserve space, a few abbreviations have been used, all of which are summarized below according to column:

Infinitive

1. **Boldface** type indicates that the verb has been fully conjugated in the preceding section.

2. * indicates that you should refer to the root word in the conjugation tables, e.g., for *uit-gaan,* consult *gaan.*

3. – indicates that a verb has a separable prefix.

Past

1. The ellipses . . . indicate that in normal sentence word order the prefix is separated from the main verb and comes at the end of the sentence.

Past Participle

1. The words *hebben* or *zijn* placed before the past participle show which auxiliary the verb is conjugated with.

2. When the word *zijn* is placed in parentheses *(zijn),* the verb takes *zijn* only when used intransitively or when direction is specified; otherwise, it takes *hebben.*

Meaning

1. The abbreviation (ref.) indicates that a verb has a special meaning when it is used reflexively.

2. [ ]—Brackets contain stylistic or grammatical explanatory notes.

3. ( )—Parentheses clarify the context in which a verb occurs.

Infinitive	Past	Past Participle	Meaning
*aan-bevelen	beval . . . aan	hebben + aanbevolen	**to recommend, to commend**
*aanbidden	aanbad (bad . . . aan)	hebben + aanbeden (aangebeden)	**to worship, to adore**
*aan-bieden	bood . . . aan	hebben + aangeboden	**to offer**
*aan-doen	deed . . . aan	hebben + aangedaan	**to put on (clothes); to cause, to inflict, to affect**

Infinitive	Past	Past Participle	Meaning
*aan-draaien	draaide . . . aan	hebben + aangedraaid	to turn on, to switch on
aan-duiden	duidde . . . aan	hebben + aangeduid	to indicate, to point out, to designate
*aan-gaan	ging . . . aan	(zijn +) aangegaan	to concern, to regard; to enter into, to contract; to make (a bet)
*aan-geven	gaf . . . aan	hebben + aangegeven	to give, to hand; to indicate, to note; to declare (at customs)
*aan-halen	haalde . . . aan	hebben + aangehaald	to fetch, to seize; to quote; to caress
*aan-houden	hield . . . aan	hebben + aangehouden	to stop, to detain, to seize, to arrest; to continue, to last; to persevere
*aan-kijken	keek . . . aan	hebben + aangekeken	to look at
*aan-komen	kwam . . . aan	zijn + aangekomen	to arrive
aan-kondigen	kondigde . . . aan	hebben + aangekondigd	to announce
*aan-leggen	legde . . . aan	hebben + aangelegd	to place, to apply; to lay out, to install; to aim, to take aim
aan-moedigen	moedigde . . . aan	hebben + aangemoedigd	to encourage
*aan-nemen	nam . . . aan	hebben + aangenomen	to take, to accept, to receive; to pass (a motion); to suppose
aan-pakken	pakte . . . aan	hebben + aangepakt	to seize, to take hold of; to tackle (a problem)
aan-passen	paste . . . aan	hebben + aangepast	to try on; (ref.) to adapt, to adjust
*aan-raken	raakte . . . aan	hebben + aangeraakt	to touch
*aan-slaan	sloeg . . . aan	(zijn +) aangeslagen	to put up, to post; to strike, to touch; to estimate, to assess; to start up
*aan-sluiten	sloot . . . aan	hebben + aangesloten	to connect, to join, to link up
*aan-spreken	sprak . . . aan	hebben + aangesproken	to address, to speak to
*aan-steken	stak . . . aan	hebben + aangestoken	to light, to set fire to; to tap (a keg); to infect
*aan-stellen	stelde . . . aan	hebben + aangesteld	to appoint; (ref.) to pose, to feign

Infinitive	Past	Past Participle	Meaning
*aan-stoten	stootte . . . aan (stiet . . . aan)	hebben + aangestoten	to nudge, to bump against; to touch glasses (in toast)
*aan-tekenen	tekende . . . aan	hebben + aangetekend	to mark, to note, to record; to register (a letter)
*aan-trekken	trok . . . aan	hebben + aangetrokken	to draw, to attract; to put on; *(ref.)* to take to heart
aanvaarden	aanvaardde	hebben + aanvaard	to accept, to assume; to enter upon, to set out upon
*aan-vallen	viel . . . aan	(zijn +) aangevallen	to attack, to assault; to fall upon
*aan-vragen	vroeg . . . aan (vraagde . . . aan)	hebben + aangevraagd	to apply for, to request
aan-wenden	wendde . . . aan	hebben + aangewend	to use, to employ
aan-wennen	wende . . . aan	hebben + aangewend	*(ref.)* to get into the habit of
*aan-wijzen	wees . . . aan	hebben + aangewezen	to show, to point out, to designate; to assign (a seat)
*aan-zeggen	zei . . . aan (zegde . . . aan)	hebben + aangezegd	to announce, to notify; to order
*aan-zetten	zette . . . aan	hebben + aangezet	to put on, to fit on; to put ajar; to incite, to urge on; to turn on
*aan-zien	zag . . . aan	hebben + aangezien	to look at, to consider, to regard
aarzelen	aarzelde	hebben + geaarzeld	to hesitate, to waver
accepteren	accepteerde	hebben + geaccepteerd	to accept
achten	achtte	hebben + geacht	to respect. to esteem; to deem, to consider
*achter-gaan	ging . . . achter	zijn + achtergegaan	to be slow, to lose time (a watch)
af-beelden	beeldde . . . af	hebben + afgebeeld	to picture, to portray; to describe
*af-breken	brak . . . af	(zijn +) afgebroken	to break off, to stop; to demolish; to interrupt, to sever
*af-danken	dankte . . . af	hebben + afgedankt	to disband, to dismiss, to discard
af-dwalen	dwaalde . . . af	zijn + afgedwaald	to stray, to wander
*af-dwingen	dwong . . . af	hebben + afgedwongen	to compel, to command, to extort

Infinitive	Past	Past Participle	Meaning
*af-gaan	ging . . . af	zijn + afgegaan	to depart, to descend; to go off, to fire
*af-hangen	hing . . . af	hebben + afgehangen	to hang down; to depend
*af-leggen	legde . . . af	hebben + afgelegd	to take off, to remove; to cover (a distance); to give (an account, a statement)
*af-leiden	leidde . . . af	hebben + afgeleid	to divert, to distract; to derive; to infer, to conclude
*af-maken	maakte . . . af	hebben + afgemaakt	to finish, to complete; to kill
*af-nemen	nam . . . af	(zijn +) afgenomen	to take away, to take off; to decrease, to decline, to wane
*af-raden	raadde . . . af (ried . . . af)	hebben + afgeraden	to dissuade from
af-rekenen	rekende . . . af	hebben + afgerekend	to settle (accounts)
*af-schaffen	schafte . . . af	hebben + afgeschaft	to abolish, to do away with
*af-sluiten	sloot . . . af	hebben + afgesloten	to lock, to close, to shut off; to conclude (agreement)
*af-snijden	sneed . . . af	hebben + afgesneden	to cut off, to block
af-spiegelen	spiegelde . . . af	hebben + afgespiegeld	to mirror, to reflect
*af-spreken	sprak . . . af	hebben + afgesproken	to arrange, to agree upon
*af-staan	stond . . . af	hebben + afgestaan	to yield, to cede, to give over
af-stammen	stamde . . . af	zijn + afgestamd	to be descended from
*af-stijgen	steeg . . . af	zijn + afgestegen	to get off, to dismount
*af-stoten	stootte . . . af (stiet . . . af)	hebben + afgestoten	to push away, to repel
*af-tekenen	tekende . . . af	hebben + afgetekend	to draw, to delineate; to sign; (ref.) to stand out against
af-treden	trad . . . af	(zijn +) afgetreden	to step down, to go off; to resign, to retire
*af-trekken	trok . . . af	(zijn +) afgetrokken	to pull off; to deduct, to subtract; to withdraw, to retreat
af-vaardigen	vaardigde . . . af	hebben + afgevaardigd	to delegate, to send (to Congress)

Infinitive	Past	Past Participle	Meaning
*af-wachten	wachtte . . . af	hebben + afgewacht	to await; to bide (one's time)
af-weren	weerde . . . af	hebben + afgeweerd	to ward off, to avert
*af-wijken	week . . . af	zijn + afgeweken	to deviate, to diverge, to differ
*af-wijzen	wees . . . af	hebben + afgewezen	to refuse, to reject, to decline
af-wisselen	wisselde . . . af	hebben + afgewisseld	to alternate, to vary, to take turns
*af-zetten	zette . . . af	hebben + afgezet	to take off, to cut off, to switch off; to depose, to dismiss; to sell sell
*af-zien	zag . . . af	hebben + afgezien	to look away; to waive, to renounce; to copy from
af-zonderen	zonderde . . . af	hebben + afgezonderd	to separate, to put aside; (ref.) to seclude oneself
amuseren	amuseerde	hebben + geamuseerd	(ref.) to enjoy oneself
antwoorden	antwoordde	hebben + geantwoord	to answer, to reply
arbeiden	arbeidde	hebben + gearbeid	to work, to labor
babbelen	babbelde	hebben + gebabbeld	to babble, to chatter, to gossip
baden	baadde	hebben + gebaad	to bathe
bakken	bakte	hebben + gebakken	to bake, to fry
banen	baande	hebben + gebaand	to clear, to pave (a path, the way)
bannen	bande	hebben + gebannen	to banish, to exile
barsten	barstte	zijn + gebarsten	to burst, to crack, to split, to chap
baten	baatte	hebben + gebaat	avail, be of use [impersonal verb]
*beantwoorden	beantwoordde	hebben + beantwoord	to answer, to reply
*bebouwen	bebouwde	hebben + bebouwd	to built upon; to cultivate, to till
bedaren	bedaarde	(zijn +) bedaard	to calm down, to quiet down, to allay

Infinitive	Past	Past Participle	Meaning
*bedenken	bedacht	hebben + bedacht	to consider, to bear in mind; to devise, to invent; *(ref.)* to think over, to change one's mind
bederven	bedierf	(zijn +) bedorven	to spoil, to ruin, to corrupt; to go bad
bedienen	bediende	hebben + bediend	to attend to, to wait upon; to operate (machine; *(ref.)* to help oneself to, make use of
bedoelen	bedoelde	hebben + bedoeld	to mean, to intend
*bedragen	bedroeg	hebben + bedragen	to amount to
bedreigen	bedreigde	hebben + bedreigd	to threaten, to menace
bedriegen	bedroog	hebben + bedrogen	to deceive, to cheat
*bedrijven	bedreef	hebben + bedreven	to commit, to perpetrate
*bedwingen	bedwong	hebben + bedwongen	to control, to restrain, to repress; *(ref.)* to restrain oneself
beëindigden	beëindigde	hebben + beëindigd	to finish, to conclude
*begaan	beging	hebben + begaan	to walk, to tread upon; to commit, to perpetrate
begeleiden	begeleidde	hebben + begeleid	to accompany, to escort
begenadigen	begenadigde	hebben + begenadigd	to pardon, to reprieve
*begeven	begaf	hebben + begeven	to give, to bestow; to fail, to forsake; *(ref.)* to go, to set out for
beginnen	begon	zijn (or hebben) + begonnen	to begin
*begraven	begroef	hebben + begraven	to bury
*begrijpen	begreep	hebben + begrepen	to grasp, to understand; to include, to contain
*begroeten	begroette	hebben + begroet	to greet, to salute
begroten	begrootte	hebben + begroot	to estimate
begunstigen	begunstigde	hebben + begunstigd	to favor, to support

Infinitive	Past	Past Participle	Meaning
*behalen	behaalde	hebben + behaald	to obtain, to win, to gain
behandelen	behandelde	hebben + behandeld	to treat, to deal with, to handle
beheersen	beheerste	hebben + beheerst	to control, to rule, to be master of
behoeden	behoedde	hebben + behoed	to protect, to guard
behoeven	behoefde	hebben + behoefd	to need, to require; to be necessary
*behoren	behoorde	hebben + behoord	to belong to; ought to; to be proper, to be fitting
*behouden	behield	hebben + behouden	to keep, to retain
beïnvloeden	beïnvloedde	hebben + beïnvloed	to influence
*bekend-maken	maakte . . . bekend	hebben + bekendgemaakt	to announce, to publish, to make known; (ref.) to introduce oneself
*bekennen	bekende	hebben + bekend	to confess, to acknowledge; to plead guilty
bekeren	bekeerde	hebben + bekeerd	to convert; (ref.) to be converted
beklagen	beklaagde	hebben + beklaagd	to lament, to deplore; to pity; (ref.) to complain about
bekleden	bekleedde	hebben + bekleed	to cover, to clothe; to occupy (an office); to invest (with authority)
*beklimmen	beklom	hebben + beklommen	to climb, to mount, to ascend
*bekomen	bekwam	(zijn +) bekomen	to get, to obtain; to agree with, to suit; to recover from
bekommeren	bekommerde	hebben + bekommerd	(ref.) to be concerned over
bekoren	bekoorde	hebben + bekoord	to charm, to enchant; to tempt
bekrachtigen	bekrachtigde	hebben + bekrachtigd	to ratify, to confirm
*beladen	belaadde	hebben + beladen	to load, to burden
belasten	belastte	hebben + belast	to burden; to tax, to impose a tax
beledigen	beledigde	hebben + beledigd	to insult, to offend, to hurt

Infinitive	Past	Past Participle	Meaning
*beleggen	belegde	hebben + belegd	to cover (a floor); to invest (money); to convene (a meeting)
belemmeren	belemmerde	hebben + belemmerd	to hinder, to impede
beletten	belette	hebben + belet	to prevent, to hinder
*beleven	beleefde	hebben + beleefd	to experience, to live to see
believen	beliefde	hebben + beliefd	to please, to seem good to
bellen	belde	hebben + gebeld	to ring, to ring for
belonen	beloonde	hebben + beloond	to reward
beloven	beloofde	hebben + beloofd	to promise, to assure
bemerken	bemerkte	hebben + bemerkt	to notice, to perceive
bemoedigen	bemoedigde	hebben + bemoedigd	to encourage
bemoeien	bemoeide	hebben + bemoeid	(ref.) to meddle with, to interfere with
benijden	benijdde	hebben + benijd	to envy
*benoemen	benoemde	hebben + benoemd	to name; to appoint
benutten	benutte	hebben + benut	to make use of, to avail oneself of
beoefenen	beoefende	hebben + beoefend	to practice (a profession); to study, to cultivate
beoordelen	beoordeelde	hebben + beoordeeld	to judge, to evaluate
bepalen	bepaalde	hebben + bepaald	to fix, to determine, to decide; (ref.) to restrict, to limit
beperken	beperkte	hebben + beperkt	to limit, to restrict
beraadslagen	beraadslaagde	hebben + beraadslaagd	to deliberate
bereiken	bereikte	hebben + bereikt	to reach, to arrive at, to achieve
*berekenen	berekende	hebben + berekend	to calculate, to consider
bergen	borg	hebben + geborgen	to store, to hold; to put up, to accommodate; to recover (an object)
berichten	berichtte	hebben + bericht	to report, to inform

Infinitive	Past	Past Participle	Meaning
berispen	berispte	hebben + berispt	to blame, to reprove, to admonish
beroven	beroofde	hebben + beroofd	to rob
berusten	berustte	hebben + berust	to be deposited with; to be based upon; to acquiesce in
beschadigen	beschadigde	hebben + beschadigd	to damage
beschaven	beschaafde	hebben + beschaafd	to plane; to refine, to polish
beschermen	beschermde	hebben + beschermd	to protect, to shelter
beschikken	beschikte	hebben + beschikt	to order, to arrange; to dispose over
beschouwen	beschouwde	hebben + beschouwd	to look at, to view; to consider; to regard as
*beschrijven	beschreef	hebben + beschreven	to describe; to write upon
beschuldigen	beschuldigde	hebben + beschuldigd	to accuse, to charge
beseffen	besefte	hebben + beseft	to realize
*beslaan	besloeg	(zijn +) beslagen	to cover with; to shoe (horse); to become steamed, covered; to take up, to occupy
beslissen	besliste	hebben + beslist	to decide, to determine
*besluiten	besloot	hebben + besloten	to end; to conclude; to decide
besmetten	besmette	hebben + besmet	to infect, to contaminate
bespotten	bespotte	hebben + bespot	to mock, to ridicule
*bespreken	besprak	hebben + besproken	to discuss, to review; to reserve (a seat)
*bestaan	bestond	hebben + bestaan	to be, to exist, to subsist; to consist of (in), to be composed of
besteden	besteedde	hebben + besteed	to spend (time, money, energy)
*bestellen	bestelde	hebben + besteld	to order, to send for; to deliver
bestemmen	bestemde	hebben + bestemd	to destine for, to set aside for
bestraffen	bestrafte	hebben + bestraft	to punish
*bestrijden	bestreed	hebben + bestreden	to fight against, to oppose; to defray (costs)

245

Infinitive	Past	Past Participle	Meaning
*besturen	bestuurde	hebben + bestuurd	to steer, to drive, to rule, to conduct
betalen	betaalde	hebben + betaald	to pay, to pay for
betasten	betastte	hebben + betast	to touch, to feel
*betekenen	betekende	hebben + betekend	to mean, to signify
betrappen	betrapte	hebben + betrapt	to catch, to detect
betreden	betrad	hebben + betreden	to set foot on, to enter, to mount
*betreffen	betrof	hebben + betroffen	to concern, to regard, to affect [impersonal verb]
*betrekken	betrok	(zijn +) betrokken	to involve (someone); to order (goods); to move into (a house); to become overcast
betreuren	betreurde	hebben + betreurd	to regret, to lament
betwijfelen	betwijfelde	hebben + betwijfeld	to doubt, to question
*bevallen	beviel	zijn + bevallen	to please, to be pleasing to
*bevangen	beving	hebben + bevangen	to seize, to overcome
*bevaren	bevoer	hebben + bevaren	to sail, to navigate
bevatten	bevatte	hebben + bevat	to contain, to comprise; to grasp
beveiligen	beveiligde	hebben + beveiligd	to secure, to shelter, to protect
bevelen	beval	hebben + bevolen	to order, to command
beven	beefde	hebben + gebeefd	to tremble, to shiver
bevestigen	bevestigde	hebben + bevestigd	to fix, to fasten; to confirm, to affirm
*bevinden	bevond	hebben + bevonden	to find (guilty, innocent); (ref.) to be, to find oneself
bevolken	bevolkte	hebben + bevolkt	to people, to populate
bevoordelen	bevoordeelde	hebben + bevoordeeld	to favor, to show favor to
bevorderen	bevorderde	hebben + bevorderd	to further, to advance, to promote
bevredigen	bevredigde	hebben + bevredigd	to satisfy

Infinitive	Past	Past Participle	Meaning
bevrijden	bevrijdde	hebben + bevrijd	to free, to liberate
bewaken	bewaakte	hebben + bewaakt	to watch over, to guard
bewapenen	bewapende	hebben + bewapend	to arm
bewaren	bewaarde	hebben + bewaard	to keep, to maintain, to preserve
*bewegen	bewoog	hebben + bewogen	to move, to stir; to move, to induce, to affect
*bewerken	bewerkte	hebben + bewerkt	to work, to shape, to fashion; to edit, to adapt; to bring about, to effect; to influence
*bewijzen	bewees	hebben + bewezen	to prove, to establish; to show, to confer (favor)
bewonderen	bewonderde	hebben + bewonderd	to admire
*bewonen	bewoonde	hebben + bewoond	to inhabit, to occupy
*bezetten	bezette	hebben + bezet	to occupy (a city); to take (a seat); to fill (position, role)
bezichtigen	bezichtigde	hebben + bezichtigd	to view, to inspect
*bezien	bezag	hebben + bezien	to look at, to view; to consider
*bezig-houden	hield . . . bezig	hebben + beziggehouden	to keep busy, to occupy, to entertain
*bezitten	bezat	hebben + bezeten	to own, to possess
*bezoeken	bezocht	hebben + bezocht	to visit, to call on; to attend
bezorgen	bezorgde	hebben + bezorgd	to get, to procure; to cause; to look after, to attend to; to deliver
bidden	bad	hebben + gebeden	to pray, to entreat
bieden	bood	hebben + geboden	to offer, to bid, to make a bid
*bij-dragen	droeg . . . bij	hebben + bijgedragen	to contribute
bijten	beet	hebben + gebeten	to bite
bij-voegen	voegde . . . bij	hebben + bijgevoegd	to add, to join
*bij-wonen	woonde . . . bij	hebben + bijgewoond	to attend, to be present at

Infinitive	Past	Past Participle	Meaning
billijken	billijkte	hebben + gebillijkt	to approve of
binden	bond	hebben + gebonden	to tie, to bind
*binnen-komen	kwam . . . binnen	zijn + binnengekomen	to enter, to come in
*binnen-laten	liet . . . binnen	hebben + binnengelaten	to let in, to show in
blaffen	blatte	hebben + geblaft	to bark
blazen	blies	hebben + geblazen	to blow (the wind, an instrument); to hiss, to spit
blijken	bleek	zijn + gebleken	to be evident, to be obvious; to turn out that
blijven	bleef	zijn + gebleven	to stay, to remain; to continue to
bliksemen	bliksemde	(zijn +) gebliksemd	to flash, to lighten
blinken	blonk	hebben + geblonken	to shine, to glitter
bloeden	bloedde	hebben + gebloed	to bleed; to pay dearly for
bloeien	bloeide	hebben + gebloeid	to bloom, to blossom; to thrive
blozen	bloosde	hebben + gebloosd	to blush, to flush
blussen	bluste	hebben + geblust	to extinguish, to put out
boeten	boette	hebben + geboet	to mend, to repair; to atone for, to pay for
borgen	borgde	hebben + geborgd	to extend credit; to buy on credit
bouwen	bouwde	hebben + gebouwd	to build, to construct
braden	braadde	hebben + gebraden	to roast, to fry, to grill
branden	brandde	hebben + gebrand	to burn, to be on fire; to burn, to scald, to roast; to stain
breken	brak	(zijn +) gebroken	to break, to smash, to fracture; to refract; to become broken
brengen	bracht	hebben + gebracht	to bring, to carry
brommen	bromde	hebben + gebromd	to growl, to grumble

Infinitive	Past	Past Participle	Meaning
brouwen	brouwde	hebben + gebrouwen	to brew; to plot
bruisen	bruiste	hebben + gebruist	to seethe, to roar; to fizz
buigen	boog	hebben + gebogen	to bend, to bow
bukken	bukte	hebben + gebukt	to bend, to stoop, to duck; to submit to
componeren	componeerde	hebben + gecomponeerd	to compose
concurreren	concurreerde	hebben + geconcurreerd	to compete with
confronteren	confronteerde	hebben + geconfronteerd	to confront
conserveren	conserveerde	hebben + geconserveerd	to preserve, to keep
constateren	constateerde	hebben + geconstateerd	to ascertain, to establish
consulteren	consulteerde	hebben + geconsulteerd	to consult (a doctor, a lawyer)
controleren	controleerde	hebben + gecontroleerd	to check, to examine, to control
corresponderen	correspondeerde	hebben + gecorrespondeerd	to correspond
corrigeren	corrigeerde	hebben + gecorrigeerd	to correct
dalen	daalde	zijn + gedaald	to descend; to sink, to drop (the voice, sound); to drop (price)
dampen	dampte	hebben + gedampt	to steam, to smoke
danken	dankte	hebben + gedankt	to thank, to give thanks
dansen	danste	hebben + gedanst	to dance
dauwen	dauwde	hebben + gedauwd	to dew [impersonal verb]
decoreren	decoreerde	hebben + gedecoreerd	to decorate
*deel-nemen	nam . . . deel	hebben + deelgenomen	to participate in, to take part in
dekken	dekte	hebben + gedekt	to cover, to shield, to secure; to set the table

Infinitive	Past	Past Participle	Meaning
delen	deelde	hebben + gedeeld	**to divide, to share**
dempen	dempte	hebben + gedempt	**to fill up (in); to crush, to quell; to quench, to smother**
denken	dacht	hebben + gedacht	**to think**
*dicht-doen	deed . . . dicht	hebben + dichtgedaan	**to close, to shut**
dienen	diende	hebben + gediend	**to serve, to be useful; to be in service; should, ought to**
discuteren	discuteerde	hebben + gediscuteerd	**to discuss**
doden	doodde	hebben + gedood	**to kill, to slay**
doen	deed	hebben + gedaan	**to do**
donderen	donderde	hebben + gedonderd	**to thunder**
*dood-slaan	sloeg . . . dood	hebben + doodgeslagen	**to kill, to beat to death**
dooien	dooide	hebben + gedooid	**to thaw**
*door-brengen	bracht . . . door	hebben + doorgebracht	**to spend (time, money)**
*door-gaan	ging . . . door	zijn + doorgegaan	**to go through, away; to go on, to continue with; to take place**
*door-komen	kwam . . . door	zijn + doorgekomen	**to come through, to pass through; to get through**
*doorstaan	doorstond	hebben + doorstaan	**to stand, to endure, to go through**
*door-zien	zag . . . door	hebben + doorgezien	**to look over (quickly)**
*doorzien	doorzag	hebben + doorzien	**to see through, to discern**
dopen	doopte	hebben + gedoopt	**to baptize, to christen**
doven	doofde	hebben + gedoofd	**to extinguish, to put out**
draaien	draaide	(zijn +) gedraaid	**to turn, to spin, to whirl**
dragen	droeg	hebben + gedragen	**to carry, to bear, to support, to wear**
draven	draafde	(zijn +) gedraafd	**to trot**
dreigen	dreigde	hebben + gedreigd	**to threaten, to menace**

Infinitive	Past	Past Participle	Meaning
drenken	drenkte	hebben + gedrenkt	to water, to soak, to drench
drentelen	drentelde	(zijn +) gedrenteld	to saunter
dreunen	dreunde	hebben + gedreund	to drone, to rumble
drijven	dreef	(zijn +) gedreven	to drive, to propel, to prompt; to run, to carry on; to float, to drift
dringen	drong	(zijn +) gedrongen	to push, to press, to crowd; to pierce, to penetrate; to urge
drinken	dronk	hebben + gedronken	to drink
drogen	droogde	(zijn +) gedroogd	to dry, to dry out
dromen	droomde	hebben + gedroomd	to dream
*droog-leggen	legde . . . droog	hebben + drooggelegd	to drain, to reclaim; to make dry (forbid sale of alcohol)
druipen	droop	(zijn +) gedropen	to drip; to fail an exam
drukken	drukte	hebben + gedrukt	to press; to oppress, to weigh upon; to print
duiden	duidde	hebben + geduid	to point to; to interpret
duiken	dook	(zijn +) gedoken	to dive, to plunge, to duck
duizelen	duizelde	hebben + geduizeld	to grow dizzy [also impersonal]
dulden	duldde	hebben + geduld	to bear, to suffer; to tolerate
dunken	docht	hebben + gedocht	to think, to seem to [impersonal verb]
duren	duurde	hebben + geduurd	to last, to continue; to endure
durven	durfde (dorst)	hebben + gedurfd	to dare
dutten	dutte	hebben + gedut	to doze, to nap
duwen	duwde	hebben + geduwd	to push, to shove
dwalen	dwaalde	hebben + gedwaald	to roam, to wander; to err
dwingen	dwong	hebben + gedwongen	to force, to compel, to coerce

Infinitive	Past	Past Participle	Meaning
effenen	effende	hebben + geëffend	to smooth, to level
eindigen	eindigde	(zijn +) geëindigd	to end, to finish, to conclude
eisen	eiste	hebben + geëist	to demand, to require
emigreren	emigreerde	zijn + geëmigreerd	to emigrate
eren	eerde	hebben + geëerd	to honor
ergeren	ergerde	hebben + geërgerd	to annoy; *(ref.)* to take offense
*erkennen	erkende	hebben + erkend	to acknowledge, to admit, to recognize
*ervaren	ervoer	hebben + ervaren	to learn, to find out, to experience
erven	erfde	hebben + geërfd	to inherit
eten	at	hebben + gegeten	to eat
exporteren	exporteerde	hebben + geëxporteerd	to export
falen	faalde	hebben + gefaald	to err, to be mistaken, to fall short
feliciteren	feliciteerde	hebben + gefeliciteerd	to congratulate
fietsen	fietste	(zijn +) gefietst	to bicycle
flatteren	flatteerde	hebben + geflatteerd	to flatter
flonkeren	flonkerde	hebben + geflonkerd	to sparkle, to twinkle
fluisteren	fluisterde	hebben + gefluisterd	to whisper
fluiten	floot	hebben + gefloten	to whistle (wind, bullet); to play the flute; to warble, to sing
folteren	folterde	hebben + gefolterd	to put on the rack; to torture, to torment
formuleren	formuleerde	hebben + geformuleerd	to formulate
fronsen	fronste	hebben + gefronst	to wrinkle (one's brow)
functioneren	functioneerde	hebben + gefunctioneerd	to function
gaan	ging	(zijn +) gegaan	to go
*gade-slaan	sloeg . . . gade	hebben + gadegeslagen	to watch, to observe

Infinitive	Past	Past Participle	Meaning
gapen	gaapte	hebben + gegaapt	**to gape, to yawn**
gebeuren	gebeurde	zijn + gebeurd	**to happen, to occur**
*gebieden	gebood	hebben + geboden	**to command, to order**
gebruiken	gebruikte	hebben + gebruikt	**to use, to make use of; to partake (of food, drink)**
*gedenken	gedacht	hebben + gedacht	**to remember, to commemorate**
gedogen	gedoogde	hebben + gedoogd	**to suffer, to allow, to permit**
*gedragen	gedroeg	hebben + gedragen	*(ref.)* **to behave, to conduct oneself**
geeuwen	geeuwde	hebben + gegeeuwd	**to yawn**
gelden	gold	hebben + gegolden	**to be worth, to cost; to hold good, to be valid, to count; to apply to, to concern**
*geleiden	geleidde	hebben + geleid	**to lead, to accompany, to escort**
*gelijken	geleek	hebben + geleken	**to resemble**
*gelijk-lopen	liep . . . gelijk	hebben + gelijkgelopen	**to keep correct time**
*gelijk-staan	stond . . . gelijk	hebben + gelijkgestaan	**to be equal with (to), to be on a level with; to be tantamount to**
geloven	geloofde	hebben + geloofd	**to believe; to be of the opinion**
*gelukken	gelukte	zijn + gelukt	**to succeed [impersonal verb]**
*geluk-wensen	wenste . . . geluk	hebben + gelukgewenst	**to congratulate, to wish well**
genezen	genas	(zijn +) genezen	**to cure, to heal; to get well, to recover**
genieten	genoot	hebben + genoten	**to enjoy**
*geraken	geraakte	zijn + geraakt	**to come to, to attain, to arrive at, to fall into**
gerieven	geriefde	hebben + geriefd	**to oblige, to help, to accommodate**
gering-schatten	schatte . . . gering	hebben + geringgeschat	**to have a low opinion of**
*gerust-stellen	stelde . . . gerust	hebben + gerustgesteld	**to set at ease, to reassure**
geschieden	geschiedde	zijn + geschied	**to happen, to come to pass; to befall**

Infinitive	Past	Past Participle	Meaning
getuigen	getuigde	hebben + getuigd	to bear witness, to testify to
geuren	geurde	hebben + gegeurd	to smell (fragrant); to show off
*gevangen- nemen	nam . . . gevangen	hebben + gevangengenomen	to take prisoner, to arrest
geven	gaf	hebben + gegeven	to give
*gewaar-worden	werd . . . gewaar	zijn + gewaargeworden	to become aware of, to notice
gewagen	gewaagde	hebben + gewaagd	to mention
gieten	goot	hebben + gegoten	to pour
gillen	gilde	hebben + gegild	to shriek, to scream
glanzen	glansde	hebben + geglansd	to gleam, to shine; to polish, to brighten
glijden	gleed	(zijn +) gegleden	to glide, to slip, to slide
glimlachen	glimlachte	hebben + geglimlacht	to smile
glimmen	glom	hebben + geglommen	to glow, to shine, to glimmer
gloeien	gloeide	hebben + gegloeid	to glow, to burn, to be aflame; to heat, to make hot
golven	golfde	(zijn +) gegolfd	to wave, to undulate
gooien	gooide	hebben + gegooid	to throw, to cast
gorgelen	gorgelde	hebben + gegorgeld	to gargle
graven	groef	hebben + gegraven	to dig
grenzen	grensde	hebben + gegrensd	to border on
griezelen	griezelde	hebben + gegriezeld	to shiver, to shudder
grijpen	greep	hebben + gegrepen	to catch, to grasp, to snatch, to clutch
groeien	groeide	zijn + gegroeid	to grow
groeten	groette	hebben + gegroet	to greet
gronden	grondde	hebben + gegrond	to found; to ground, to base upon
gruwen	gruwde	hebben + gegruwd	to shudder
gunnen	gunde	hebben + gegund	to grant, not grudge

Infinitive	Past	Past Participle	Meaning
haasten	haastte	hebben + gehaast	to rush, to make hurry; *(ref.)* to hurry, to hasten
hagelen	hagelde	hebben + gehageld	to hail [impersonal verb]
hakken	hakte	hebben + gehakt	to chop, to hack, to hew, to mince
halen	haalde	hebben + gehaald	to fetch, to get, to go for
handelen	handelde	hebben + gehandeld	to trade, to deal; to act; to treat, to deal with
hangen	hing	hebben + gehangen	to hang, to suspend; to be suspended
haten	haatte	hebben + gehaat	to hate
hebben	had	hebben + gehad	to have
hechten	hechtte	hebben + gehecht	to fasten, to affix; to stitch, to suture; to attach (importance)
*heen-gaan	ging . . . heen	zijn + heengegaan	to leave, to go away; to die; to pass (time)
heersen	heerste	hebben + geheerst	to rule, to reign
heffen	hief	hebben + geheven	to raise, to lift; levy (taxes)
heiligen	heiligde	hebben + geheiligd	to sanctify, to consecrate; to keep holy
hellen	helde	hebben + geheld	to incline, to slope, to slant
helpen	hielp	hebben + geholpen	to help
hengelen	hengelde	hebben + gehengeld	to fish, to angle
herbergen	herbergde	hebben + geherbergd	to lodge, to accommodate
*herdenken	herdacht	hebben + herdacht	to remember, to commemorate
*herhalen	herhaalde	hebben + herhaald	to repeat, to reiterate
herinneren	herinnerde	hebben + herinnerd	to remind; *(ref.)* to recall, to remember
*herkennen	herkende	hebben + herkend	to recognize, to know again
*herkiezen	herkoos	hebben + herkozen	to reelect
hernieuwen	hernieuwde	hebben + hernieuwd	to renew
heroveren	heroverde	hebben + heroverd	to reconquer, to retake, to recover

Infinitive	Past	Past Participle	Meaning
*herstellen	herstelde	(zijn +) hersteld	to repair, to mend, to restore; to recover (from illness)
hertrouwen	hertrouwde	zijn + hertrouwd	to remarry
hervormen	hervormde	hebben + hervormd	to reform, to amend
*herzien	herzag	hebben + herzien	to revise, to reconsider
heten	heette	hebben + geheten	to be called, to be named; to bid, to command
hikken	hikte	hebben + gehikt	to hiccup
hinderen	hinderde	hebben + gehinderd	to hinder, to impede; to trouble, to annoy
hinken	hinkte	hebben + gehinkt	to limp
hoeden	hoedde	hebben + gehoed	to guard, to tend, to watch; (ref.) to beware of, to guard against
hoesten	hoestte	hebben + gehoest	to cough
honen	hoonde	hebben + gehoond	to jeer, to taunt, to insult
hoog-achten	achtte . . . hoog	hebben + hooggeacht	to esteem, to respect
horen	hoorde	hebben + gehoord	to hear; to belong, to be proper
houden	hield	hebben + gehouden	to hold, to keep, to contain; to observe, to celebrate; to love, to be fond of; to deliver (speech)
houwen	hieuw	hebben + gehouwen	to cut, to hack, to hew
huichelen	huichelde	hebben + gehuicheld	to simulate, to feign, to dissemble
huilen	huilde	hebben + gehuild	to cry, to weep; to howl
*huis-houden	hield . . . huis	hebben + huisgehouden	to keep house; to play havoc with
hullen	hulde	hebben + gehuld	to wrap, to envelop; to shroud
huren	huurde	hebben + gehuurd	to rent, to hire
huwen	huwde	(zijn +) gehuwd	to marry, to wed; to combine

Infinitive	Past	Past Participle	Meaning
imiteren	imiteerde	hebben + geïmiteerd	**to imitate**
immigreren	immigreerde	zijn + geïmmigreed	**immigrate**
importeren	importeerde	hebben + geïmporteerd	**to import**
in-ademen	ademde . . . in	hebben + ingeademd	**to inhale**
in-beelden	beeldde . . . in	hebben + ingebeeld	*(ref.)* **to imagine, to fancy; to have a high opinion of oneself**
*in-delen	deelde . . . in	hebben + ingedeeld	**to divide, to group, to classify**
in-dienen	diende . . . in	hebben + ingediend	**to present, to submit, to tender**
ineen-storten	stortte . . . ineen	zijn + ineengestort	**to collapse**
informeren	informeerde	hebben + geïnformeerd	**to inquire, to make inquiries; to inform**
*in-gaan	ging . . . in	zijn + ingegaan	**to walk into; to comply with; to begin, to date from**
*in-geven	gaf . . . in	hebben + ingegeven	**to give (medicine); to prompt, to suggest; to inspire**
*in-halen	haalde . . . in	hebben + ingehaald	**to draw in, to haul in; to overtake, to make up for**
*in-houden	hield . . . in	hebben + ingehouden	**to hold, to contain; to hold in, to keep back, to restrain; to deduct, to withdraw;** *(ref.)* **to restrain oneself**
*in-komen	kwam . . . in	zijn + ingekomen	**to enter, to come in**
*in-kopen	kocht . . . in	hebben + ingekocht	**to buy, to purchase;** *(ref.)* **to buy into**
*in-laten	liet . . . in	hebben + ingelaten	**to let in, to admit;** *(ref.)* **to deal with, to concern oneself with**
*in-leiden	leidde . . . in	hebben + ingeleid	**to introduce; to open (topic)**
in-lichten	lichtte . . . in	hebben + ingelicht	**to inform**
in-lijsten	lijstte . . . in	hebben + ingelijst	**to frame**
*in-maken	maakte . . . in	hebben + ingemaakt	**to preserve, to pickle; to overwhelm (in a game)**

Infinitive	Past	Past Participle	Meaning
*in-nemen	nam . . . in	hebben + ingenomen	to take in, to load on; to take up, to occupy; to take, to capture; to charm, to captivate
in-oogsten	oogstte . . . in	hebben + ingeoogst	to reap, to harvest
in-richten	richtte . . . in	hebben + ingericht	arrange, furnish; *(ref.)* to set up house
*in-roepen	riep . . . in	hebben + ingeroepen	to invoke, to call in (help)
in-ruilen	ruilde . . . in	hebben + ingeruild	to exchange for
in-schakelen	schakelde . . . in	hebben + ingeschakeld	to put into gear, to turn on; to call in, to bring in
*in-schenken	schonk . . . in	hebben + ingeschonken	to pour
in-schepen	scheepte . . . in	(zijn +) ingescheept	to embark
*in-schrijven	schreef . . . in	hebben + ingeschreven	to inscribe, to enter, to register; to subscribe
*in-slaan	sloeg . . . in	(zijn +) ingeslagen	to drive in, to smash in; to lay in (provisions); to take (path); to strike, to strike home
*in-slapen	sliep . . . in	zijn + ingeslapen	to fall asleep; to pass away
*in-sluiten	sloot . . . in	hebben + ingesloten	to lock in, to enclose; to surround; to include, to involve; to imply
in-smeren	smeerde . . . in	hebben + ingesmeerd	to grease, to oil
*in-spannen	spande . . . in	hebben + ingespannen	to yoke, to hitch up; to exert, to put to work, to use
*in-staan	stond . . . in	hebben + ingestaan	to guarantee, to vouch for
in-stappen	stapte . . . in	zijn + ingestapt	to get in, to enter into (room, vehicle)
*in-stellen	stelde . . . in	hebben + ingesteld	to set up, to establish, to institute; to adjust, to focus
in-stemmen	stemde . . . in	hebben + ingestemd	to agree with, to approve of; to join in song
*in-studeren	studeerde . . . in	hebben + ingestudeerd	to study, to practice, to rehearse
interesseren	interesseerde	hebben + geïnteresseerd	to interest; *(ref.)* to be interested in

Infinitive	Past	Past Participle	Meaning
interviewen	interviewde	hebben + geïnterviewd	to interview
*in-trekken	trok . . . in	(zijn +) ingetrokken	to draw in, to pull in; to march into, to move into; to withdraw, to revoke, to cancel
*in-vallen	viel . . . in	zijn + ingevallen	to tumble down, to fall in; to join in, to cut in; to invade; to occur to; to stand in for
investeren	investeerde	hebben + geïnvesteerd	to invest
in-voegen	voegde . . . in	hebben + ingevoegd	to insert, to put in
*in-voeren	voerde . . . in	hebben + ingevoerd	to import, to introduce
in-wijden	wijdde . . . in	hebben + ingewijd	to consecrate; to initiate (into a secret)
in-wikkelen	wikkelde . . . in	hebben + ingewikkeld	to wrap up; to involve in
in-wisselen	wisselde . . . in	hebben + ingewisseld	to change, to exchange for
in-zamelen	zamelde . . . in	hebben + ingezameld	to collect, to gather
in-zegenen	zegende . . . in	hebben + ingezegend	to bless, to consecrate
*in-zenden	zond . . . in	hebben + ingezonden	to send in
*in-zetten	zette . . . in	hebben + ingezet	to insert, to set, to set in; to put up, to stake; to begin, to set in; to start, to launch; (ref.) to devote oneself
*in-zien	zag . . . in	hebben + ingezien	to glance over; to see, to realize, to recognize
jagen	joeg (jaagde)	(zijn +) gejaagd	to hunt, to chase, to drive; to cause to hurry; to rush about
jeuken	jeukte	hebben + gejeukt	to itch
jubelen	jubelde	hebben + gejubeld	to exult, to be jubilant
juichen	juichte	hebben + gejuicht	to shout, to cheer

Infinitive	Past	Past Participle	Meaning
kaarten	kaartte	hebben + gekaart	to play cards
kalmeren	kalmeerde	(zijn +) gekalmeerd	to clam, to soothe; to clam down
kammen	kamde	hebben + gekamd	to comb; *(ref.)* to comb one's hair
kampen	kampte	hebben + gekampt	to fight, to struggle, to contend
kantelen	kantelde	(zijn +) gekanteld	to turn over; to overturn, to capsize
kauwen	kauwde	hebben + gekauwd	to chew
kenmerken	kenmerkte	hebben + gekenmerkt	to mark, to characterize
kennen	kende	hebben + gekend	to know, to be acquainted with
*kentekenen	kentekende	hebben + gekentekend	to characterize
kerven	kerfde (korf)	hebben + gekerfd (gekorven)	to carve, to cut, to slash, to notch
ketenen	ketende	hebben + geketend	to chain, to shackle
keuren	keurde	hebben + gekeurd	to inspect, to assay; to taste
kietelen	kietelde	hebben + gekieteld	to tickle
kiezen	koos	hebben + gekozen	to choose, to select
kijken	keek	hebben + gekeken	to view, to look
*klaar-maken	maakte . . . klaar	hebben + klaargemaakt	to prepare, to get ready; *(ref.)* to get dressed
kladden	kladde	hebben + geklad	to stain, to blot, to daub
klagen	klaagde	hebben + geklaagd	to complain, to lament
klapperen	klapperde	hebben + geklapperd	to rattle, to clack, to flap
kleden	kleedde	hebben + gekleed	to clothe, to dress
klemmen	klemde	hebben + geklemd	to pinch, to clasp, to clench; to stick, to jam
kleuren	kleurde	hebben + gekleurd	to color, to tone; to blush
kleven	kleefde	hebben + gekleefd	to stick, to cling to; to make stick

Infinitive	Past	Past Participle	Meaning
klimmen	klom	(zijn +) geklommen	to climb, to mount, to ascend
klinken	klonk	hebben + geklonken	to ring, to sound (like); to clink (glasses); to rivet
kloppen	klopte	hebben + geklopt	to knock, to tap, to pat; to beat, to throb; to be correct, to tally
knabbelen	knabbelde	hebben + geknabbeld	to nibble, to munch
knallen	knalde	hebben + geknald	to pop, to go off, to bang, to crack
kneden	kneedde	hebben + gekneed	to knead
knielen	knielde	(zijn +) geknield	to kneel, to kneel down
knijpen	kneep	hebben + geknepen	to pinch, to squeeze
knikken	knikte	hebben + geknikt	to nod; to bend, to give way
knippen	knipte	hebben + geknipt	to cut, to clip, to trim, to pare
koelen	koelde	hebben + gekoeld	to cool, to cool down; to vent (anger)
koesteren	koesterde	hebben + gekoesterd	to cherish, to entertain (wishes, desires); *(ref.)* to bask, to sun
koken	kookte	hebben + gekookt	to boil, to cook
komen	kwam	zijn + gekomen	to come
kopen	kocht	hebben + gekocht	to buy
koppelen	koppelde	hebben + gekoppeld	to couple, to chain, to leash; to join
korten	kortte	(zijn +) gekort	to shorten, to grow short; to deduct; to pass, to spend (time)
kosten	kostte	hebben + gekost	to cost
krabbelen	krabbelde	hebben + gekrabbeld	to scrawl, to scribble; to scratch
krabben	krabde	hebben + gekrabd	to scratch
krenken	krenkte	hebben + gekrenkt	to injure, to hurt, to offend
kreunen	kreunde	hebben + gekreund	to moan, to groan
krijgen	kreeg	hebben + gekregen	to get, to receive, to obtain, to acquire
krijsen	krijste (krees)	hebben + gekrijst (gekresen)	to scream, to shriek

Infinitive	Past	Past Participle	Meaning
krimpen	kromp	(zijn +) gekrompen	to shrink, to diminish; to abate; to shiver, to writhe
krommen	kromde	hebben + gekromd	to bow, to bend, to curve
kronen	kroonde	hebben + gekroond	to crown
kronkelen	kronkelde	(zijn +) gekronkeld	to wind, to meander
kruipen	kroop	(zijn +) gekropen	to creep, to crawl; to cringe, to be servile
kruisen	kruiste	hebben + gekruist	to cross, to crucify; to cruise; *(ref.)* to cross oneself
kunnen	kon	hebben + gekund	to be able to
kussen	kuste	hebben + gekust	to kiss
*kwaad-spreken	sprak . . . kwaad	hebben + kwaadgesproken	to speak ill of, to slander
kweken	kweekte	hebben + gekweekt	to grow, to cultivate, to raise, to breed; to foster, to breed
kwellen	kwelde	hebben + gekweld	to tease, to vex, to torment
kwetsen	kwetste	hebben + gekwetst	to wound, to hurt, to injure
kwijnen	kwijnde	hebben + gekwijnd	to languish, to pine; to wither, to flag
kwijten	kweet	hebben + gekweten	*(ref.)* to acquit oneself of, to discharge
*kwijt-raken	raakte . . . kwijt	zijn + kwijtgeraakt	to lose, to get rid of
lachen	lachte	hebben + gelachen	to laugh
laden	laadde	hebben + geladen	to load
landen	landde	(zijn +) geland	to land, to disembark
lasteren	lasterde	hebben + gelasterd	to slander; to blaspheme
laten	liet	hebben + gelaten	to allow, to leave (as is); to omit, to refrain from; to cease, to give up; to cause, to have done
*leeg-lopen	liep . . . leeg	(zijn +) leeggelopen	to empty, to become empty; to loaf, to idle about

Infinitive	Past	Past Participle	Meaning
leggen	legde	hebben + gelegd	**to lay, to place**
leiden	leidde	hebben + geleid	**to lead, to guide, to direct**
lekken	lekte	hebben + gelekt	**to leak, to be leaky; to lick (flame)**
lenen	leende	hebben + geleend	**to lend; to borrow**
lengen	lengde	(zijn +) gelengd	**to lengthen, to become longer**
lenigen	lenigde	hebben + gelenigd	**to alleviate, to relieve**
leren	leerde	hebben + geleerd	**to learn; to teach**
letten	lette	hebben + gelet	**to mind, to pay attention to; to prevent**
leunen	leunde	hebben + geleund	**to lean**
leven	leefde	hebben + geleefd	**to live**
leveren	leverde	hebben + geleverd	**to deliver, to supply, to furnish; to give (battle, blow), to do (work), to contribute (article)**
lezen	las	hebben + gelezen	**to read; to gather, to glean**
lichten	lichtte	hebben + gelicht	**to light, to shine; to lighten; to lift, to raise; to remove, to empty (mail box)**
*lief-hebben	had . . . lief	hebben + liefgehad	**to love, to cherish**
liefkozen	liefkoosde	hebben + geliefkoosd	**to caress, to fondle**
liegen	loog	hebben + gelogen	**to lie, to tell lies**
liggen	lag	hebben + gelegen	**to lie, to be situated**
lijden	leed	hebben + geleden	**to suffer, to endure**
lijken	leek	hebben + geleken	**to be like, to look like; to seem, to appear**
lijmen	lijmde	hebben + gelijmd	**to glue**
loeien	loeide	hebben + geloeid	**to moo, to bellow; to whine (siren)**
loeren	loerde	hebben + geloerd	**to peer, to spy, to watch for**

Infinitive	Past	Past Participle	Meaning
logeren	logeerde	hebben + gelogeerd	to stay, to stop over; to put up
lonen	loonde	hebben + geloond	to pay, to reward
loochenen	loochende	hebben + geloochend	to deny
lopen	liep	(zijn +) gelopen	to walk, to run; to run (trains, clocks, machines, rivers)
*los-laten	liet . . . los	hebben + losgelaten	to let loose, to release; to come off, to peel off
*los-maken	maakte . . . los	hebben + losgemaakt	to loosen
luchten	luchtte	hebben + gelucht	to air, to ventilate; to vent, to show (one's feelings)
luiden	luidde	hebben + geluid	to sound, to ring, to chime; to go, to run, to sound (text, letter, phrase)
luisteren	luisterde	hebben + geluisterd	to listen (to); to follow, to obey
lukken	lukte	zijn + gelukt	to succeed [impersonal verb]
lunchen	lunchte	hebben + geluncht	to have lunch
maaien	maaide	hebben + gemaaid	to mow, to reap
maken	maakte	hebben + gemaakt	to make, to do
malen	maalde	hebben + gemalen	to grind
martelen	martelde	hebben + gemarteld	to torment, to torture
matigen	matigde	hebben + gematigd	to moderate, to temper; (ref.) to restrain oneself, to control one's temper
*mede-delen	deelde . . . mede	hebben + medegedeeld	to announce, to communicate, to inform
*mee-brengen	bracht . . . mee	hebben + meegebracht	to bring along; to entail
*mee-maken	maakte . . . mee	hebben + meegemaakt	to join (in a trip); to go through, to experience
*mee-vallen	viel . . . mee	zijn + meegevallen	to turn out better than expected; to exceed one's expectations

Infinitive	Past	Past Participle	Meaning
melden	meldde	hebben + gemeld	to mention, to report
melken	molk (melkte)	hebben + gemolken	to milk
menen	meende	hebben + gemeend	to mean, to intend; to think, to suppose
mengen	mengde	hebben + gemengd	to mix, to blend, to mingle; (ref.) to meddle, to interfere
merken	merkte	hebben + gemerkt	to mark; to notice, to perceive
meten	mat	hebben + gemeten	to measure
mijden	meed	hebben + gemeden	to shun, to avoid
mijmeren	mijmerde	hebben + gemijmerd	to dream, to muse, to brood
minachten	minachtte	hebben + geminacht	to disdain, to hold in contempt
minnen	minde	hebben + gemind	to love
misbruiken	misbruikte	hebben + misbruikt	to misuse, to abuse
misgunnen	misgunde	hebben + misgund	to envy, to begrudge
mishandelen	mishandelde	hebben + mishandeld	to treat badly, to mishandle
*mislukken	mislukte	zijn + mislukt	to fail, to turn out badly
missen	miste	hebben + gemist	to miss, to fail; ; to miss, to feel the loss of; to do without, to dispense with; to be missing
moeten	moest	hebben + gemoeten	to have to, to must, to be obliged to
mogen	mocht	hebben + gemoogd (gemogen)	to be allowed to, to be permitted to; to like; may (be)
mompelen	mompelde	hebben + gemompeld	to mutter, to mumble
*motregenen	motregende	hebben + gemotregend	to drizzle
munten	muntte	hebben + gemunt	to coin, to mint
murmelen	murmelde	hebben + gemurmeld	to murmur

Infinitive	Past	Past Participle	Meaning
naaien	naaide	hebben + genaaid	to sew
*na-denken	dacht . . . na	hebben + nagedacht	to think about, to reflect
*na-gaan	ging . . . na	(zijn +) nagegaan	to follow; to look after, to check, to inspect; to be slow (watch)
nagelen	nagelde	hebben + genageld	to nail
*na-komen	kwam . . . na	zijn + nagekomen	to come later; to fulfill, to meet (obligations)
*na-laten	liet . . . na	hebben + nagelaten	to leave behind; to omit, to neglect; to refrain from
*na-maken	maakte . . . na	hebben + nagemaakt	to copy, to imitate; to counterfeit, to forge
*na-slaan	sloeg . . . na	hebben + nageslagen	to consult, to look up (a word)
*na-zenden	zond . . . na	hebben + nagezonden	to send after, to forward (mail)
*na-zetten	zette . . . na	hebben + nagezet	to pursue, to chase after
*na-zien	zag . . . na	hebben + nagezien	to look after, to follow; to go over, to examine
*neer-komen	kwam . . . neer	zijn + neergekomen	to come down (upon); to come down to, to amount to
*neer-leggen	legde . . . neer	hebben + neergelegd	to lay down, to put down; to resign (office), to cease (writing, to work); to deposit with
neer-storten	stortte . . . neer	zijn + neergestort	to crash, to fall down
nemen	nam	hebben + genomen	to take
niezen	niesde	hebben + geniesd	to sneeze
nijgen	neeg	hebben + genegen	to bow, to curtsy
nijpen	neep	hebben + genepen	to nip, to pinch
noemen	noemde	hebben + genoemd	to name, to call
nopen	noopte	hebben + genoopt	to urge, to induce
noteren	noteerde	hebben + genoteerd	to note, to jot down; to quote (prices, stocks)

Infinitive	Past	Past Participle	Meaning
oefenen	oefende	hebben + geoefend	to exercise, to train, to practice
omarmen	omarmde	hebben + omarmd	to embrace
om-draaien	draaide . . . om	(zijn +) omgedraaid	to turn around; to wring
*om-gaan	ging . . . om	(zijn +) omgegaan	to go about, to go around; to associate with
*omgeven	omgaf	hebben + omgeven	to surround, to encircle
omheinen	omheinde	hebben + omheind	to fence in, to enclose
omhelzen	omhelsde	hebben + omhelsd	to embrace
om-kantelen	kantelde . . . om	(zijn +) omgekanteld	to turn over; to overturn
om-kleden	kleede . . . om	hebben + omgekled	(ref.) change clothes
*om-komen	kwam . . . om	zijn + omgekomen	to perish; to pass (time); to manage (money, salary)
*om-kopen	kocht . . . om	hebben + omgekocht	to buy, to bribe, to corrupt
*om-praten	praatte . . . om	hebben + omgepraat	to talk around, to bring around, to convince
om-ruilen	rekende . . . om	hebben + omgerekend	to convert (money)
omringen	omringde	hebben + omringd	to surround, to encircle
*om-ruilen	ruilde . . . om	hebben + omgeruild	to change, to exchange for
*omschrijven	omschreef	hebben + omschreven	to define, to describe; to circumscribe
*om-slaan	sloeg . . . om	(zijn +) omgeslagen	to turn over (down, up); to throw on (coat); to change (wind); to capsize
omvatten	omvatte	hebben + omvat	to span, to embrace; to include, to encompass
*omver-werpen	wierp . . . omver	hebben + omvergeworpen	to upset, to knock over; to overthrow
om-waaien	waaide . . . om (woei . . . om)	(zijn +) omgewaaid	to blow down; to be blown down
*om-werken	werkte . . . om	hebben + omgewerkt	to rework, to remodel, to rewrite
*onderbreken	onderbrak	hebben + onderbroken	to interrupt, to break off

Infinitive	Past	Past Participle	Meaning
*onder-brengen	bracht ... onder	hebben + ondergebracht	to shelter, to obtain lodging for
*onderdrukken	onderdrukte	hebben + onderdrukt	to oppress, to suppress, to stifle
onder-duiken	dook ... onder	zijn + ondergedoken	to dive, to duck under; to go into hiding
*onder-gaan	ging ... onder	zijn + ondergegaan	to go down, to set (sun); to perish
*ondergaan	onderging	hebben + ondergaan	to undergo, to suffer, to endure
onderhandelen	onderhandelde	hebben + onderhandeld	to negotiate
*onderhouden	onderhield	hebben + onderhouden	to maintain, to keep in repair; to continue, to keep up; to provide for, to support; to entertain; *(ref.)* to converse; to support onself
*onder-komen	kwam ... onder	zijn + ondergekomen	to find shelter
*ondernemen	ondernam	hebben + ondernomen	to undertake, to attempt
onderschatten	onderschatte	hebben + onderschat	to underestimate
onderscheiden	onderscheidde	hebben + onderscheiden	to distinguish, to discern
*onderschrijven	onderschreef	hebben + onderschreven	to sign; to approve, to endorse
*onderstellen	onderstelde	hebben + ondersteld	to suppose
ondersteunen	ondersteunde	hebben + ondersteund	to support
*ondertekenen	ondertekende	hebben + ondertekend	to sign
*onderwerpen	onderwierp	hebben + onderworpen	to subject, to subdue; to submit (to)
*onderwijzen	onderwees	hebben + onderwezen	to teach, to instruct
*onderzoeken	onderzocht	hebben + onderzocht	to examine, to look into, to investigate
ontaarden	ontaardde	zijn + ontaard	to degenerate, to deteriorate
ontberen	ontbeerde	hebben + ontbeerd	to lack, to be without
*ontbieden	ontbood	hebben + ontboden	to summon, to send for
*ontbijten	ontbeet	hebben + ontbeten	to breakfast

Infinitive	Past	Past Participle	Meaning
*ontbranden	ontbrandde	zijn + ontbrand	**to catch fire**
*ontbreken	ontbrak	hebben + ontbroken	**to lack, to be wanting**
*ontdekken	ontdekte	hebben + ontdekt	**to discover, to find out**
*ontdoen	ontdeed	hebben + ontdaan	*(ref.)* **to get rid of, to dispose of, to free oneself of**
onteigenen	onteigende	hebben + onteigend	**to dispossess, to expropriate**
onteren	onteerde	hebben + onteerd	**to dishonor, to desecrate**
onterven	onterfde	hebben + onterfd	**to disinherit**
*ontgaan	ontging	zijn + ontgaan	**to slip, to escape notice, to elude**
*ontheffen	onthief	hebben + ontheven	**to relieve (of office, task)**
ontheiligen	ontheiligde	hebben + ontheiligd	**to desecrate**
onthoofden	onthoofdde	hebben + onthoofd	**to behead, to decapitate**
*onthouden	onthield	hebben + onthouden	**to keep from, to withhold; to bear in mind, to remember;** *(ref.)* **to abstain, to refrain from**
*ontkennen	ontkende	hebben + ontkend	**to deny**
ontkleden	ontkleedde	hebben + ontkleed	**to undress**
*ontladen	ontlaadde	hebben + ontladen	**to unload; to discharge**
ontlasten	ontlastte	hebben + ontlast	**to unburden, to relieve**
ontlenen	ontleende	hebben + ontleend	**to borrow, to derive from**
*ontlopen	ontliep	zijn + ontlopen	**to run away, to escape; to differ**
ontmoedigen	ontmoedigde	hebben + ontmoedigd	**to discourage**
ontmoeten	ontmoette	hebben + ontmoet	**to meet, to encounter**
*ontnemen	ontnam	hebben + ontnomen	**to take from**
ontploffen	ontplofte	zijn + ontploft	**to explode**
ontraadselen	ontraadselde	hebben + ontraadseld	**to unriddle, to unravel**

Infinitive	Past	Past Participle	Meaning
*ontraden	ontraadde (ontried)	hebben + ontraden	to dissuade from
ontruimen	ontruimde	hebben + ontruimd	to evacuate
*ontslaan	ontsloeg	hebben + ontslagen	to dismiss, to discharge, to release
ontsnappen	ontsnapte	zijn + ontsnapt	to escape, to get away
*ontspannen	ontspande	hebben + ontspannen	to relax, to ease; (ref.) to unwind
ontsporen	ontspoorde	zijn + ontspoord	to be derailed; to go astray
*ontspringen	ontsprong	zijn + ontsprongen	to rise (river); to escape from
*ontstaan	ontstond	zijn + ontstaan	to come into existence, to start, to originate
*ontsteken	ontstak	(zijn +) ontstoken	to ignite, to light; to catch fire
*ontvangen	ontving	hebben + ontvangen	to receive, to take delivery of; to receive, to welcome
ontvluchten	ontvluchtte	zijn + ontvlucht	to flee, to escape
*ontvoeren	ontvoerde	hebben + ontvoerd	to carry off, to abduct
*ontvouwen	ontvouwde	hebben + ontvouwen	to unfold
ontwaken	ontwaakte	zijn + ontwaakt	to awake, to wake up
ontwapenen	ontwapende	hebben + ontwapend	to disarm
*ontwerpen	ontwierp	hebben + ontworpen	to draft, to design, to plan
ontwikkelen	ontwikkelde	hebben + ontwikkeld	to develop
*ontzeggen	ontzei (ontzegde)	hebben + ontzegd	to deny, to withhold; (ref.) to deny, to abstain from
oogsten	oogstte	hebben + geoogst	to reap, to harvest
oordelen	oordeelde	hebben + geoordeeld	to judge, to deem
op-bellen	belde . . . op	hebben + opgebeld	to call up, to telephone
*op-dragen	droeg . . . op	hebben + opgedragen	to serve (food); to wear out; to charge, to assign; to celebrate (mass)
openen	opende	hebben + geopend	to open

Infinitive	Past	Past Participle	Meaning
*open-maken	maakte . . . open	hebben + opengemaakt	to open
*open-staan	stond . . . open	hebben + opengestaan	to be open, vacant
opereren	opereerde	hebben + geopereerd	to operate (medical, military)
*op-gaan	ging . . . op	zijn + opgegaan	to rise, to go up, to ascend; to be absorbed (in work); to come up (for an exam); to hold good, to be valid
*op-geven	gaf . . . op	hebben + opgegeven	to give, to state; to give up, to abandon; to assign (in school); (ref.) to apply, to report for
*op-graven	groef . . . op	hebben + opgegraven	to dig up, to unearth, to disinter
*op-heffen	hief . . . op	hebben + opgeheven	to lift, to raise up; to abolish, to discontinue, to close
*op-houden	hield . . . op	(zijn +) opgehouden	to hold up, out; to uphold; to keep, to detain; to cease, to stop; (ref.) to stay, to live at; to stop (on the way); to busy oneself with
op-klaren	klaarde . . . op	(zijn +) opgeklaard	to clear up (weather); to brighten, to improve (prospects)
*op-komen	kwam . . . op	zijn + opgekomen	to rise (sun, etc.); to appear, to present oneself; to come on (storm, actor); to stand for, to protest against
*op-leiden	leidde . . . op	hebben + opgeleid	to train, to educate, to prepare
op-letten	lette . . . op	hebben + opgelet	to pay attention
op-lossen	loste . . . op	(zijn +) opgelost	to dissolve; to solve, to resolve
*op-maken	maakte . . . op	hebben + opgemaakt	to use up, to spend; to make (bed); to do (hair); to draw up, to make out; (ref.) to apply make-up
op-merken	merkte . . . op	hebben + opgemerkt	to notice, to observe; to remark

Infinitive	Past	Past Participle	Meaning
op-monteren	monterde ... op	hebben + opgemonterd	to cheer up
*op-nemen	nam ... op	hebben + opgenomen	to take, to pick up; to include, to receive, to accept, to admit; to shoot (film); to record (tape, record)
op-offeren	offerde ... op	hebben + opgeofferd	to sacrifice
op-passen	paste ... op	hebben + opgepast	to take care of, to nurse; to be careful, to pay attention
op-richten	richtte ... op	hebben + opgericht	to raise, to erect; to found, to form, to establish; *(ref.)* to rise, to get up
op-ruimen	ruimde ... op	hebben + opgeruimd	to remove, to clear away, to make tidy; to have a sale (clearance)
*op-slaan	sloeg ... op	(zijn +) opgeslagen	to raise, to turn up, to open (eyes, book); to pitch (camp); to increase (prices); to store
*op-staan	stond ... op	zijn + opgestaan	to get up, to rise, to stand up; to revolt, to rebel
*op-stellen	stelde ... op	hebben + opgesteld	to draft, to draw up; to place, to put in position; *(ref.)* to line up
op-treden	trad ... op	zijn + opgetreden	to enter, to make one's appearance, to act, to take action
*op-vallen	viel ... op	zijn + opgevallen	to strike, to attract one's attention
op-vatten	vatte ... op	hebben + opgevat	to take up, to pick up; to interpret as, to understand as; to feel, to conceive (feelings toward someone)
op-voeden	voedde ... op	hebben + opgevoed	to bring up, to rear, to raise
op-wekken	wekte ... op	hebben + opgewekt	to awake, to arouse; to excite, to provoke
*op-winden	wond ... op	hebben + opgewonden	to wind in, up (anchor, watch); to excite

Infinitive	Past	Past Participle	Meaning
*op-zeggen	zei . . . op (zegde . . . op)	hebben + opgezegd	to recite; to terminate; to denounce; to give notice; to discontinue (subscription)
*op-zien	zag . . . op	hebben + opgezien	to look up (to); to dread
ordenen	ordende	hebben + geordend	to order, to arrange, to regulate; to ordain
*over-blijven	bleef . . . over	zijn + overgebleven	to remain, to be left; to stay over
overbruggen	overbrugde	hebben + overbrugd	to bridge, to span
*overdenken	overdacht	hebben + overdacht	to consider, to think about
*over-doen	deed . . . over	hebben + overgedaan	to do over; to sell, to part with
*over-dragen	droeg . . . over	hebben + overgedragen	to transfer, to hand over
*overeen-komen	kwam . . . overeen	zijn + overeengekomen	to harmonize with (colors, words and deeds); to agree
overeen-stemmen	stemde . . . overeen	hebben + overeengestemd	to agree
*over-gaan	ging . . . over	zijn + overgegaan	to go over, to cross; to pass, to wear off (pain); to be promoted (school); to proceed to, to move on to; to go off (bell)
*over-geven	gaf . . . over	hebben + overgegeven	to hand, to pass, to transfer; to vomit; (ref.) to surrender; to give oneself over to (study, etc.)
*over-halen	haalde . . . over	hebben + overgehaald	to ferry over; to ring, to pull (a bell); to persuade, to win over; to cock (gun); to distill
overhandigen	overhandigde	hebben + overhandigd	to hand over, to deliver
overheersen	overheerste	hebben + overheerst	to rule, to dominate; to predominate
*over-komen	kwam . . . over	zijn + overgekomen	to get, to cross over; to come, to fly over; to come by
*overkomen	overkwam	zijn + overkomen	to happen to, to befall

Infinitive	Past	Past Participle	Meaning
*over-leggen	legde . . . over	hebben + overgelegd	to put aside, to save; to show, to produce
*overleggen	overlegde	hebben + overlegd	to deliberate, to consider
*overleven	overleefde	hebben + overleefd	to survive, to outlive
*overlijden	overleed	zijn + overleden	to die
*over-maken	maakte . . . over	hebben + overgemaakt	to do over; to remit (money)
overnachten	overnachtte	hebben + overnacht	to spend the night (in a hotel, etc.)
*over-nemen	nam . . . over	hebben + overgenomen	to take on, over (burden, command); to adopt, to borrow, to copy
*over-plaatsen	plaatste . . . over	hebben + overgeplaatst	to transfer
over-planten	plantte . . . over	hebben + overgeplant	to transplant
overreden	overreedde	hebben + overreed	to persuade, to convince
overrompelen	overrompelde	hebben + overrompeld	to surprise, to take by surprise
overschatten	overschatte	hebben + overschat	to overrate, to overestimate
*over-schrijven	schreef . . . over	hebben + overgeschreven	to write out (good copy); to copy; to transfer (property, etc.)
*over-slaan	sloeg . . . over	(zijn +) overgeslagen	to omit, to skip, to miss; to pass over (in promoting); to spread (fire, sickness)
over-stappen	stapte . . . over	zijn + overgestapt	to step over, to cross; to change trains
over-stemmen	stemde . . . over	hebben + overgestemd	to vote again
overstemmen	overstemde	hebben + overstemd	to outvote; to drown out (voice)
overtreden	overtrad	hebben + overtreden	to break (rules); to transgress
*overtreffen	overtrof	hebben + overtroffen	to surpass, to outdo
overtuigen	overtuigde	hebben + overtuigd	to convince
*overvallen	overviel	hebben + overvallen	to surprise, to overtake, to attack
*over-wegen	woog . . . over	hebben + overgewogen	to weigh over, again

274

Infinitive	Past	Past Participle	Meaning
*overwegen	overwoog	hebben + overwogen	**to weigh, to consider**
overweldigen	overweldigde	hebben + overweldigd	**to overwhelm**
*over-werken	werkte . . . over	hebben + overgewerkt	**to work overtime**
*overwerken	overwerkte	hebben + overwerkt	*(ref.)* **to overwork oneself**
*over-zetten	zette . . . over	hebben + overgezet	**to take across (river); to translate**
*over-zien	zag . . . over	hebben + overgezien	**to look over, to go through**
*overzien	overzag	hebben + overzien	**to survey, to have an overall view**
pachten	pachtte	hebben + gepacht	**to rent, to farm**
pakken	pakte	hebben + gepakt	**to pack (up); to seize, to grasp, to get hold of; to hug, to cuddle**
parkeren	parkeerde	hebben + geparkeerd	**to park**
passen	paste	hebben + gepast	**to fit, to be appropriate, to be convenient; to fit, to try on; to pass (cards); to pay attention to, to look after**
passeren	passerde	(zijn +) gepasserd	**to pass (by); to pass, to spend (time); to pass over (in promotion); to happen, to occur**
peilen	peilde	hebben + gepeild	**to gauge, to sound, to probe, to search**
pellen	pelde	hebben + gepeld	**to peel, to shell, to husk**
pensioneren	pensioneerde	hebben + gepensioneerd	**to pension, to retire**
persen	perste	hebben + geperst	**to squeeze, to press**
pijnigen	pijnigde	hebben + gepijnigd	**to torture, to torment**
plaatsen	plaatste	hebben + geplaatst	**to place, to put; to post, to station; to give employment to**
plagen	plaagde	hebben + geplaagd	**to plague, to bother, to tease**

Infinitive	Past	Past Participle	Meaning
plakken	plakte	hebben + geplakt	to stick, to glue, to paste
planten	plantte	hebben + geplant	to plant
plegen	pleegde	hebben + gepleegd	to commit, to perpetrate; to care for, to nurse
plegen	placht	.....	to be accustomed to; [past tense] used to
ploegen	ploegde	hebben + geploegd	to plow
plukken	plukte	hebben + geplukt	to pick, to pluck, to gather; to fleece
pogen	poogde	hebben + gepoogd	to try, to attempt
praten	praatte	hebben + gepraat	to talk, to chat
preken	preekte	hebben + gepreekt	to preach
prenten	prentte	hebben + geprent	to imprint; to impress (on the memory)
presenteren	presenteerde	hebben + gepresenteerd	to offer, to present; *(ref.)* to introduce oneself
prevelen	prevelde	hebben + gepreveld	to mutter, to mumble
prijzen	prees	hebben + geprezen	to praise
prijzen	prijsde	hebben + geprijsd	to price
prikkelen	prikkelde	hebben + geprikkeld	to prickle, to irritate; to excite, to provoke
proberen	probeerde	hebben + geprobeerd	to try, to attempt
proeven	proefde	hebben + geproefd	to taste, to sample
profiteren	profiteerde	hebben + geprofiteerd	to profit
promoveren	promeveerde	(zijn +) gepromoveerd	to graduate, to receive (grant) a degree; to advance, to move up
pronken	pronkte	hebben + gepronkt	to show off
publiceren	publiceerde	hebben + gepubliceerd	to publish
raadplegen	raadpleegde	hebben + geraadpleegd	to consult

Infinitive	Past	Past Participle	Meaning
raden	raadde (ried)	hebben + geraden	to advise; to guess (at)
raken	raakte	(zijn +) geraakt	to hit, to touch; to concern, to affect; to get (into), to come (by, into), to become, to take to
rangschikken	rangschikte	hebben + gerangschikt	to arrange, to order, to classify
rechtvaardigen	rechtvaardigde	hebben + gerechtvaardigd	to justify
redden	redde	hebben + gered	to save, to rescue, to retrieve
regelen	regelde	hebben + geregeld	to arrange, to regulate, to control, to adjust; *(ref.)* to conform to
regenen	regende	hebben + geregend	to rain
regeren	regeerde	hebben + geregeerd	to rule, to reign; to govern, to control
reiken	reikte	hebben + gereikt	to reach, to stretch, to extend
reinigen	reinigde	hebben + gereinigd	to clean, to cleanse
reizen	reisde	(zijn +) gereisd	to travel
rekenen	rekende	hebben + gerekend	to count, to calculate; to charge
rekken	rekte	(zijn +) gerekt	to stretch; to draw out, to protract
remmen	remde	hebben + geremd	to brake, to put on the brakes; to inhibit, to slow down
repareren	repareerde	hebben + gerepareerd	to repair
reserveren	reserveerde	hebben + gereserveerd	to reserve
richten	richtte	hebben + gericht	to direct, to aim, to point; to fix upon, to address to
rijden	reed	(zijn +) gereden	to ride, to drive
rijgen	reeg	hebben + geregen	to lace, to string, to thread
rijpen	rijpte	(zijn +) gerijpt	to ripen, to mature
rijten	reet	(zijn +) gereten	to tear
rijzen	rees	zijn + gerezen	to rise; to come up (problems)
riskeren	riskeerde	hebben + geriskeerd	to risk
roeien	roeide	(zijn +) geroeid	to row, to go rowing

Infinitive	Past	Past Participle	Meaning
roepen	riep	hebben + geroepen	**to call, to shout**
roeren	roerde	hebben + geroerd	**to stir, to touch, to move;** *(ref.)* **to move, to stir**
roken	rookte	hebben + gerookt	**to smoke**
*rond-gaan	ging . . . rond	zijn + rondgegaan	**to go around, to circulate**
*rond-komen	kwam . . . rond	zijn + rondgekomen	**to make ends meet**
ruiken	rook	hebben + geroken	**to smell, to scent; to sense**
ruilen	ruilde	hebben + geruild	**to exchange**
ruimen	ruimde	hebben + geruimd	**to empty, to clear away; to evacuate**
rukken	rukte	(zijn +) gerukt	**to pull, to tug, to jerk; to move (military unit)**
rusten	rustte	hebben + gerust	**to rest, to repose**
*samen-hangen	hing . . . samen	hebben + samengehangen	**to be connected**
*samen-komen	kwam . . . samen	zijn + samengekomen	**to gather, to assemble**
*samen-stellen	stelde . . . samen	hebben + samengesteld	**to put together, to compile**
*samen-vallen	viel . . . samen	zijn + samengevallen	**to coincide with**
samen-vatten	vatte . . . samen	hebben + samengevat	**to sum up**
schaatsen	schaatste	(zijn +) geschaatst	**to skate**
schaden	schaadde	hebben + geschaad	**to damage, to hurt, to harm**
schamen	schaamde	hebben + geschaamd	*(ref.)* **to be ashamed**
schatten	schatte	hebben + geschat	**to appraise, to assess, to estimate; to value (highly)**
scheiden	scheidde	(zijn +) gescheiden	**to divide, to sever; to take leave, to die:** *(ref.)* **to divorce**
schelden	schold	hebben + gescholden	**to call names, to scold, to abuse**

Infinitive	Past	Past Participle	Meaning
schelen	scheelde	hebben + gescheeld	to differ; to lack, to be lacking, to be missing; to be wrong, to be the matter with; to matter to, to be of importance to
schellen	schelde	hebben + gescheld	to ring (bell)
schemeren	schemerde	hebben + geschemerd	to dawn, to grow dusk; to sit without light; to recollect vaguely
schenden	schond	hebben + geschonden	to disfigure, to deface; to damage (book, reputation); to violate (promise, woman)
schenken	schonk	hebben + geschonken	to pour; to give, to bestow
scheppen	schiep	hebben + geschapen	to create
scheppen	schepte	hebben + geschept	to scoop, to ladle; to draw (air, breath)
scheren	schoor	hebben + geschoren	to shave, to shear, to clip
scherpen	scherpte	hebben + gescherpt	to sharpen
schertsen	schertste	hebben + geschertst	to joke, to jest
scheuren	scheurde	(zijn +) gescheurd	to tear, to rend; to become torn
schieten	schoot	(zijn +) geschoten	to shoot, to fire; to flash (pain, thought)
schijnen	scheen	hebben + geschenen	to shine; to seem, to appear
schikken	schikte	hebben + geschikt	to arrange, to order; to be convènient [impersonal use]; *(ref.)* to resign oneself, to conform
schilderen	schilderde	hebben + geschilderd	to paint, to portray; to stand watch
schillen	schilde	hebben + geschild	to peel, to pare
schimmelen	schimmelde	zijn + geschimmeld	to become moldy
schitteren	schitterde	hebben + geschitterd	to shine, to glitter
*schoon-maken	maakte ... schoon	hebben + schoongemaakt	to clean

Infinitive	Past	Past Participle	Meaning
schrappen	schrapte	hebben + geschrapt	**to scrape, to scale; to cross off, to strike**
schreeuwen	schreeuwde	hebben + geschreeuwd	**to shout, to cry out; to squeal**
schreien	schreide	hebben + geschreid	**to weep, to cry**
schrijden	schreed	(zijn +) geschreden	**to stride**
schrijven	schreef	hebben + geschreven	**to write**
schrikken	schrok	zijn + geschrokken	**to be frightened**
schrikken	schrikte	hebben + geschrikt	**to frighten, to startle**
schroeien	schroeide	hebben + geschroeid	**to singe, to scorch**
schudden	schudde	hebben + geschud	**to shake, to jolt; to shuffle (cards)**
schudden	schudde	hebben + geschud	**to shake, to jolt; to shuffle (cards)**
schuilen	schuilde (school)	hebben + geschuild (gescholen)	**to hide, to take shelter**
schuimen	schuimde	hebben + geschuimd	**to foam, to lather, to froth**
schuiven	schoof	(zijn +) geschoven	**to push, to shove; to slide, to slip**
sidderen	sidderde	hebben + gesidderd	**to quake, to tremble**
sieren	sierde	hebben + gesierd	**to decorate, to adorn**
slaan	sloeg	hebben + geslagen	**to strike, to beat**
slachten	slachtte	hebben + geslacht	**to kill, to slaughter**
slagen	slaagde	zijn + geslaagd	**to succeed**
slapen	sliep	hebben + geslapen	**to sleep**
slepen	sleepte	hebben + gesleept	**to drag, to haul, to tow**
slijpen	sleep	hebben + geslepen	**to grind, to cut, to sharpen**
slijten	sleet	(zijn +) gesleten	**to wear out; to wear away,·to diminish; to spend (time); to sell (over the counter)**
slikken	slikte	hebben + geslikt	**to swallow; to swallow, to believe**

Infinitive	Past	Past Participle	Meaning
slingeren	slingerde	hebben + geslingerd	to swing, to oscillate, to dangle; to roll, to lurch, to reel; to lie around; *(ref.)* to wind (river)
slinken	slonk	zijn + geslonken	to shrink, to dwindle, to boil down
sluiten	sloot	hebben + gesloten	to shut, to close, to lock; to make, to conclude, to contract
smachten	smachtte	hebben + gesmacht	to languish
smaden	smaadde	hebben + gesmaad	to revile, to defame
smaken	smaakte	hebben + gesmaakt	to taste [usually impersonal]
smeden	smeedde	hebben + gesmeed	to forge, to weld; to devise, to contrive; to coin (words)
smeken	smeekte	hebben + gesmeekt	to beseech, to implore
smelten	smolt	(zijn +) gesmolten	to melt; to smelt
smeren	smeerde	hebben + gesmeerd	to smear, to grease, to lubricate; to butter (bread)
smetten	smette	hebben + gesmet	to stain, to soil
smijten	smeet	hebben + gesmeten	to throw, to haul, to fling
smokkelen	smokkelde	hebben + gesmokkeld	to smuggle; to cheat (school, play)
smoren	smoorde	(zijn +) gesmoord	to smother, to stifle, to suffocate; to stew
sneeuwen	sneeuwde	hebben + gesneeuwd	to snow
sneuvelen	sneuvelde	zijn + gesneuveld	to die, to be killed in action
snijden	sneed	hebben + gesneden	to cut, to carve
snikken	snikte	hebben + gesnikt	to sob
spannen	spande	hebben + gespannen	to stretch, to tighten, to strain, to span, to hitch; to be tight
sparen	spaarde	hebben + gespaard	to save, to economize; to spare (effort)
spelen	speelde	hebben + gespeeld	to play

Infinitive	Past	Past Participle	Meaning
spellen	spelde	hebben + gespeld	to spell; to bode, to portend
spijten	speet	hebben + gespeten	to be (feel) sorry [impersonal verb]
spinnen	spon	hebben + gesponnen	to spin; to purr (cats)
spitsen	spitste	hebben + gespitst	to sharpen; to prick up (ears); (ref.) to anticipate, to be eager
splijten	spleet	(zijn +) gespleten	to split
splitsen	splitste	hebben + gesplitst	to split, to divide, to splice
spoeden	spoedde	(zijn +) gespoed	to hurry, to hasten; (ref.) to hurry
spoelen	spoelde	(zijn +) gespoeld	to spool (yarn); to wash, to rinse; to wash up (on shore)
spotten	spotte	hebben + gespot	to mock, to ridicule; to make light of
spreiden	spreidde	hebben + gespreid	to spread, to disperse; to make (bed)
spreken	sprak	hebben + gesproken	to speak
springen	sprong	(zijn +) gesprongen	to spring, to jump, to leap; to burst, to explode
spuiten	spoot	(zijn +) gespoten	to spurt, to spout, to squirt; to spray
staan	stond	hebben + gestaan	to stand, to be standing; to suit, to be becoming
staken	staakte	hebben + gestaakt	to suspend, to stop; to strike, to be on strike
stamelen	stamelde	hebben + gestameld	to stammer
stammen	stamde	zijn + gestamd	to date from
stapelen	stapelde	hebben + gestapeld	to stack, to pile up
stappen	stapte	(zijn +) gestapt	to step, to walk; to board, to mount
staren	staarde	hebben + gestaard	to stare
starten	startte	hebben + gestart	to start, to take off; to start (a race)
steken	stak	hebben + gestoken	to sting, to prick; to stick, to poke, to put
stelen	stal	hebben + gestolen	to steal

Infinitive	Past	Past Participle	Meaning
stellen	stelde	hebben + gesteld	to put, to place; to adjust, to focus, to fix; to suppose; to compose (letter)
stemmen	stemde	hebben + gestemd	to vote; to tune; to put in a mood, to dispose toward
stempelen	stempelde	hebben + gestempeld	to stamp, to mark; to mark, to characterize
sterken	sterkte	hebben + gesterkt	to strengthen, to fortify
sterven	stierf	zijn + gestorven	to die
steunen	steunde	hebben + gesteund	to rest upon, to lean on; to support, to prop up; to moan, to groan
stichten	stichtte	hebben + gesticht	to found, to establish; to start (fire), to make (peace); to edify
stijgen	steeg	zijn + gestegen	to climb, to mount, to rise
stijven	steef	hebben + gesteven	to starch, to stiffen
stijven	stijfde	hebben + gestijfd	to stiffen, to become stronger (wind); to urge on, to support
stikken	stikte	(zijn +) gestikt	to stifle, to suffocate, to choke; to be stifled, suffocated; to stitch
stillen	stilde	(zijn +) gestild	to quiet, to hush, to allay, to quench; to die down (wind)
*stil-staan	stond . . . stil	hebben + stilgestaan	to stand still, to stop
stinken	stonk	hebben + gestonken	to stink, to smell (of)
stomen	stoomde	(zijn +) gestoomd	to steam; to be smoking, steaming; to dry clean
stoppen	stopte	hebben + gestopt	to stop, to halt; to stop, to come to a stop; to stop up, to fill, to darn; to put, to place
storen	stoorde	hebben + gestoord	to disturb, to interrupt
storten	stortte	(zijn +) gestort	to plunge, to crash down; to spill, to dump, to shed (tears); to pay into (account), to deposit

Infinitive	Past	Past Participle	Meaning
stoten	stootte (stiet)	(zijn +) gestoten	**to push, to kick, to bump; to shock, to scandalize; to strike up against, to come upon**
straffen	strafte	hebben + gestraft	**to punish**
stranden	strandde	zijn + gestrand	**to run aground; to be stranded; to come to grief**
strekken	strekte	hebben + gestrekt	**to stretch, to reach, to extend**
strijden	streed	hebben + gestreden	**to fight, to struggle**
strijken	streek	(zijn +) gestreken	**to stroke, to spread, to smooth; to iron; to skim, to brush past; to strike (flag), to lower (boat)**
stromen	stroomde	(zijn +) gestroomd	**to stream, to flow**
struikelen	struikelde	(zijn +) gestruikeld	**to stumble, to trip**
studeren	studeerde	hebben + gestudeerd	**to study**
sturen	stuurde	hebben + gestuurd	**to send**
tasten	tastte	hebben + getast	**to feel, to grope; to touch, to appeal to**
*tegen-komen	kwam . . . tegen	zijn + tegengekomen	**to meet, to encounter; to assist, to aid**
*tegen-spreken	sprak . . . tegen	hebben + tegengesproken	**to contradict; to answer back**
*tegen-vallen	viel . . . tegen	zijn + tegengevallen	**to not come up to expectations**
*tegen-werken	werkte . . . tegen	hebben + tegengewerkt	**to work against, to thwart**
tekenen	tekende	hebben + getekend	**to draw; to sign; to mark, to typify**
telefoneren	telefoneerde	hebben + getelefoneerd	**to telephone**
*teleur-stellen	stelde . . . teleur	hebben + teleurgesteld	**to disappoint**
tellen	telde	hebben + geteld	**to count; to be of account**
*tentoon-stellen	stelde . . . tentoon	hebben + tentoongesteld	**to show, to exhibit**

Infinitive	Past	Past Participle	Meaning
*terecht-staan	stond . . . terecht	hebben + terechtgestaan	to be on trial
*terecht-wijzen	wees . . . terecht	hebben + terechtgewezen	to set right, to show the way; to reprimand
*terug-geven	gaf . . . terug	hebben + teruggegeven	to give back, to return; to make change
*terug-komen	kwam . . . terug	zijn + teruggekomen	to come back, to return
*terug-nemen	nam . . . terug	hebben + teruggenomen	to take back, to withdraw, to retract
*tevreden-stellen	stelde . . . tevreden	hebben + tevredengesteld	to satisfy
*thuis-komen	kwam . . . thuis	zijn + thuisgekomen	to come home
tikken	tikte	hebben + getikt	to tap, to tip (hat), to crack (egg); to tick (clock); to type
tillen	tilde	hebben + getild	to lift
*toe-gaan	ging . . . toe	zijn + toegegaan	to close, to shut; to happen, to come to pass
*toe-komen	kwam . . . toe	zijn + toegekomen	to be due to one, to be one's right; to make due with, to make ends meet
*toe-laten	liet . . . toe	hebben + toegelaten	to allow, to permit; to admit, to accept
*toe-nemen	nam . . . toe	zijn + toegenomen	to grow, to increase
toe-reiken	reikte . . . toe	hebben + toegereikt	to reach, to hand; to be sufficient
*toe-schrijven	schreef . . . toe	hebben + toegeschreven	to ascribe, to attribute, to impute
toe-stemmen	stemde . . . toe	hebben + toegestemd	to consent
toe-wijden	wijdde . . . toe	hebben + toegewijd	to consecrate, to dedicate; (ref.) to devote oneself to
*toe-zeggen	zei . . . toe (zegde . . . toe)	hebben + toegezegd	to promise
tonen	toonde	hebben + getoond	to show
toveren	toverde	hebben + getoverd	to practice magic; to conjure (up)
treden	trad	(zijn +) getreden	to tread, to step, to walk
treffen	trof	hebben + getroffen	to hit, to strike; to meet
trekken	trok	(zijn +) getrokken	to draw, to pull, to tug; to go, to march, to migrate

Infinitive	Past	Past Participle	Meaning
treuren	treurde	hebben + getreurd	to grieve, to mourn
troosten	troostte	hebben + getroost	to comfort, to console
trotseren	trotseerde	hebben + getrotseerd	to defy, to dare, to brave
trouwen	trouwde	(zijn +) getrouwd	to marry, to wed
twijfelen	twijfelde	hebben + getwijfeld	to doubt
twisten	twistte	hebben + getwist	to quarrel, to dispute
typen	typte	hebben + getypt	to type
uit-ademen	ademde . . . uit	hebben + uitgeademd	to breathe out, to exhale; to expire
*uit-blazen	blies . . . uit	hebben + uitgeblazen	to blow out; to catch one's breath
*uit-blijven	bleef . . . uit	zijn + uitgebleven	to stay away, to stay out; to hold off, to not occur
uit-breiden	breidde . . . uit	hebben + uitgebreid	to spread, to extend, to enlarge, to expand
uit-buiten	buitte . . . uit	hebben + uitgebuit	to exploit
uit-dagen	daagde . . . uit	hebben + uitgedaagd	to challenge, to defy
*uit-denken	dacht . . . uit	hebben + uitgedacht	to invent, to devise
uit-doven	doofde . . . uit	(zijn +) uitgedoofd	to extinguish; to go out (fire)
*uit-drukken	drukte . . . uit	hebben + uitgedrukt	to squeeze out, to press; to express
*uiteen-lopen	liep . . . uiteen	zijn + uiteengelopen	to part, to separate; to differ, to diverge
*uiteen-zetten	zette . . . uiteen	hebben + uiteengezet	to explain, to expound
uiten	uitte	hebben + geuit	to utter, to express
*uit-gaan	ging . . . uit	zijn + uitgegaan	to go out, to go outside; to set out after; to go out (fire); to come to an end
*uit-geven	gaf . . . uit	hebben + uitgegeven	to spend (money); to publish, to issue; (ref.) to pass oneself off as
*uit-houden	hield . . . uit	hebben + uitgehouden	to hold out; to suffer, to bear, to stand

Infinitive	Past	Past Participle	Meaning
uit-keren	keerde . . . uit	hebben + uitgekeerd	**to pay out**
*uit-kiezen	koos . . . uit	hebben + uitgekozen	**to choose, to select**
uit-kleden	kleedde . . . uit	hebben + uitgekleed	**to undress**
*uit-komen	kwam . . . uit	zijn + uitgekomen	**to come out (of); to lead off (a game); to become known; to turn out; to appear, to be published; to make ends meet**
*uit-lachen	lachte . . . uit	(zijn +) uitgelachen	**to laugh at; to laugh one's fill**
*uit-laten	liet . . . uit	hebben + uitgelaten	**to let out, to see out; to omit; (ref.) to speak about**
*uit-leggen	legde . . . uit	hebben + uitgelegd	**to lay out, to spread out; to let out (clothes); to explain, to interpret**
*uit-maken	maakte . . . uit	hebben + uitgemaakt	**to end, to break off; to remove (a stain); to put out (fire); to form, to comprise; to decide, to settle; to matter; to call names**
uit-nodigen	noodigde . . . uit	hebben + uitgenoodigd	**to invite**
uit-oefenen	oefende . . . uit	hebben + uitgeoefend	**to practice (profession); to wield (power), to exercise (rights)**
*uit-rekenen	rekende . . . uit	hebben + uitgerekend	**to calculate, to compute**
uit-rusten	rustte . . . uit	(zijn +) uitgerust	**to rest, to relax; to equip (army), to rig (ship)**
*uit-slapen	sliep . . . uit	(zijn +) uitgeslapen	**to sleep one's fill; to sleep off (intoxication)**
*uit-sluiten	sloot . . . uit	hebben + uitgesloten	**to shut out, to lock out (workers); to exclude**
*uit-spreken	sprak . . . uit	(zijn +) uitgesproken	**to pronounce, to speak; to pass (sentence); to finish speaking**
*uit-staan	stond . . . uit	hebben + uitgestaan	**to endure, to suffer, to bear; to be gathering interest (money)**
uit-stallen	stalde . . . uit	hebben + uitgestald	**to display (for sale)**

Infinitive	Past	Past Participle	Meaning
uit-stappen	stapte . . . uit	zijn + uitgestapt	to get off (bus, etc.), to alight
*uit-steken	stak . . . uit	hebben + uitgestoken	to put out (eye); to stretch out, to hold out; to stick out, to protrude, to tower above; to excel
*uit-stellen	stelde . . . uit	hebben + uitgesteld	to delay, to postpone
*uit-sterven	stierf . . . uit	zijn + uitgestorven	to die out, to become extinct
uit-stralen	straalde . . . uit	(zijn +) uitgestraald	to beam, to radiate, to shine forth
*uit-trekken	trok . . . uit	(zijn +) uitgetrokken	to take off (coat, shoes); to extract (tooth); to draw out, to pull out; to earmark (funds); to march out, to set forth
uit-vaardigen	vaardigde . . . uit	hebben + uitgevaardigd	to issue, to promulgate
*uit-vinden	vond . . . uit	hebben + uitgevonden	to invent; to find out, to discover
*uit-voeren	voerde . . . uit	hebben + uitgevoerd	to carry out, to perform, to execute; to export
*uit-zenden	zond . . . uit	hebben + uitgezonden	to send out (errand, to the colonies); to broadcast
*uit-zetten	zette . . . uit	(zijn +) uitgezet	to expand, to swell, to dilate; to put out, to lower (boat); to set out (flowers); to evict, to eject; to invest (money)
*uit-zien	zag . . . uit	hebben + uitgezien	to look out (onto, for); to see to the end; to look, to appear
*uit-zoeken	zocht . . . uit	hebben + uitgezocht	to choose, to select; to sort out
uit-zonderen	zonderde . . . uit	hebben + uitgezonderd	to except, to make an exception of

vallen	viel	zijn + gevallen	to fall
vangen	ving	hebben + gevangen	to catch, to capture
varen	voer	(zijn +) gevaren	to sail, to travel (by boat)

Infinitive	Past	Past Participle	Meaning
*vast-binden	bond . . . vast	hebben + vastgebonden	to tie up, to fasten
vasten	vastte	hebben + gevast	fast
*vast-houden	hield . . . vast	hebben + vastgehouden	to hold onto, to hold tight; to detain; to hold onto (not sell); to stick to (opinion)
*vast-staan	stond . . . vast	hebben + vastgestaan	to stand firm, to be definite
*vast-stellen	stelde . . . vast	hebben + vastgesteld	to determine, to ascertain; to fix, to settle
vatten	vatte	hebben + gevat	to catch, to seize; to grasp, to understand
vechten	vocht	hebben + gevochten	to fight, to struggle
vegen	veegde	hebben + geveegd	to sweep, to wipe
veinzen	veinsde	hebben + geveinsd	to feign, to dissemble
vellen	velde	hebben + geveld	to fell, to cut down; to pass (sentence)
verachten	verachtte	hebben + veracht	to despise, to scorn
verafschuwen	verafschuwde	hebben + verafschuwd	to abhor, to detest
veranderen	veranderde	(zijn +) veranderd	to change, to alter
*verantwoorden	verantwoordde	hebben + verantwoord	to answer for, to account for, to justify
verbannen	verbande	hebben + verbannen	to exile, to banish
verbazen	verbaasde	hebben + verbaasd	to surprise, to amaze
verbeelden	verbeeldde	hebben + verbeeld	to represent; (*ref.*) to imagine
*verbergen	verborg	hebben + verborgen	to hide, to conceal
verbeteren	verbeterde	(zijn +) verbeterd	to improve, to make better; to become better
*verbieden	verbood	hebben + verboden	to prohibit, to forbid
verbijsteren	verbijsterde	hebben + verbijsterd	to bewilder, to perplex
*verbinden	verbond	hebben + verbonden	to join, to connect, to tie, to combine; to put through (telephone); (*ref.*) to pledge oneself

Infinitive	Past	Past Participle	Meaning
verblinden	verblindde	hebben + verblind	to blind, to dazzle
*verbouwen	verbouwde	hebben + verbouwd	to rebuild; to spend for building; to grow, to cultivate
*verbranden	verbrandde	(zijn +) verbrand	to burn (to death), to incinerate; to be burned, tanned
verbreiden	verbreidde	hebben + verbreid	to spread, to propagate
*verbreken	verbrak	hebben + verbroken	to break off, to cut off, to sever; to break (promise, contract)
verbrijzelen	verbrijzelde	hebben + verbrijzeld	to break to pieces, to smash
verbruiken	verbruikte	hebben + verbruikt	to use up, to consume
verdedigen	verdedigde	hebben + verdedigd	to defend, to stand up for
*verdelen	verdeelde	hebben + verdeeld	to divide, to distribute
*verdenken	verdacht	hebben + verdacht	to suspect
verdienen	verdiende	hebben + verdiend	to earn, to deserve, to merit
verdiepen	verdiepte	hebben + verdiept	to deepen; (ref.) to become absorbed in, to lose oneself in
verdoemen	verdoemde	hebben + verdoemd	to damn
*verdragen	verdroeg	hebben + verdragen	to remove, to carry away; to suffer, to bear, to stand; to digest well (food, drink)
verdrieten	verdroot	hebben + verdroten	to vex, to grieve
*verdrijven	verdreef	hebben + verdreven	to drive away, to expel; to pass (time)
*verdringen	verdrong	hebben + verdrongen	to push away; (ref.) to jostle; to supplant, to supersede
*verdrinken	verdronk	(zijn +) verdronken	to drink up, to spend on drink; to drown (animals); to be drowned
verdubbelen	verdubbelde	(zijn +) verdubbeld	to double, to redouble

Infinitive	Past	Past Participle	Meaning
verdwalen	verdwaalde	zijn + verdwaald	**to get lost, to lose one's way**
verdwijnen	verdween	zijn + verdwenen	**to disappear**
veredelen	veredelde	hebben + veredeld	**to improve, to ennoble**
vereenvoudigen	vereenvoudigde	hebben + vereenvoudigd	**to simplify**
vereenzamen	vereenzaamde	zijn + vereenzaamd	**to become lonely**
vereeuwigen	vereeuwigde	hebben + vereeuwigd	**to immortalize, to perpetuate**
vereffenen	vereffende	hebben + vereffend	**to pay off (debt); to settle (problem, dispute)**
vereisen	vereiste	hebben + vereist	**to demand, to require**
verenigen	verenigde	hebben + verenigd	**to join, to unite**
vereren	vereerde	hebben + vereerd	**to honor, to venerate, to worship**
verfilmen	verfilmde	hebben + verfilmd	**to film, to make a film of**
verfrissen	verfriste	hebben + verfrist	**to refresh**
*vergaan	verging	zijn + vergaan	**to happen, to turn out; to pass away (time); to perish, to decay; to be lost, wrecked (ship)**
vergaderen	vergaderde	(zijn +) vergaderd	**to gather, to assemble**
vergelden	vergold	hebben + vergolden	**to repay, to requite**
*vergelijken	vergeleek	hebben + vergeleken	**to compare, to liken to**
vergen	vergde	hebben + gevergd	**to demand, to require**
vergeten	vergat	zijn + (or hebben +) vergeten	**to forget**
*vergeven	vergaf	hebben + vergeven	**to forgive; to give away; to poison**
*vergieten	vergoot	hebben + vergoten	**to shed, to spill**
vergissen	vergiste	hebben + vergist	**(ref.) to be mistaken**
vergoeden	vergoedde	hebben + vergoed	**to make good, to reimburse, to pay back, to indemnify**

Infinitive	Past	Past Participle	Meaning
vergroten	vergrootte	hebben + vergroot	to enlarge, to increase, to magnify
vergunnen	vergunde	hebben + vergund	to permit, to allow
*verhalen	verhaalde	hebben + verhaald	to tell, to narrate
verhandelen	verhandelde	hebben + verhandeld	to deal in, to trade in; to transact, to negotiate
verheerlijken	verheerlijkte	hebben + verheerlijkt	to glorify
verhelen	verheelde	hebben + verheeld	to conceal
verheugen	verheugde	hebben + verheugd	to gladden, to delight; (*ref.*) to be glad, to enjoy
verhinderen	verhinderde	hebben + verhinderd	to prevent, to hinder
verhoeden	verhoedde	hebben + verhoed	to prevent, to avert
verhogen	verhoogde	hebben + verhoogd	to make higher (wall); to raise (price, wage); to enhance, to increase; to promote (school)
verhongeren	verhongerde	zijn + verhongerd	to starve to death
verhuizen	verhuisde	(zijn +) verhuisd	to move (to another house); to move someone (to another house)
*verhuren	verhuurde	hebben + verhuurd	to let out, to rent, to hire out
verjagen	verjoeg or: verjaagde	hebben + verjaagd	to drive away, to expel; to frighten away, to dispel
verjaren	verjaarde	zijn + verjaard	to celebrate one's birthday; to become obsolete, super-annuated (law)
verjongen	verjongde	(zijn +) verjongd	to rejuvenate; to become rejuvenated
*verkiezen	verkoos	hebben + verkozen	to choose, to elect
verklaren	verklaarde	hebben + verklaard	to explain, to interpret (text); to declare (war, guilty)
verkleinen	verkleinde	hebben + verkleind	to reduce, to diminish, to lessen; to belittle

Infinitive	Past	Past Participle	Meaning
*verkopen	verkocht	hebben + verkocht	to sell
verkorten	verkortte	hebben + verkort	to shorten, to abridge, to abbreviate; to abridge (rights)
*verkrijgen	verkreeg	hebben + verkregen	to obtain, to get, to acquire
verkwikken	verkwikte	hebben + verkwikt	to refresh, to comfort
verkwisten	verkwiste	hebben + verkwist	to waste
verlagen	verlaagde	hebben + verlaagd	to lower (price, rank, a wall); to debase, to degrade
verlangen	verlangde	hebben + verlangd	to desire, to want, to long for
*verlaten	verliet	hebben + verlaten	to leave, to abandon; (*ref.*) to rely on, to trust
*verleiden	verleidde	hebben + verleid	to lead astray, to seduce, to allure, to tempt
*verlenen	verleende	hebben + verleend	to grant, to bestow, to render, to confer
verlengen	verlengde	hebben + verlengd	to lengthen; to extend, to renew
verlichten	verlichtte	hebben + verlicht	to illuminate, to enlighten; to lighten, to allay
verliezen	verloor	hebben + verloren	to lose
verlokken	verlokte	hebben + verlokt	to tempt, to entice
*verlopen	verliep	(zijn +) verlopen	to pass, to elapse; to go badly (business); to spend time running (about)
verlossen	verloste	hebben + verlost	to deliver, to rescue, to release; to redeem
*vermaken	vermaakte	hebben + vermaakt	to amuse; to bequeath; to alter (clothing)
vermeerderen	vermeerderde	(zijn +) vermeerderd	to increase, to multiply, to augment; to become more numerous
vermelden	vermeldde	hebben + vermeld	to record, to mention, to report
vermengen	vermengde	hebben + vermengd	to mix, to blend

Infinitive	Past	Past Participle	Meaning
*vermijden	vermeed	hebben + vermeden	to avoid, to shun
verminderen	verminderde	(zijn +) verminderd	to lessen, to diminish, to reduce, to decrease
vermissen	vermiste	hebben + vermist	to miss; to be among the missing
vermoeden	vermoedde	hebben + vermoed	to suppose, to presume; to suspect, to surmise
vermoeien	vermoeide	hebben + vermoeid	to tire, to weary
vermogen	vermocht	hebben + vermocht	to be able; to avail (against); to have influence
*vernemen	vernam	hebben + vernomen	to hear, to learn
vernielen	vernielde	hebben + vernield	to wreck, to destroy
vernietigen	vernietigde	hebben + vernietigd	to annul, to nullify; to destroy, to annihilate
vernieuwen	vernieuwde	hebben + vernieuwd	to renew, to renovate
*veronderstellen	veronderstelde	hebben + verondersteld	to suppose
verongelukken	verongelukte	zijn + verongelukt	to perish; to have an accident, to be wrecked
verontrusten	verontrustte	hebben + verontrust	to alarm, to disturb
verontschuldigen	verontschuldigde	hebben + verontschuldigd	to excuse; (ref.) to excuse oneself, to apologize
*veroordelen	veroordeelde	hebben + veroordeeld	to condemn, to convict, to sentence to
veroorloven	veroorloofde	hebben + veroorloofd	to allow, to grant; (ref.) to take the liberty to
veroorzaken	veroorzaakte	hebben + veroorzaakt	to cause, to occasion
verordenen	verordende	hebben + verordend	to order, to decree, to ordain
verouderen	verouderde	(zijn +) verouderd	to age, to make older; to grow old; to become obsolete
veroveren	veroverde	hebben + veroverd	to conquer
*verplaatsen	verplaatste	hebben + verplaatst	to move, to remove, to transfer, to displace
verplegen	verpleegde	hebben + verpleegd	to nurse, to tend

Infinitive	Past	Past Participle	Meaning
verplichten	verplichtte	hebben + verplicht	to oblige, to compel; (*ref.*) to commit, to bind oneself
*verraden	verraadde (verried)	hebben + verraden	to betray; (ref.) to give oneself away
verrassen	verraste	hebben + verrast	to surprise
verrichten	verrichte	hebben + verricht	to do, to perform, to carry out
verrukken	verrukte	hebben + verrukt	to delight, to enchant
verschaffen	verschafte	hebben + verschaft	to procure, to furnish, to supply, to provide
*verschijnen	verscheen	zijn + verschenen	to appear, to make one's appearance
verschillen	verschilde	hebben + verschild	to differ, to vary
*verschrikken	verschrok	zijn + verschrokken	to be frightened
verschrikken	verschrikte	hebben + verschrikt	to frighten
versieren	versierde	hebben + versierd	to adorn, to decorate
verslijten	versleet	(zijn +) versleten	to wear out
verslinden	verslond	hebben + verslonden	to swallow up, to devour (prey, a book), to bolt down (food)
versmachten	versmachtte	zijn + versmacht	to languish, to pine away; to be parched
versperren	versperde	hebben + versperd	to block, to barricade, to obstruct
verspreiden	verspreidde	hebben + verspreid	to spread, to scatter, to disperse, to distribute
*verstaan	verstond	hebben + verstaan	to understand
*verstellen	verstelde	hebben + versteld	to mend, to repair; to adjust (tool, machine)
versterken	versterkte	hebben + versterkt	to strengthen, to fortify, to reinforce
verstommen	verstomde	zijn + verstomd	to be struck dumb, to become speechless; to hush (noise)
*verstoren	verstoorde	hebben + verstoord	to disturb, to annoy, to interfere with
*verstoten	verstootte (verstiet)	hebben +verstoten	to repudiate, to disown

Infinitive	Past	Past Participle	Meaning
verstrekken	verstrekte	hebben +verstrekt	to furnish, to procure, to supply; to serve as, to be a source of (honor, etc.)
verstrijken	verstreek	zijn + verstreken	to elapse, to expire
vertalen	vertaalde	hebben +vertaald	to translate
vertegen- woordigen	vertegen- woordigde	hebben + vertegen- woordigd	to represent
*vertellen	vertelde	hebben +verteld	to tell, to relate, to narrate; (ref.) to miscount
verteren	verteerde	(zijn +) verteerd	to digest; to consume; to corrode, to waste (away)
vertolken	vertolkte	hebben +vertolkt	to interpret, to render
vertonen	vertoonde	hebben +vertoond	to show, to present, to perform
vertragen	vertraagde	(zijn +) vertraagd	to delay; to slacken, to slow down
*vertrekken	vertrok	(zijn +) vertrokken	to depart, to leave, to go away; to distort (face), to move (a muscle)
vertrouwen	vertrouwde	hebben + vertrouwd	to trust (in), to rely (upon)
vervaardigen	vervaardigde	hebben + vervaardigd	to make, to manufacture
*vervallen	verviel	zijn + vervallen	to fall into, to lapse into; to diminish, to decay, to go to ruin; to be canceled
vervalsen	vervalste	hebben + vervalst	to counterfeit, to forge, to falsify, to adulterate
*vervangen	verving	hebben + vervangen	to replace, to relieve
vervelen	verveelde	hebben + verveeld	to bore; (ref.) to be bored
verven	verfde	hebben + geverfd	to paint, to dye, to color
verversen	ververste	hebben + ververst	to refresh, to renew
vervloeken	vervloekte	hebben + vervloekt	to curse, to damn
*vervoeren	vervoerde	hebben + vervoerd	to transport, to convey

Infinitive	Past	Past Participle	Meaning
*vervolgen	vervolgde	hebben + vervolgd	to continue; to pursue, to persecute, to prosecute
*vervullen	vervulde	hebben + vervuld	to fill, to fulfill; to perform (duty)
*verwachten	verwachtte	hebben + verwacht	to wait for, to expect, to anticipate
verwarmen	verwarmde	hebben + verwarmd	to warm, to heat
verwarren	verwarde	hebben + verward	to entangle, to confuse, to mix up
verwekken	verwekte	hebben + verwekt	to cause, to rouse, to stir up, to breed (discontent)
verwennen	verwende	hebben + verwend	to indulge, to spoil
*verwensen	verwenste	hebben + verwenst	to curse
verweren	verweerde	hebben + verweerd	*(ref.)* defend oneself
verwerkelijken	verwerkelijkte	hebben + verwerkelijkt	to realize (hopes, plans)
*verwerken	verwerkte	hebben + verwerkt	to work up, to make into, to process (into); to work through (lesson)
*verwerpen	verwierp	hebben + verworpen	to reject, to defeat (legislation)
verwerven	verwierf	hebben + verworven	to obtain, to acquire, to gain (fame, knowledge)
verwijlen	verwijlde	hebben + verwijld	to stay, to sojourn; to dwell (on a topic)
verwijten	verweet	hebben + verweten	to reproach
*verwijzen	verwees	hebben + verwezen	to refer to; to condemn (to)
verwisselen	verwisselde	hebben + verwisseld	to exchange (for); to change (color, clothes, places); to mistake (one for another)
verwoesten	verwoestte	hebben + verwoest	to devastate, to ruin
verwonden	verwondde	hebben + verwond	to wound
verwonderen	verwonderde	hebben + verwonderd	to surprise, to astonish; *(ref.)* to be surprised (at)
verzamelen	verzamelde	hebben + verzameld	to gather, to assemble, to collect (stamps), to muster (courage)

Infinitive	Past	Past Participle	Meaning
verzekeren	verzekerde	hebben + verzekerd	to assure, to insure
*verzenden	verzond	hebben + verzonden	to send, to forward (goods, money)
*verzetten	verzette	hebben + verzet	to move, to shift (objects); to put in (effort); *(ref.)* to relax, to unwind; to oppose, to resist
*verzoeken	verzocht	hebben + verzocht	to request, to beg; to ask, to invite; to tempt
verzoenen	verzoende	hebben + verzoend	to reconcile, to conciliate
verzorgen	verzorgde	hebben + verzorgd	to attend to, to take care of, to provide for
verzuimen	verzuimde	hebben + verzuimd	to neglect (health, duty); to miss (school, opportunity); to omit, to fail to
*verzwijgen	verzweeg	hebben + verzwegen	to keep secret, to conceal, to suppress
vestigen	vestigde	hebben + gevestigd	to establish, to set up; to fix (eye, hopes); *(ref.)* to settle down, to establish oneself
vieren	vierde	hebben + gevierd	to celebrate, to observe
vinden	vond	hebben + gevonden	to find
vlechten	vlocht	hebben + gevlochten	to twist, to braid; to weave, to work into (speech)
vleien	vleide	hebben + gevleid	to flatter, to coax, to cajole
vlekken	vlekte	(zijn +) gevlekt	to spot, to soil, to stain; to become soiled, stained
vlieden	vlood	zijn + gevloden	to flee [literary style]
vliegen	vloog	(zijn +) gevlogen	to fly
vloeien	vloeide	(zijn +) gevloeid	to flow, to run; to blot
vloeken	vloekte	hebben + gevloekt	to curse, to swear
vluchten	vluchtte	(zijn +) gevlucht	to flee
voeden	voedde	hebben + gevoed	to feed, to nourish, to supply; to foster (hopes); to be nourishing

Infinitive	Past	Past Participle	Meaning
voegen	voegde	hebben + gevoegd	**to add, to join; to be fitting; to be opportune; (ref.) to comply with, to conform to**
voelen	voelde	hebben + gevoeld	**to feel, to touch, to sense; to feel (to the touch); (ref.) to feel (well, ill)**
voeren	voerde	hebben + gevoerd	**to lead, to carry, to take; to conduct, to carry on**
voeren (also voederen)	voerde	hebben + gevoerd	**to feed (animals)**
*volbrengen	volbracht	hebben + volbracht	**to fulfill, to accomplish, to perform**
*voldoen	voldeed	hebben + voldaan	**to meet, to satisfy (promise, obligations); to pay (a bill)**
voleindigen	voleindigde	hebben + voleindigde	**to complete**
volgen	volgde	(zijn +) gevolgd	**to follow; to take (a course)**
volharden	volhardde	hebben + volhard	**to persevere, to persist**
*vol-houden	hield . . . vol	hebben + volgehouden	**to maintain, to keep up, to sustain, to hold out; to maintain, to aver**
voltooien	voltooide	hebben + voltooid	**to complete**
*voltrekken	voltrok	hebben + voltrokken	**to execute, to carry out, to solemnize (marriage)**
voor-bereiden	bereidde . . . voor	hebben + voorbereid	**to prepare**
*voor-doen	deed . . . voor	hebben + voorgedaan	**to show (someone how to), to display; to put on (apron); (ref.) to present oneself, to pass oneself off as; to present itself (opportunity)**
*voor-dragen	droeg . . . voor	hebben + voorgedragen	**to present, to propose (candidate); to recite**
*voor-gaan	ging . . . voor	zijn + voorgegaan	**to go before, ahead of; to take precedence; to be fast (watch)**
*voor-geven	gaf . . . voor	hebben + voorgegeven	**to pretend; to give odds, an advantage (in points, etc.)**

Infinitive	Past	Past Participle	Meaning
*voor-komen	kwam . . . voor	zijn + voorgekomen	to come by, to drop by; to come up (for trial, consideration); to' get ahead of; to appear, to seem to; to happen, to occur
*voorkomen	voorkwam	hebben + voorkomen	to prevent; to anticipate (wishes)
*voor-lezen	las . . . voor	hebben + voorgelezen	to read aloud, to read out
voor-lichten	lichtte . . . voor	hebben + voorgelicht	to provide light for; to inform, to enlighten
*voor-nemen	nam . . . voor	hebben + voorgenomen	(ref.) to resolve, to decide to, to make up one's mind to
*voor-schieten	schoot . . . voor	hebben + voorgeschoten	to advance (money)
*voor-schrijven	schreef . . . voor	hebben + voorgeschreven	to write for, to show how to write; to prescribe, to dictate
voorspellen	voorspelde	hebben + voorspeld	to predict, to foretell, to portend
*voor-stellen	stelde . . . voor	hebben + voorgesteld	to present, to introduce; to suggest, to propose; (ref.) to picture, to imagine, to conceive; to intend, to propose to
*voort-brengen	bracht . . . voort	hebben + voortgebracht	to bring forth, to produce
*voor-trekken	trok . . . voor	hebben + voorgetrokken	to prefer, to show favor to
*voort-zetten	zette . . . voort	hebben + voortgezet	to continue
*vooruit-betalen	betaalde . . . vooruit	hebben + vooruitbetaald	to pay in advance
*vooruit-gaan	ging . . . vooruit	zijn + vooruitgegaan	to go first, on ahead; to make progress, to improve
*vooruit-komen	kwam . . . vooruit	zijn + vooruitgekomen	to get on (in the world); to make headway
*voor-vallen	viel . . . voor	zijn + voorgevallen	to happen, to occur
*voor-wenden	wendde . . . voor	hebben + voorgewend	to feign, to affect, to pretend
*voor-zeggen	zei . . . voor (zegde . . . voor)	hebben + voorgezegd	to prompt

Infinitive	Past	Past Participle	Meaning
*voor-zetten	zette . . . voor	hebben + voorgezet	to put before someone, to serve; to put ahead (clock)
*voor-zitten	zat . . . voor	hebben + voorgezeten	to preside over, to chair
vorderen	vorderde	(zijn +) gevorderd	to demand, to claim, to requisition; to advance, to make headway
vormen	vormde	hebben + gevormd	to form, to shape, to mould; to constitute; to confirm (Roman Catholic)
vouwen	vouwde	hebben + gevouwen	to fold
vragen	vroeg (vraagde)	hebben + gevraagd	to ask (for); to invite; to propose (marriage)
vreten	vrat	hebben + gevreten	to eat (of animals); to gorge
vrezen	vreesde	hebben + gevreesd	to fear, to dread
vriezen	vroor (vroos)	(zijn +) gevroren (gevrozen)	to freeze (over)
*vrij-laten	liet . . . vrij	hebben + vrijgelaten	to let free, to release; to give a free hand to; to leave unoccupied (seats, etc.)
*vrij-maken	maakte . . . vrij	hebben + vrijgemaakt	to free (from burdens, duties); to disengage; to clear (the way)
*vrij-spreken	sprak . . . vrij	hebben + vrijgesproken	to acquit
*vrij-staan	stond . . . vrij	hebben + vrijgestaan	to be permitted [impersonal verb]
*vrij-stellen	stelde . . . vrij	hebben + vrijgesteld	to exempt from
*vuil-maken	maakt . . . vuil	hebben + vuilgemaakt	to dirty, to soil
vullen	vulde	hebben + gevuld	to fill
waaien	waaide (woei)	hebben + gewaaid	to blow (wind); to flutter; to fan
waarborgen	waarborgde	hebben + gewaarborgd	to guarantee
waarderen	waardeerde	hebben + gewaardeerd	to appraise, to evaluate; to value, to esteem, to appreciate

Infinitive	Past	Past Participle	Meaning
*waar-nemen	nam . . . waar	hebben + waargenomen	to observe, to perceive; to avail oneself of (opportunity); to perform (duty); to stand in for
waarschuwen	waarschuwde	hebben + gewaarschuwd	to warn, to caution
wachten	wachtte	hebben + gewacht	to wait
wagen	waagde	hebben + gewaagd	to risk, to hazard, to venture, to dare
waken	waakte	hebben + gewaakt	to watch (over), to look after
wandelen	wandelde	(zijn +) gewandeld	to walk, to stroll
wanen	waande	hebben + gewaand	to think (wrongly), to fancy, to imagine
wanhopen	wanhoopte	hebben + gewanhoopt	to despair (of)
wankelen	wankelde	hebben + gewankeld	to stagger, to totter; to waver, to vacillate
wantrouwen	wantrouwde	hebben + gewantrouwd	to distrust
wapenen	wapende	hebben + gewapend	to arm
warmen	warmde	hebben + gewarmd	to warm, to heat
wassen	wies	zijn + gewassen	to grow
wassen	waste (wies)	hebben + gewassen	to wash
wassen	waste	hebben + gewast	to wax
wedden	wedde	hebben + gewed	to bet, to wager
wedijveren	wedijverde	hebben + gewedijverd	to vie, to compete
*weer-geven	gaf . . . weer	hebben + weergegeven	to render, to reproduce (sound, etc.)
*weerhouden	weerhield	hebben + weerhouden	to restrain, to stop, to check
*weerleggen	weerlegde	hebben + weerlegd	to refute
weerspiegelen	weerspiegelde	hebben + weerspiegeld	to reflect, to mirror
*weerstaan	weerstond	hebben + weerstaan	to resist, to withstand
weerstreven	weerstreefde	hebben + weerstreefd	to oppose, to struggle against

Infinitive	Past	Past Participle	Meaning
*weer-zien	zag . . . weer	hebben + weergezien	to see, to meet again
wegen	woog	hebben + gewogen	to weigh; to ponder, to consider
*weg-gaan	ging . . . weg	zijn + weggegaan	to go away, to leave
*weg-laten	liet . . . weg	hebben + weggelaten	to leave out, to omit
*weg-nemen	nam . . . weg	hebben + weggenomen	to take away, to remove (a doubt, a stain); to alter (the fact)
weiden	weidde	hebben + geweid	to graze; to tend (flocks); to feast (one's eyes)
weigeren	weigerde	hebben + geweigerd	to refuse, to reject, to decline; to fail (brakes); to misfire
wekken	wekte	hebben + gewekt	to wake up, to awaken; to evoke (memories, etc); to cause, to provoke
wenden	wendde	hebben + gewend	to turn
wenken	wenkte	hebben + gewenkt	to beckon
wennen	wende	(zijn +) gewend	to accustom to; to become accustomed to
wensen	wenste	hebben + gewenst	to wish, to desire, to want
werken	werkte	hebben + gewerkt	to work, to function; to take effect
werpen	wierp	hebben + geworpen	to throw, to cast
werven	wierf	hebben + geworven	to recruit, to enlist
weten	wist	hebben + geweten	to know, to have knowledge of
weven	weefde	hebben + geweven	to weave
wezen (see *zijn*)			
wiegen	wiegde	hebben + gewiegd	to rock (cradle, to sleep)
wijden	wijdde	hebben + gewijd	to ordain, to consecrate; to devote, to dedicate
wijken	week	zijn + geweken	to yield, to give way
wijten	weet	hebben + geweten	to blame for, to impute to

Infinitive	Past	Past Participle	Meaning
wijzen	wees	hebben + gewezen	**to show, to point out; to pronounce, to pass sentence**
wijzigen	wijzigde	hebben + gewijzigd	to change, to alter, to modify
wikkelen	wikkelde	hebben + gewikkeld	to wrap (up); to involve in
willen	wilde (wou)	hebben + gewild	**to want to, to wish**
winden	wond	hebben + gewonden	**to wind, to twist**
winkelen	winkelde	hebben + gewinkeld	to shop, to go shopping
winnen	won	hebben + gewonnen	**to win, to gain**
wisselen	wisselde	hebben + gewisseld	to change; to give change; to exchange (words, letters, views)
wonden	wondde	hebben + gewond	to wound, to hurt
wonen	woonde	hebben + gewoond	**to live, to dwell**
worden	werd	zijn + geworden	**to become; to turn (cloudy, etc.); to go (blind, etc); to grow (old, etc.)**
worgen	worgde	hebben + geworgd	to strangle
wreken	wreekte	hebben + gewroken	to revenge, to avenge
wrijven	wreef	hebben + gewreven	to rub
wringen	wrong	hebben + gewrongen	to wring (out); to wrest (from); to pinch (shoe); *(ref.)* to twist
wuiven	wuifde	hebben + gewuifd	to wave
zaaien	zaaide	hebben + gezaaid	to sow; to cause (discontent, etc.)
zakken	zakte	zijn + gezakt	to fall, to subside, to sink, to sag; to fail (exam); to go flat (music)
zegelen	zegelde	hebben + gezegeld	to seal, to stamp

Infinitive	Past	Past Participle	Meaning
zegenen	zegende	hebben + gezegend	to bless
zegevieren	zegevierde	hebben + gezegevierd	to triumph
zeggen	zei (zegde)	hebben + gezegd	to say, to tell
zeilen	zeilde	(zijn +) gezeild	to sail, to go sailing
zenden	zond	hebben + gezonden	to send [formal style]; to broadcast
zengen	zengde	hebben + gezengd	to singe, to scorch
zetten	zette	hebben + gezet	to set, to put; *(ref.)* to sit down
zieden	ziedde	hebben + gezoden	to boil; to seethe (with anger)
zien	zag	hebben + gezien	to see
zijn	was	zijn + geweest	to be
zingen	zong	hebben + gezongen	to sing
zinken	zonk	zijn + gezonken	to sink
zinnen	zon	hebben + gezonnen	to meditate, to reflect, to ponder
zitten	zat	hebben + gezeten	to sit, to be sitting
zoeken	zocht	hebben + gezocht	to seek, to look for
zoenen	zoende	hebben + gezoend	to kiss
zogen	zoogde	hebben + gezoogd	to suckle; to nurse
zondigen	zondigde	hebben + gezondigd	to sin
zorgen	zorgde	hebben + gezorgd	to care (for), to take care of
zuchten	zuchtte	hebben + gezucht	to sigh
zuigen	zoog	hebben + gezogen	to suck; to draw (on a pipe)
zuiveren	zuiverde	hebben + gezuiverd	to clean, to cleanse, to purify, to refine
zwaaien	zwaaide	(zijn +) gezwaaid	to wave, to swing, to wield; to sway, to swing, to reel
zwelgen	zwolg	hebben + gezwolgen	to swallow, to quaff; to carouse, to revel
zwellen	zwol	zijn + gezwollen	to swell

Infinitive	Past	Past Participle	Meaning
zwemmen	zwom	(zijn +) gezwommen	**to swim**
zweren	zwoer	hebben + gezworen	**to swear (an oath); to swear (on, by)**
zweren	zwoor (zweerde)	hebben + gezworen	**to fester, to ulcerate**
zwerven	zwierf	hebben + gezworven	**to wander, to roam, to ramble**
zweten	zweette	hebben + gezweet	**to sweat, to perspire**
zweven	zweefde	hebben + gezweefd	**to be suspended, to float, to hover, to glide**
zwichten	zwichtte	zijn + gezwicht	**to yield, to give way (in); to succumb to**
zwijgen	zweeg	hebben + gezwegen	**to be silent, to fall silent; to not mention**

English-Dutch Verb Index

This index lists English verbs whose equivalents in Dutch are fully conjugated in
201 Dutch Verbs.

A

accommodate	bergen
acquire	krijgen
advise	raden
affect	raken
allow	laten
alter	veranderen
answer	antwoorden
appear	lijken, schijnen
ascend	klimmen
ask (for)	vragen
attempt	proberen
avoid	mijden

B

bake	bakken
be	zijn
be able to	kunnen
be acquainted with	kennen
be allowed to	mogen
be called	heten
be evident	blijken
be fond of	houden
be frightened	schrikken
be like	lijken
be mistaken	vergissen
be named	heten
be obliged to	moeten
be obvious	blijken
be of the opinion	geloven
be permitted to	mogen
be proper	horen
be silent	zwijgen
be sitting	zitten
be situated	liggen
be sorry	spijten
be standing	staan
bear	dragen
beat	kloppen, slaan
become	raken, worden
begin	beginnen
believe	geloven

belong	horen
bend	buigen
bestow	schenken
bicycle	fietsen
bid	heten
bite	bijten
blow	blazen
boil	koken
borrow	lenen
bow	buigen
break	breken
bring	brengen
broadcast	zenden
build	bouwen
bump	stoten
burn	branden
burst	springen
buy	kopen

C

calculate	rekenen
call	noemen, roepen
capture	vangen
carry	dragen, voeren
carry on	drijven, voeren
carve	snijden
cast	gooien, werpen
catch	grijpen, vangen
cause	laten
change	veranderen
characterize	tekenen
chat	praten
cheat	bedriegen
choose	kiezen
climb	klimmen, stijgen
clink (glasses)	klinken
clip	scheren
close	sluiten
come	komen
command	bevelen, heten
compel	dwingen
compute	rekenen
concern	raken
conduct	voeren

consider	wegen	find	vinden
contain	houden	fire	schieten
continue	duren	flash	schieten
cook	koken	float	drijven
corrupt	bederven	fly	vliegen
cost	kosten	fold	vouwen
count	rekenen, tellen	follow	luisteren, volgen
cover	dekken	force	dwingen
crawl	kruipen	forget	vergeten
create	scheppen	fry	bakken, braden
creep	kruipen	function	werken
crowd	dringen		
cure	genezen		
cut	houwen, slijpen, snijden	**G**	
		gain	winnen
D		gather	lezen
		get	halen, krijgen, raken, worden
dance	dansen	get well	genezen
deceive	bedriegen	give	geven, schenken
die	sterven, scheiden	give way	wijken
differ	verschillen	glean	lezen
dig	graven	glide	glijden
disappear	verdwijnen	go	gaan, trekken
disturb	storen	go bad	bederven
divide	delen, scheiden	go for	halen
divorce	scheiden	grasp	grijpen
do	doen, maken	greet	groeten
draw	tekenen, trekken	grill	braden
drift	drijven	grind	slijpen
drink	drinken	grow	groeien
drive	drijven, rijden	guess	raden
dwell	wonen	guide	leiden
E			
eat	eten	**H**	
encounter	ontmoeten	hack	houwen
endure	duren, lijden	hang	hangen
enjoy	genieten	happen	gebeuren
entreat	bidden	have	hebben
explain	verklaren	have done	laten
explode	springen	have to	moeten
		heal	genezen
F		hear	horen
fall	vallen	help	helpen
fall silent	zwijgen	hew	houwen
feel	voelen	hide	schuilen
fetch	halen	hit	raken, treffen
fight	strijden, vechten	hold	bergen, houden
fill	vullen	hurry	haasten

I

intend	bedoelen
interrupt	storen
invite	vragen

J

jump	springen

K

keep	houden
kick	stoten
kill	doden
knock	kloppen
know	kennen, weten

L

last	duren
laugh	lachen
lay	leggen
lead	leiden, voeren
leap	springen
learn	leren
lend	lenen
let	laten
levy (taxes)	heffen
lie (be situated)	liggen
lie (tell lies)	liegen
lift	heffen
like	mogen
listen (to)	luisteren
live	leven, wonen
load	laden
lock	sluiten
look (at)	kijken
look for	zoeken
look like	lijken
lose	verliezen
love	houden

M

make	maken
make a bid	bieden
make use of	gebruiken
march	trekken
mark	tekenen
may	mogen
mean	bedoelen
measure	meten

meet	ontmoeten, treffen
migrate	trekken
mount	klimmen, stijgen

N

name	noemen

O

obey	luisteren
obtain	krijgen
occur	gebeuren
offer	bieden
omit	laten
oppress	drukken
order	bevelen

P

partake (food, drink)	gebruiken
pass (an exam)	slagen
pay (for)	betalen
penetrate	dringen
pierce	dringen
place	leggen, plaatsen, stellen
play	spelen
point out	wijzen
poke	steken
ponder	wegen
pour	gieten, schenken
praise	prijzen
pray	bidden
press	dringen, drukken
prick	steken
print	drukken
propel	drijven
pull	trekken
push	dringen, duwen, schuiven, stoten
put	plaatsen, steken, stellen, zetten
put up	bergen

R

rain	regenen
raise	heffen
rap	kloppen

read	lezen	sit	zitten
recall	herinneren	slay	doden
receive	krijgen	sleep	slapen
reckon	rekenen	slide	glijden, schuiven
recover	genezen	slip	glijden, schuiven
recover		smell	ruiken
(an object)	bergen	smoke	roken
refrain from	laten	snow	sneeuwen
remain	blijven	sound	klinken
remember	herinneren	span	spannen
remind	herinneren	speak	spreken
rent (from)	huren	spoil	bederven
repair	repareren	spring	springen
ride	rijden	stand	staan
ring	klinken	stay	blijven
rise	rijzen, stijgen	steal	stelen
rivet	klinken	stick	steken
roast	braden	sting	steken
ruin	bederven	store	bergen
run	drijven, lopen	strain	spannen
		stretch	spannen
S		strike	slaan, treffen
		strike	
sail	varen	(up against)	stoten
say	zeggen	stroll	wandelen
say thank you	danken	struggle	strijden, vechten
scandalize	stoten	study	studeren
see	zien	succeed	lukken, slagen
seek	zoeken	suffer	lijden
seem	lijken, schijnen	suppose	stellen
select	kiezen	surprise	verrassen
send	sturen, zenden	swim	zwemmen
sense	voelen	**T**	
set	zetten		
set the table	dekken	take	nemen, voeren
sever	scheiden	take (a course)	volgen
share	delen	take effect	werken
sharpen	slijpen	take leave	scheiden
shave	scheren	take shelter	schuilen
shear	scheren	talk	praten
shine	schijnen	tap	kloppen
shock	stoten	taste	smaken
shoot	schieten	teach	leren
shout	roepen	tell	zeggen
shove	duwen, schuiven	tell lies	liegen
show	wijzen	thank	danken
shun	mijden	think	denken
shut	sluiten	throb	kloppen
sign	tekenen	throw	gooien, werpen
sing	zingen	tie	binden
sink	zinken	tighten	spannen

touch	**raken, voelen**	**W**	
travel	**reizen**		
travel (by boat)	**varen**	wait	**wachten**
try	**proberen**	walk	**lopen, wandelen**
tug	**trekken**	want to	**willen**
turn out that	**blijken**	wash	**wassen**
twist	**winden**	weigh	**wegen**
		weigh upon	**drukken**
U		win	**winnen**
		wind	**winden**
urge	**dringen**	wish	**wensen**
use	**gebruiken**	work	**werken**
		write	**schrijven**
V			
		Y	
vary	**verschillen**		
view	**kijken**	yield	**wijken**

Bibliography

The following bibliography is intended primarily for students with little or no prior training in Dutch who require a guide for their first two to three years of study. The user will find that, with few exceptions, the entries listed have been published recently and are readily available in the United States.

More advanced students are referred to Professor Walter Lagerwey's *Guide to Dutch Studies* (Washington, D.C.: U.S. Office of Education, 1961). Although in need of revision, this guide is still an excellent source for materials on Dutch language, literature, history, and civilization. *Dutch Studies*, an annual journal first published in the Hague by Martinus Nijhoff in 1974, is another good bibliographical source for the student who wants to broaden his or her knowledge of Dutch.

GRAMMARS AND TEXTBOOKS

Jalink, J.M., and M.C. van den Toorn. *Langenscheidts Praktisches Lehrbuch Niederländisch*. 8te Auflage. Berlin: Langenscheidt, 1975.

   Excellent introduction for the student with a good knowledge of German.

Koolhoven, H. *Teach Yourself Dutch*. New York: David McKay Co., Inc., 1962.

   Inexpensive and serviceable.

Lagerwey, Walter. *Speak Dutch: An Audio-Lingual Course*. 4th ed. Amsterdam: Meulenhoff, 1975.

   A complete course with tapes; the best available.

Shetter, William Z. *Introduction to Dutch: A Practical Grammar*. 4th ed. The Hague: Martinus Nijhoff, 1974.

   A traditional grammar well presented.

Smit, Jacob, and Reinder P. Meijer. *Dutch Grammar and Reader*. Melbourne: Melbourne University Press, 1958.

Trim, J.L.M. *Levend Nederlands: Een audio-visuele cursus Nederlands voor Buitenlanders*. London: Cambridge University Press, 1975.

READERS

Shetter, William Z., and R. Byron Bird. *Een Goed Begin . . . . A Contemporary Dutch Reader*. 2 vols. 2nd ed. The Hague: Martinus Nijhoff, 1974.

   Literary selections with copious notes and grammatical outline.

Weinstein, Allen I., and Anny B. DeBoeck. *Dutch Reader*. Washington, D.C.: Foreign Service Institute, 1975.

   Current, nonliterary Dutch, including newspaper articles and advertisements.

PHRASE BOOKS

Breman, Paul, and Jillian Norman. *Dutch Phrase Book*. Baltimore: Penguin Books, Inc., 1972.

Dutch for Travellers. Geneva: Editions Berlitz, 1972.

DUTCH CIVILIZATION AND CULTURE

Barnouw, Adriaan J. *The Dutch: A Portrait Study of the People of Holland.* New York: Columbia University Press, 1940.

> A perceptive study by a renowned Netherlandist.

Goudsblom, Johan. *Dutch Society.* New York: Random House, Inc., 1967.

Hoffmann, Ann. *The Dutch: How They Live and Work.* New York: Praeger Pubs., 1971.

Meijer, Reinder P. *Literature of the Low Countries: A Short History of Dutch Literature in the Netherlands and Belgium.* Assen: van Gorcum, 1971.

Shetter, William Z. *The Pillars of Society: Six Centuries of Civilization in the Netherlands.* The Hague: Martinus Nijhoff, 1971.

Timmers, J.J.M. *A History of Dutch Life and Art.* London: Thomas Nelson & Sons Ltd., 1959.

REFERENCE WORKS

van Baars, F.J.J., and J.G.J.A. van der Schoot. *Engels-Nederlands Woordenboek* and *Nederlands-Engels Woordenboek,* 2 vols. 2nd ed. Utrecht: Prisma Boeken, 1975. Prisma Books 137 & 138.

> Inexpensive pocket dictionaries.

Prick van Wely, F. *Cassell's Dutch-English, English-Dutch Dictionary.* New York: Funk & Wagnalls Inc., 1967.

> Recommended.

————·*Cassell's Compact Dutch-English, English-Dutch Dictionary.* New York: Funk & Wagnalls, Inc., 1967.

Woordenlijst van de Nederlandse taal. Compiled under commission of the Netherlands' and Belgian Governments. The Hague: Martinus Nijhoff, 1954.

> This is the standard official orthography according to the latest spelling rules; it is invaluable for correct spelling.

NOW YOU'RE TALKING SERIES
Will Have You Talking In No Time!

Barron's presents easy, convenient, and inexpensive language kits designed for busy travelers, tourists, and students. Each package contains: a 90-minute cassette on which a native narrator helps listeners master colloquial phrases and business-related terms; an audioscript that guarantees proper pronunciation through phonetics; and a pocket-sized dictionary that includes over 1,500 popular expressions and 2,000 key words. Color maps, travel tips, plus food and shopping guides make these lightweight packages terrific companions!

ARABIC IN NO TIME
ISBN: 0-7641-7359-6, $16.95, Can.$23.95

MANDARINE CHINESE IN NO TIME
ISBN: 0-7641-7361-8, $16.95, Can.$23.95
With one CD 0-7641-7954-3, $18.99, Can.$23.75

FRENCH IN NO TIME
ISBN: 0-7641-7663-3, $14.95, Can.$21.95
With one CD 0-7641-7668-4, $16.95, Can.$24.50

GERMAN IN NO TIME
ISBN: 0-7641-7667-6, $14.95, Can.$21.95
With two CDs 0-7641-7671-4, $16.99, Can.$24.50

ITALIAN IN NO TIME
ISBN: 0-7641-7664-1, $14.95, Can.$21.95
With two CDs 0-7641-7669-2, $16.95, Can.$24.50

JAPANESE IN NO TIME
ISBN: 0-7641-7955-1, $18.99, Can.$23.75

RUSSIAN IN NO TIME
ISBN: 0-7641-7362-6, $16.95, Can.$23.95

SPANISH IN NO TIME
ISBN: 0-7641-7666-8, $14.95, Can.$21.95
With two CDs 0-7641-7670-6, $16.95, Can.$24.50

Books may be purchased at your bookstore, or by mail from Barron's. Enclose check or money order for total amount plus sales tax where applicable and 18% for postage and handling (minimum charge $5.95). New York, New Jersey, Michigan, Tennessee, and California residents add sales tax.

Barron's Educational Series, Inc.
250 Wireless Blvd.
Hauppauge, NY 11788
Call toll-free: 1-800-645-3476

IN CANADA:
Georgetown Book Warehouse
34 Armstrong Avenue
Georgetown, Ontario L7G 4R9
Call toll-free: 1-800-247-7160

439
.31
824
21
Ste

Stern, H.
201 Dutch verbs fully conjugated
in all the tenses, alphabet
Aurora P.L.   JUN07
33164003609679

(#36) R7/06

barronseduc.com